GAOZHONG TIYU YU JIANKANG JINENG ZHUANXIANG TINENG
JIAOXUE MOSHI DE GOUJIAN YU YINGYONG

高中体育与健康“技能＋专项体能”教学模式的构建与应用

何辉波◎著

中国文联出版社

图书在版编目（C I P）数据

高中体育与健康“技能 + 专项体能”教学模式的构建与应用 / 何辉波著. -- 北京 : 中国文联出版社，2023.7
ISBN 978-7-5190-5245-4

Ⅰ. ①高… Ⅱ. ①何… Ⅲ. ①体育课－教学研究－高中②健康教育－教学研究－高中 Ⅳ. ① G633.962

中国国家版本馆 CIP 数据核字 (2023) 第 114334 号

著　　者　何辉波
责任编辑　刘　旭
责任校对　秀点校对
装帧设计　张　凯

出版发行　中国文联出版社有限公司
社　　址　北京市朝阳区农展馆南里 10 号　　邮编　100125
电　　话　010—85923025（发行部）　010—85923091（总编室）
经　　销　全国新华书店等
印　　刷　三河市龙大印装有限公司

开　　本　710 毫米 × 1000 毫米　1/16
印　　张　19.75
字　　数　280 千字
版　　次　2023 年 7 月第 1 版第 1 次印刷
定　　价　88.00 元

序

学校体育是实现立德树人根本任务、提升学生综合素质的基础性工程，是加快推进教育现代化、建设教育强国和体育强国的重要工作。新时期，在中央的高度关注和大力推进下，学校体育工作开启了一个全新的时代。2017 年，新一轮高中体育课程改革，给学校和体育教师带来了更大的自主空间，如何在发扬传统教学优势的同时，主动适应课程改革的需要，持续深入推进高中体育教学改革、提高学生核心素养，已经成为高中体育课程改革必须解决的重要课题和关键环节。

高中体育教学的展开方式主要以模块式的项目教学为主。在运动项目的模块教学中合理安排力量、速度、耐力、柔韧等体能内容，不断增加学生的体能储备，是高中体育教学的重要课题，也是学生核心素养形成的必要保障。但是，如何系统地架构体能练习的内容？如何合理地选择体能练习的方法和形式？体能练习的内容如何与项目教学相辅相成、相互促进？这些都是我们在高中体育教学中，在理论和实践两个方面都必须面对和解决的问题。

我们欣喜地看到，何辉波老师通过多年的实践探索，创新性地提出了“技能 + 专项体能”的教学模式。这一模式涵盖了全部的高中体育与健康必修选学模块六大运动技能，即球类、田径类、体操类、武术与民族民间传统体育类、水上或冰雪类和新兴体育类，共含 15 个运动项目。该模式在横向上与运动项目学习内容进行搭配和融合，在纵向上它形成了大单元一体化、系统化的内容设计，既注重运动项目的特点，又紧扣学生身体素质发展敏感期的强化，同时兼顾学生的心理特点和个体差异。学生在丰富多样且富有趣味性的练习形式中，多元持续地进行体能训练，从而对健康行为的养成、体育品德的塑造、运动美的感知、愉悦心理的建设、思维的集中与灵活转换等都有极大的促进作用，这是一项融德、智、体、美、劳于一体的多元体育教学模式。

该教学模式自2018年以来，经过三轮的教学实践检验，结合各实验学校的实际情况和一线体育教师的总结归纳，形成并丰富了“专项体能处方资源库”和“技能+专项体能”教学方案。这些经过教学实践的方案既可以嵌入课堂教学中，又可以作为独立的体能练习内容灵活运用，受到了学生的喜爱，增加了学生主动参与锻炼的兴趣，显著提高了学生体能水平。目前上海市、山东省、黑龙江省等地的体育教师开始尝试应用“技能+专项体能”教学模式，并结合学情和校情因时因地运用教学方案，教授过程更具层次性与递进性，同时教学内容的划分有了抓手和依据，形成了体育教学的有效保障，形成了一系列优质的项目模块教学实践案例，提高了体育与健康学科核心素养的达成度，有效提升了体育课的教学质量及学生的体质健康水平，为教师落实国家体育与健康课程标准提供了校本化的理论与实践范式。

2022年8月

目　录

绪　论

高中体育与健康“技能 + 专项体能”教学模式的构建

一、高中体育与健康“技能 + 专项体能”教学模式的提出

学校体育是实施素质教育的重要阵地，更是促进青少年全面健康成长的关键环节，在培养优秀创新人才的过程中，发挥着特殊的育人功能。2017 年年底《普通高中体育与健康课程标准（2017 年版）》的落实，随着对学科核心素养的深入认识，体能的内涵也在不断完善，其作为任何运动项目学习的基础、健康行为养成的保障等意义也进一步达成共识。

教育部于 2021 年 9 月 3 日发布的第八次全国学生体质与健康调研结果显示，2019 年全国 6—22 岁学生体质健康达标优良率为 23.8%，学生体质与健康情况出现明显改善。虽然学生体质健康达标优良率逐渐上升，但是从 2014 年到 2019 年，高中生优良率只增长了 1.8 个百分点，大学生只增长了 0.2 个百分点，增长非常少。因此，在校高中生的体能需要进一步优化提升。

在高中阶段，面对这个困境，我们需要坚持不懈地探寻高中体育与健康教学的创新路径，持续不断地思考高中体育与健康教学中“体育育人与教学实施”的本源问题，才能真正实现高中体育与健康教学高质量的发展。当前针对高中学生体能教学主要存在以下两方面的问题。

（一）体育与健康学科育人基础有待全面加强

在高中体育与健康课程中，体能与运动技能是学科育人的两个基本手段和主要渠道。而高中生练不好、练不强体能的主要原因，不仅仅是高中体育与健康教学中“重技能轻体能”的现象较为普遍，更多的问题出在运动项目模块中体能教学设计、教学方式、诊断评价层面，体能与运动技能没有形成有效的补偿融合等问题，直接导致整个高中阶段学生各项体能素质提升低回等系列问题，更影响到学生运动习惯的养成和体育品德的塑造，学科育人基础需要进一步加强。

（二）体能教学在项目模块中实施的问题

1. 体能学练迫切需要系统化的设计

“课课练”是现阶段体育与健康课，甚至是学校体育中加强学生体能锻炼的主要手段和形式。但“课课练”的内容碎片化、不系统，学生体能的锻炼时间、练习密度、负荷强度、分层学练都不够，这样不足以使学生的体能学练精准有效与身体素质持续提升。而目前从高中体育与健康课程整体视角对“课课练”进行系统设计和全学段规划方面还没有较为成熟的方案。

2. 体能教学方式需进一步合理优化

大多数“课课练”在项目模块教学中存在组织形式上千篇一律、认知方式被动模仿、练习方式单一枯燥等现象。“如何从直接传授向兼顾多样化构建与针对性解决相结合，并体现到学生健康发展上”“如何从单一学练转向多元化选择和多样化练习方式”等一系列问题，需要通过体能教学中的组织形式、认知方式、练习方式的整体性改进与合理优化，进而指向深度学习的项目模块教学中的体能教改。

3. 体能教学缺乏完善的评价标准

“课课练”多是停留在不是针对所学的技战术巩固和提高而进行的练习，只是为增强学生身体素质的体能锻炼，是在主教材教学内容结束后做补充式的体能练习，不是测评的主体，测评内容也是模模糊糊，缺乏完善的学习评价标准。结合当下学生的需求，应该有较之完善的评价标准来为学生的体能发展提供充足的动力，需要思考如何从“练测方式”转向追求“学业质量评价方式”。

针对上述问题，将“课课练”进行了梳理和总结形成了“主题式课课练”教学模式。随着教学实践的深入，针对运动技能的掌握，需要有更专门性的体能练习进行补偿或增强。第一，在“主题式课课练”教学模式的基础上，结合运动项目的特点，将“主题式课课练”所包含的项目体能进一步优化、细化，直指与运动项目技能掌握结合紧密的“专项体能”，提出构建高中体育与健康“技能＋专项体能”教学模式的设想，将原“项目体能处方资源库”和“主题式课课练”教学方案进行遴选，精准围绕专项体能的内容进行修改和完善，使其围绕运动技能的掌握服务，更好地提升专项迁移性；第二，将所形成的“技能＋专项体能”教学方案实施于项目模块教学中，让学生体验、感触方案的实效性，通过课上学生的反馈和授课教师的总结，继续修改完善“技能＋专项体能”教学方案；第三，通过头脑风暴和德尔菲法征求专家的修改建议，逐步梳理完善专项体能方案，结合15个运动项目形成较完善的“技能＋专项体能”教学方案；第四，继续将相对成熟的“技能＋专项体能”教学方案实施于项目模块教学，结合实验对比法和“技能＋专项体能”量化评价来检验教学模式的有效性。

二、高中体育与健康“技能 + 专项体能”教学模式构建

（一）核心概念界定

1. 体能： 它是人体器官系统的机能在体育活动中表现出来的基本能力。体能包括与健康有关的体能和与运动技能有关的体能。前者包括心肺耐力、柔韧性、肌肉力量、肌肉耐力、身体成分等，后者包括从事运动所需的速度、力量、灵敏性、协调性、平衡、反应等。本书的体能是与运动技能相关的体能，与运动技能相关的体能可分为一般体能和专项体能。

2. 专项体能： 它是针对专项技能特别设计的，有特别需求的体能练习，主要有助于提高专项成绩的练习。它是与运动项目有关的专项技术体能，它不同于基本身体素质，也不等同于运动技能，而是建立在身体素质发展之上的。它是专项技能的基础，也是连接专项技能与身体素质的纽带（如图 1 所示）。

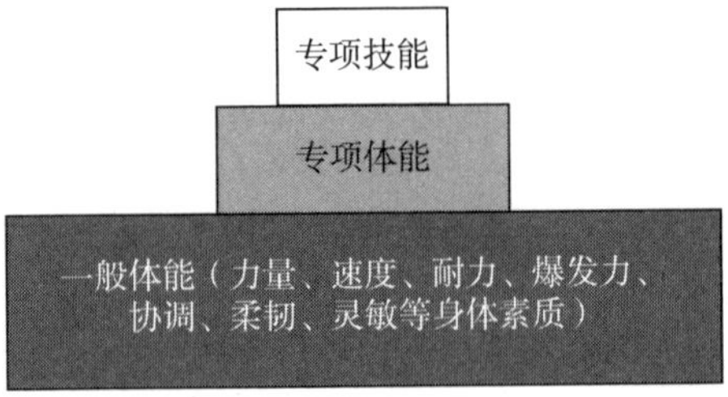

图 1　专项体能与一般体能、专项技能的关系结构图

（二）国内外研究现状述评

1. 国外研究

（1）杜泽 · 邦帕和迈克尔 · 卡雷拉在《青少年运动员体能训练》一书中指出：即使在专项化训练阶段，用于专项练习的时间也只能占到全部时间的 60%—80%，需要平衡用于全方面发展和专项能力提升的时间，也就

是明确在专项技能训练时，需要有 20%—40% 的时间用于专项体能或者全方面发展。[①]

（2）Thomas S. J. 等在 *Internal rotation and scapular position differences: A comparison of collegiate and high school baseball players* 中指出：青少年可以通过早期专项化训练获得积极的训练效应，但要遵循基本原则：早期专项化训练要实现专项技术训练与科学体能训练相结合，培养正确的技术定型等。[②]

2. 国内研究

（1）王卫星、彭延春在《运动员体能与技战术发挥的关系》中提出："体能是基础、技术是关键、战术是手段"的观点，特别是基于训练和比赛的视角，提出"技术是基础、体能是关键"的观点，明确了体能与技能的相互关系。[③]

（2）王卫星在《高水平运动员体能训练的新方法》中指出：在球类教学"学、练、赛"一体化的理念下，体能与技能均存在于球类专项教学的过程中，且专项体能呈现出至关重要的作用。[④]

（3）李春雷在《我国体能训练反思与奥运会备战展望》中指出：结合美国体能协会对体能的解释，他认为，体能是指运动员为提高运动技战术水平和创造优异运动成绩所必需的各种身体运动能力综合。体能包括运动员的身体形态、身体机能、身体功能、身体健康和运动素质，体能是身体

---

① ［美］杜泽·邦帕，［加］迈克尔·卡雷拉．青少年运动员体能训练［M］．尹晓峰译．上海：上海文化出版社，2017.

② Thomas S. J., Swanik K. A., Swanik C. B., et al.Internal rotation and scapular position differences: A comparison of collegiate and high school baseball players [J]. J Athl Train, 2010(45): 44—50.

③ 王卫星，彭延春．运动员体能与技战术发挥的关系［J］．北京体育大学学报，2007（3）：289—293.

④ 王卫星．高水平运动员体能训练的新方法［M］．北京：北京体育大学出版社，2013：19—30.

各种能力的综合。根据体能在专项运动中的作用，人们把体能分为一般体能和专项体能。专项体能是指完成专项技战术机体所需要的能力。它建立在一般体能的基础上。①

（4）李萌頔等在《高中篮球模块专项体能教学设计与实施》中指出：在模块教学设计和实施中，以某项体能素质为主或以两项体能素质的组合为主；同时体能素质的练习可结合课的技战术学习主题进行设计，以达到体能锻炼效果的最大化和结构化。另外指出：体能练习在课上位置，可依据技能学习的内容，安排在准备活动环节的后半部分，以准备热身 + 专项体能的方式“导入”；也可以将专项体能安排在基本部分之后的“课课练”环节，用 10 分钟左右的时间对所需专项体能进行补偿或增强，以此提升动作的难度或强度，进一步反馈比赛中的体能结构，利于技战术的掌握与运用；还可以组织一节完整的专项体能课。②

3. 综述观点

上述是具有代表性的体能专家和一线教师的观点，可以看出：体能是运动技能掌握的基础；体能可分为一般体能和专项体能，专项体能是建立在一般体能的基础上的，更贴合运动技能技战术的需要，在整个教学过程中占有 30% 左右的比重，呈现出至关重要的作用；在高中体育课堂教学上，可将设计的专项体能内容放置在准备部分后半程、基本部分后面或者在一个模块教学中单独设置一堂专项体能课。

通过文献资料的梳理，可以看出：专项体能对运动技能的掌握有着至关重要的促进作用。在高中体育与健康教学中，还没有相对全面的、成熟的教学模式，因此专项体能学练迫切需要系统地设计，教学方式需进一步

---

① 李春雷 . 我国体能训练反思与奥运会备战展望［J］. 体育学研究，2019（4）：60—69.

② 李萌頔，闫献征，韩金明，潘建芬 . 高中篮球模块专项体能教学设计与实施［J］. 中国学校体育，2021（5）：45—47.

合理优化，并建立起有效的评价标准。

（三）“技能＋专项体能”教学模式的研究目的、意义及价值

1. 研究目的

针对在高中体育与健康教学中存在的问题，如：一线教师重技能轻体能的现象比较普遍；对体能的认识不够深入，课上在补偿性体能练习时，想到什么练什么；对于技能与专项体能相结合的设计不够完善；等等。需要进行技能与体能系统的、有针对性的设计，来达成专项迁移，因此本书围绕运动项目的“技能＋专项体能”教学模式构建。一方面，促进学生体育核心素养的达成，掌握1—2项运动专长，奠定终身体育的基础；另一方面，带动大批体育教师提升教学设计能力和实践教学能力。

2. 研究意义

在高中课程改革的背景下，构建高中体育与健康课程中15个运动项目的“技能＋专项体能”教学模式，是对核心素养导向下的大单元教学研究的一种有益补充，是高中模块化教学的重要部分。

在高中体育与健康模块化教学中，可以极大地丰富高中运动项目教学实践，为相关研究提供一系列的实证案例。在教学中，解决专项体能学练迫切需要系统设计的问题，使教学方式进一步合理优化，建立起有效的技能量化评价模式，对新课标的落实和学生体育核心素养的培养有着深远的意义。

3. 研究价值

（1）助力学生系统掌握运动技能

让学生掌握1—2项运动专长，奠定终身体育的基础，是这次课程改革确定的方向。本书内容就是围绕“技能＋专项体能”教学模式进行设计构建的，在实践教学中更利于专项迁移和掌握，该书的直接受益群体是学生。

（2）对高中体育教师起到指导和参考作用

新课标中提出专项体能练习，在大多数高中体育教师的实践教学中并没有引起重视，更别说系统研究补偿性体能练习，多以一般体能为主且随意性强，想到什么练什么，因此本书成果对一线教师会有指导和参考作用。

（3）为高中体育学科建设增砖添瓦

专项体能在高中体育与健康课程中，提出应用的时间较短，探索这一实施问题，对学科建设是非常重要的，所以本书对区域或本校的体育与健康学科建设价值非常大。

（四）学习目标

1. 探索构建以大单元教学理念为基础的“技能+专项体能”教学模式，促进学生运动技能的掌握，奠定终身体育的基础。

2. 实践普及“技能+专项体能”的设计理念和方法，切实提高教师课堂教学设计能力。

3. 帮助教师改变对传统课堂教学设计的认识，形成若干以模块教学为基础的专项体能配套方案、教学实施策略和技能评价标准，成为教师学习和进行课堂教学的具体参考，为高中体育与健康学科的建设增砖添瓦。

（五）具体内容

1. 整体构建高中体育与健康“技能+专项体能”教学模式

高中体育与健康“技能+专项体能”教学模式：以落实“立德树人”为根本任务，以“健康第一”为指导思想，依据《普通高中体育与健康课程标准（2017年版2020年修订）》、核心素养导向下的大单元教学、青少年体能发展敏感期与发展体能的原则，结合运动项目的特点，综合考虑高中生体能发展的基础与问题，模块教学的课次安排、季节性天气、性别等因素，每节课安排 10 分钟与运动项目紧密结合的专项体能练习，形成与不同运动项目模块教学内容相配套的横向衔接、纵向进阶的“技能 + 专项体能”教学方案，建立诊断、精学、勤练、常赛、评价五位一体的教学活动程序，形成“运动项目与专项体能互补共融与紧密结合”的构建基调，旨在实现高中生运动技能快速掌握和体能双效统一发展，奠定终身体育基础与高质量健康生活方式养成的身体基础（如图 2 所示）。

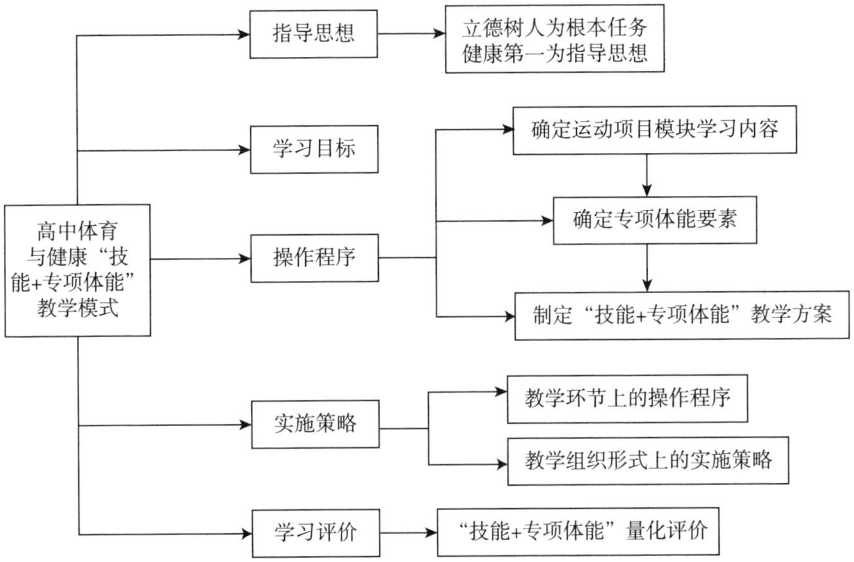

图 2　高中体育与健康“技能 + 专项体能”教学模式的整体构建

高中体育与健康“技能 + 专项体能”教学模式，构建涉及《普通高中体育与健康课程标准（2017 年版 2020 年修订）》中规定的六大运动技能系列中 15 个运动项目（如图 3 所示），以专项体能促进高中生运动技能的掌握为原则，厘清其指导思想、学习目标、操作程序、实施策略与学习评价五大要素。

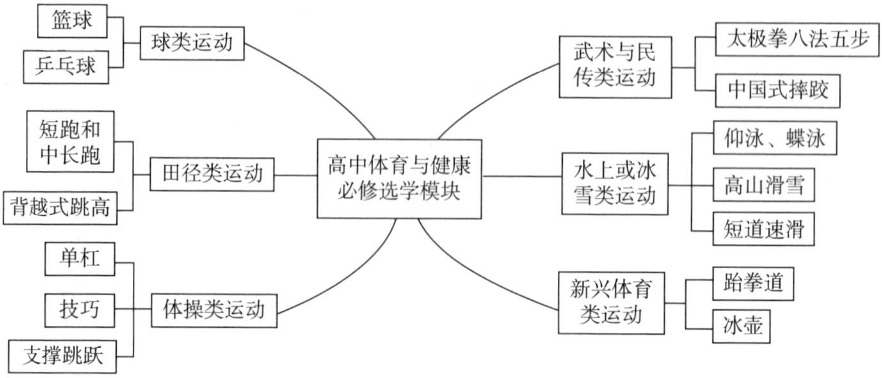

图 3　高中体育与健康必修选学模块“技能 + 专项体能”运动项目分布

2. 细化“技能 + 专项体能”教学模式的要素

首先明确指导思想和学习目标，依据核心素养导向下的大单元教学构建运动项目模块学习内容，形成学、练、赛一体化的内容体系。根据运动项目特点构建“专项体能处方资源库”，然后结合每节课的学习内容，确定两个体能要素，从处方资源库中选取专项体能练习内容 2—4 个，匹配运动项目的学习内容，设置灵活多样的练习方式，形成“技能 + 专项体能”教学方案。以灵活多样的操作程序和实施策略应用于体育教学，结合学习效果评价，来促进学生的健康行为的养成与体育品德的塑造，培养拥有强健体魄、运动专长、健全人格的合格高中生。

（1）构建“专项体能处方资源库”为专项体能练习储备资源

综合考虑运动项目特性和所需体能要素，设计凸显运动项目特征的专项体能练习内容，包含九个体能要素的专项体能内容方案，构建“专项体能处方资源库”（如图 4 所示）。以体能要素进行分类，以专项体能促进运动技能掌握为原则，具体包含体能要素、练习内容、练习方法和练习要求四项内容，形成完善的“专项体能处方资源库”。

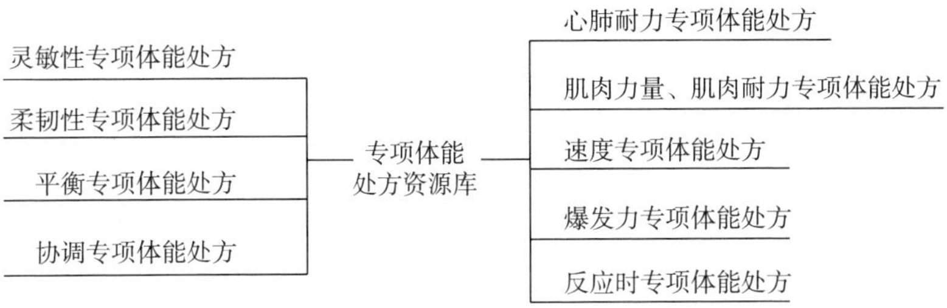

图 4 “专项体能处方资源库”的构成要素

（2）匹配形成“技能 + 专项体能”教学方案，精准促进运动技能掌握

依据《普通高中体育与健康课程标准（2017 年版 2020 年修订）》等理论及影响因素（如表 1、图 5 所示），从“专项体能处方资源库”里选取 2—4 个专项体能练习内容，匹配形成与主教材学习内容相配套的横向衔接、纵向进阶的“技能 + 专项体能”教学方案，练习时间 10 分钟左右，以田径——短跑和中长跑模块为例（如表 2 所示）。

表 1 青少年体能发展敏感期分布表

体能要素	青少年体能发展敏感期			
	男生		女生	
耐力天窗（2 个）	第一个天窗期	第二个天窗期	第一个天窗期	第二个天窗期
	12—14 岁	17—22 岁	11—13 岁	16—21 岁
速度天窗（2 个）	第一个天窗期	第二个天窗期	第一个天窗期	第二个天窗期
	7—9 岁	13—16 岁	5—8 岁	11—14 岁
力量天窗（2 个）	第一个天窗期	第二个天窗期	第一个天窗期	第二个天窗期
	12—15 岁	15—20 岁	10—13 岁	13—18 岁
柔韧性天窗（2 个）	第一个天窗期	第二个天窗期	第一个天窗期	第二个天窗期
	5—8 岁	12—14 岁	4—7 岁	11—13 岁
协调天窗（1 个）	天窗期		天窗期	
	12—14 岁		11—13 岁	
爆发力天窗（1 个）	天窗期		天窗期	
	16—22 岁		15—21 岁	

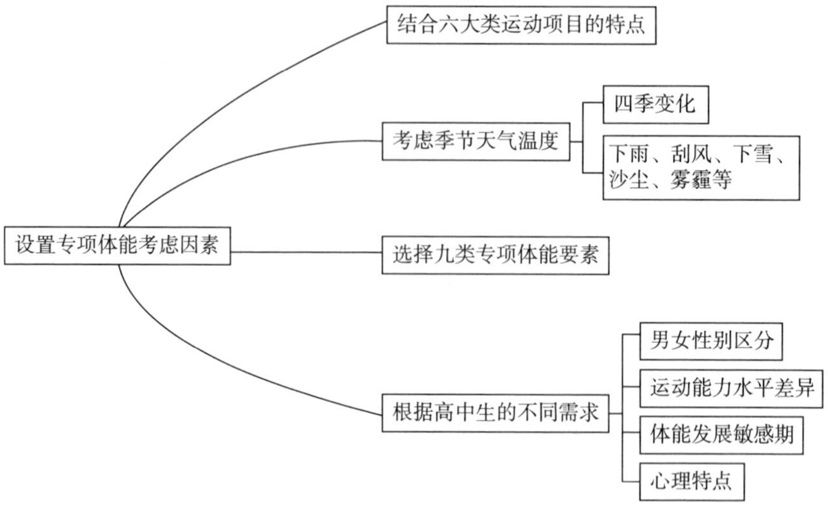

图 5　设置专项体能考虑因素

构建“技能+专项体能”教学方案，其主旨是结合每节课的学习内容，搭配 10 分钟的“专项体能”内容，有针对性地促进运动技能的掌握，形成融合性的教学方案，构建原则如下：

一依据运动项目特点，以专项体能促进运动技能的掌握为原则，注重练习的侧重方向，来选取专项体能内容。

二是以学生的需求为导向，考量男女性别差异、个体能力水平及心理特点。教师在施教时，要以学情而选择，适当分层安排专项体能练习内容。在教学实施过程中，遵守青少年体能发展敏感期与实践教学多轮实施的修改建议，逐步完善“技能+专项体能”教学方案的整体结构。

三是在教学方案的架构上，依据《普通高中体育与健康课程标准（2017 年版 2020 年修订）》和核心素养导向下的大单元教学，形成系统的、与模块一体化的整体设计。

四是在逻辑内在的关联上，遵循发展体能的基本原则，从体能自身上注重促强与补弱，从体能与技能关系上注重补偿与强基，同时强调体能独特的育人价值。

五是在组织策略的确定中，以国家课程《体育与健康》为参考，重点考虑专项体能的练习内容与学生的学习特点和认知规律相适应，与练习方式相匹配。

六是系统的教学实施，全面考量四季温度的变化。以运动项目的适宜季节实施为依托，匹配专项体能。夏季和秋季气候适宜，温度偏高适合速度、爆发力、力量及协调、灵敏性、柔韧性的锻炼；春季和冬季气温偏低，肌肉的动员和神经激活相对滞后，相对适合耐力类的练习。

表 2　田径——短跑和中长跑模块“技能 + 专项体能”教学方案

课时	项目学习内容	体能要素	专项体能练习内容	练习方式
1	短跑专门性练习	灵敏性 + 协调	1. 马克操 2. 上肢抡臂跑 3. 5 × 5 米冲刺跑—滑步—倒退跑—滑步 4. 5 × 5 米 X 形跑 5. 5 × 5 米三角形跑	1. 依次进行： 内容 1—2：30 米 / 组，间歇 40 秒，3 组。 内容 3—5：3 圈 / 组，间歇 40 秒，2 组。 2. 教学环节实施建议： 准备部分后程。
2	站立式起跑和蹲踞式起跑	反应时 + 灵敏性	1. 听令步伐 2. 同向反追逐 3. 单腿爆发跳 4. 双腿跳	1. 依次进行： 内容 1：20 个 / 组，间歇 30 秒，3 组。 内容 2：3 次 / 组，间歇 40 秒，3 组。 内容 3—4：2 次 / 组，间歇 30 秒，5 组。 2. 教学环节实施建议： 准备部分后程。
3	起跑和加速跑	爆发力 + 动作速度	1. 负重台阶蹬摆 2. 弹力带摆动腿 3. 扶墙高抬腿 4. 低栏架跳加冲刺跑	1. 分 4 组轮换： 内容 1—2：15 个 / 组，间歇 30 秒，3 组。 内容 3：50 次 / 组，间歇 40 秒，3 组。 内容 4：2 次 / 组，间歇 40 秒，3 组。 2. 教学环节实施建议： 基本部分后面。

续表

课时	项目学习内容	体能要素	专项体能练习内容	练习方式
4	30 米挑战赛	位移速度+动作速度	1. 小马跳 2. 原地转髋跳 3. 后蹬跑 4. 阻力带冲刺跑	1. 依次进行： 内容 1：行进 30 米，间歇 50 秒，3 组。 内容 2：30 次 / 组，间歇 30 秒，3 组。 内容 3：行进 30 米，间歇 50 秒，3 组。 内容 4：行进 50 米，间歇 60 秒，3 组。 2. 教学环节实施建议： 准备部分后程内容 1—2；基本部分后面内容 3—4。
5	加速跑、途中跑和冲刺跑	肢体力量+核心力量	1. 阻力带摆臂 2. 抗阻跪姿摆腿 3. 负重弓箭步 4. 俯卧登山	1. 分 4 组轮换： 内容 1：60 次 / 组，间歇 30 秒，3 组。 内容 2：20 次 / 组，间歇 40 秒，4 组。 内容 3：30 次 / 组，间歇 40 秒，4 组。 内容 4：60 次 / 组，间歇 40 秒，3 组。 2. 教学环节实施建议： 基本部分后面。
6	短跑完整过程	速度耐力	1. 限制跑 2. 三角形循环训练 3. 短距离折返跑	1. 依次进行： 内容 1：2 次 / 组，间歇 50 秒，2 组。 内容 2：2 次 / 组，间歇 60 秒，2 组。 内容 3：20 次 / 组，间歇 60 秒，2 组。 2. 教学环节实施建议： 基本部分后面。
7	50 米和 100 米进阶挑战赛	协调+柔韧性	1. 单侧鞭打步 2. 胯下拍手抬腿 3. 上肢抡臂跑 4. 行进间侧摆腿 5. 提膝展髋走	1. 依次进行： 内容 1—5：行进 30 米，间歇 50 秒，2 组。 2. 教学环节实施建议： 基本部分后面。
8	中长跑专门性练习	一般耐力+柔韧性	1. 超越跑 2. 最伟大拉伸	1. 依次进行： 内容 1：行进 3000 米，1 组。 内容 2：2 次 / 组，间歇 30 秒，1 组。 2. 教学环节实施建议： 基本部分中间内容 1；基本部分后面内容 2。
9	分组限时跑	速度耐力+肢体力量	1. 四边形循环训练 2. 杠铃负重抬腿 3. 杠铃负重跑	1. 分组进行： 内容 1：2 次 / 组，间歇 60 秒，2 组。 内容 2：20 次 / 组，间歇 40 秒，4 组。 内容 3：2 次 / 组，间歇 60 秒，3 组。 2. 教学环节实施建议： 基本部分后面。

续表

课时	项目学习内容	体能要素	专项体能练习内容	练习方式
10	超越跑	肢体力量+核心力量	1. 负重多级跨步跳 2. 杠铃硬拉 3. 动态平板支撑接收腹跳 4. 侧卧单臂肘支撑	1. 分4组轮换： 内容1：10次/组，间歇40秒，3组。 内容2：10次/组，间歇40秒，5组。 内容3：30秒支撑+8次收腹跳/组，间歇40秒，3组。 内容4：1分钟/组，间歇40秒，2组。 2. 教学环节实施建议： 基本部分后面。
11	分组接力跑	位移速度+核心力量	1. 抱头背起 2. 俄罗斯转体 3. 车轮跑 4. 踢腿跑 5. 跑跳步	1. 依次进行： 内容1—2：20次/组，间歇30秒，3组。 内容3—5：行进30米，间歇50秒，2组。 2. 教学环节实施建议： 基本部分后面。
12	400米小组挑战赛	速度耐力+核心力量	1. 长方形循环训练 2. 两头起 3. 支撑左右收腹跳 4. 抱头背起	1. 分组进行： 内容1：2次/组，间歇50秒，2组。 内容2：30次/组，间歇30秒，2组。 内容3：20次/组，间歇30秒，2组。 内容4：30次/组，间歇30秒，2组。 2. 教学环节实施建议： 基本部分后面。
13	场地寻点打卡赛	动作速度+位移速度	1. 立卧撑冲刺 2. 三级跳冲刺 3. 阻力带高抬腿走 4. 阻力带后退跑	1. 分4组轮换： 内容1—2：2次/组，间歇50秒，2组。 内容3—4：行进30米，间歇50秒，2组。 2. 教学环节实施建议： 基本部分后面。
14	800米接力赛	核心力量+肢体力量	1. 俯卧挺身转体 2. 猜拳仰卧起坐 3. 音乐波比跳 4. 保加利亚单腿蹬	1. 分组进行： 内容1：20次/组，间歇30秒，2组。 内容2：30次/组，间歇30秒，2组。 内容3：听音乐连续波比跳20次/组，间歇40秒，2组。 内容4：20次/组，间歇30秒，4组。 2. 教学环节实施建议： 基本部分后面。
15	10000米小组合作接力赛	一般耐力+柔韧性	1. 直快弯慢变速跑 2. 摆腿跨步送髋 3. 提膝展髋走 4. 屈腿侧伸压体	1. 依次进行： 内容1：2000米/组，间歇20秒，3组。 内容2—3：20次/组，间歇40秒，2组。 内容4：20秒/组，轮换2组。 2. 教学环节实施建议： 基本部分后面。

续表

课时	项目学习内容	体能要素	专项体能练习内容	练习方式
16	两人协作1500米挑战赛	肢体力量 + 柔韧性	1. 负重站立提膝 2. 负重深蹲 3. 交叉摆臂 4. 大弓步压腿 5. 犬式压肩	1. 依次进行： 内容1—2：15次/组，间歇30秒，2组。 内容3：15次/组，间歇20秒，2组。 内容4—5：20秒/组，间歇20秒，2组。 2. 教学环节实施建议： 基本部分后面。
17	1000米小组赛	核心力量 + 柔韧性	1. 高位健身球臂翘 2. 仰卧挺髋 3. 俯身交叉步下压 4. 俯身下压 5. 抱膝走	1. 依次进行： 内容1—2：15次/组，间歇30秒，2组。 内容3—4：20秒/组，间歇20秒，2组。 内容5：30米/组，间歇50秒，2组。 2. 教学环节实施建议： 基本部分后面。
18	1000米集体赛争霸赛	协调 + 柔韧性	1. 双脚交叉跳 2. 高抬腿触膝跳 3. 上肢抡臂跑 4. 站立侧摆腿 5. 俯身弓背拉伸 6. 悬挂拉伸	1. 依次进行： 内容1—2：30次/组，间歇30秒，2组。 内容3：30米/组，间歇50秒，2组。 内容4：15次/组，间歇20秒，4组。 内容5—6：20秒/组，间歇30秒，2组。 2. 教学环节实施建议： 基本部分后面。

3. 灵活优化“技能 + 专项体能”教学操作程序和实施策略

基于“学、练、赛”一体化视角下形成“技能 + 专项体能”教学操作程序和实施策略，灵活安排专项体能的教学环节、多元化教学组织策略等方式优化教学过程，提高教学效率。

（1）教学环节上的操作程序

在高中体育与健康课的教学过程中，以“专项体能”融合学习内容的形式进行授课。在教学环节上，专项体能的练习内容可放在学习内容的前面、中间或后面，也可以分成两部分，按照需求分布到不同的位置（如图6所示）。在一个模块教学中，可以设计一整堂专项体能课。

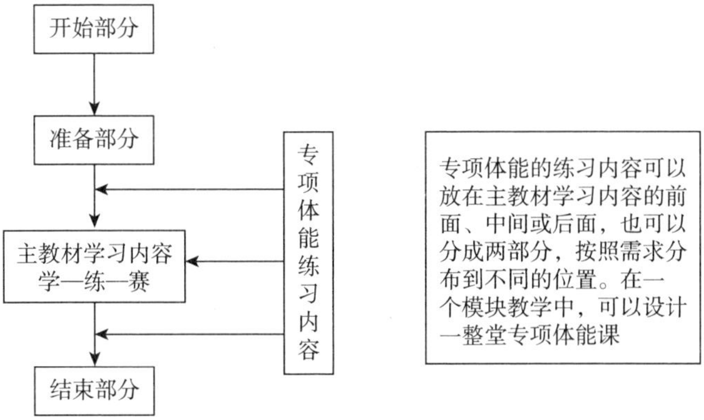

图 6 一堂体育课上实施专项体能的流程图

（2）教学组织形式上的实施策略

在教学组织形式上，以具体的五种策略来呈现，如下：

一是教法运用策略。在课堂上，以运动项目学习内容 + 专项体能相融合的形式进行教学，运用多种教学方法实施，例：重复式、间歇式、循环式、持续式、比赛式、挑战式、音乐式、组合式、分组式、任务式等等。

二是分组轮换与不轮换策略。在组织形式上，可采用分组轮换或不轮换的形式。

三是同步与异步策略。同步与异步练习的区别是，同步为依次练习所列的内容，按顺序进行；异步练习是同时练习所列的内容，顺序可打乱进行。

四是分整结合策略。在组织形式上，可采用分组练习、整体同时练习或者分组和整体结合的形式练习。

五是以赛促练策略。在组织形式上，10 分钟的练习时间内，进行比赛，通过比赛竞争来促进练习达成效果。

4. 形成“技能 + 专项体能”实操化量化评价标准

根据 15 个运动项目模块的学习内容，分别制定量化可测试的“技

能 + 专项体能”评价标准。例：篮球模块：连续中场边角运球上篮 2 趟计时；30 秒双手胸前传接球计次数；全场运球绕障碍上篮计时等（如表 3 所示）。“技能 + 专项体能”量化评价标准的建立，为学生熟练掌握技能，增强专项体能提供量化参考，为体育教师评定自己的授课情况提供依据。

表 3　篮球项目技能 + 专项体能量化评价标准

篮球项目	学业质量要求	实施途径
运动能力	1. 连续中场边角运球上篮 2 趟计时； 2. 30 秒双手胸前传接球计次数； 3. 全场运球绕障碍上篮计时； 4. 20 次 3 米移动计时，20 秒为 100 分，每增加 0.2 秒减 1 分； 5. 28 米运球 ×6 折返计时，48 秒为 100 分，每增加 1 秒减 2 分； 6. 运球往返五点上篮完成 10 次上篮。	模块初诊断、模块中单项检测、模块末测试。
健康行为	评价重点：积极参与运动；具有安全防范表现；情绪稳定；合作探究学习。	以自评、互评为主，采用学生成长手册每周记录成绩。
体育品德	评价重点：同伴合作；勇于进取；遵守规则、尊重他人；胜不骄，败不馁；敢于挑战。	关注学习过程评价，以学生的自我评价为主，配合互评和师评。

“技能 + 专项体能”教学方案和专项体能处方资源库的应用

第一章
球类运动

第一节　篮球

篮球模块 1 “技能 + 专项体能”教学方案

课时	项目学习内容	体能要素	专项体能练习内容	练习方式
1	多种运球技术	位移速度 + 核心力量	1. 篮球场对角线冲刺 2.“Z”字形冲刺跑 3. 持球两头起 4. 一脚一球俯卧撑（单手扶球俯卧撑）	1. 分组进行： 内容 1—2：1 次 / 组，间歇 20 秒，2 组。 内容 3—4：12—20 个 / 组，间歇 20 秒，2 组。 2. 教学环节实施建议： 准备部分后程内容 1—2；基本部分后面内容 3—4。
2	多种投篮技术	位移速度 + 四肢力量	1. 28 米运球冲刺跑 2. 运球急停再加速 3. 双手同上同下运球（篮球或重球） 4. 双手上下依次运球篮球或重球）	1. 分组进行： 内容 1—2：1 次 / 组，间歇 20 秒，2 组。 内容 3—4：60 秒 / 组，间歇 20 秒，2 组。 2. 教学环节实施建议： 准备部分后程内容 1—2；基本部分后面内容 3—4。
3	运球与投篮组合技术	爆发力 + 平衡	1. 单人连续摸板 2. 箭步跳 3. 坐姿平衡球传球 4. 立卧撑跳起转体 180 度	1. 分组轮转： 内容 1—4：10—15 个 / 组，间歇 20 秒，2 组。 2. 教学环节实施建议： 基本部分后面。

续表

课时	项目学习内容	体能要素	专项体能练习内容	练习方式
4	多种传接球技术	爆发力 + 平衡	1. 正向跳越障碍物（持球） 2. 侧向跳越障碍物（持球） 3. 弓步起跳 4. 俯卧侧转	1. 分组轮转： 内容 1—3：20—30 个 / 组，间歇 20 秒，2 组。 内容 4：60 秒 / 组，间歇 20 秒，2 组。 2. 教学环节实施建议： 基本部分后面。
5	运球、传球、投篮组合技术	灵敏性 + 协调	1. 绳梯开合跳运球 2. 绳梯前进小碎步运球 3. 点状移动 4. 交叉跑	1. 分组轮转： 内容 1—4：60 秒 / 组，间歇 20 秒，2 组。 2. 教学环节实施建议： 基本部分后面。
6	持球突破技术	灵敏性 + 协调	1. 绳梯进进出出运球 2. 绳梯两进两出运球 3. 交叉拍脚 4. 抬腿拍掌	1. 分组轮转： 内容 1—4：60 秒 / 组，间歇 20 秒，2 组。 2. 教学环节实施建议： 基本部分后面。
7	持球突破实战运用	平衡 + 四肢力量	1. 下砸重球接弓步起跳 2. 运球推拉 3. 持球俯身划船 4. 持球过顶深蹲	1. 分组轮转： 内容 1—3：20 个 / 组，间歇 20 秒，2 组。 内容 4：60 秒 / 组，间歇 20 秒，2 组。 2. 教学环节实施建议： 基本部分后面。
8	运、传、投、突组合技术组合运用	核心力量 + 四肢力量	1. 持球两头起 2. 仰卧起坐头上传接球 3. 俯卧撑（跪姿、标准、宽距、窄距根据能力选择） 4. 双手运球半蹲倒退走	1. 分组轮转： 内容 1—4：20—30 个 / 组、间歇 20 秒，2 组。 2. 教学环节实施建议： 基本部分后面。
9	防守技术	核心力量 + 爆发力	1. 双手撑单球静力支撑 2. 双手扶球俯卧撑 3. 跪姿跳跃 4. 纵跳摸篮板（篮筐）	1. 分组轮转： 内容 1—4：10 个或 30 秒 / 组，间歇 20 秒，2 组。 2. 教学环节实施建议： 基本部分后面。
10	攻防组合技术实战运用	位移速度 + 反应时	1. 15 米双人对抗运球 2. 4 人一组 15 米折返跑接力 3. 双人模仿滑步 4. 双人躲闪摸肩	1. 分组进行： 内容 1—2：1 次 / 组，间歇 20 秒，3 组。 内容 3—4：30 秒 / 组，间歇 20 秒，3 组。 2. 教学环节实施建议： 基本部分后面。

续表

课时	项目学习内容	体能要素	专项体能练习内容	练习方式
11	单手肩上传球组合技术	反应时＋下肢力量	1. 听口令做动作 2. 反口令做动作 3. 徒手深蹲 4. 弹力带弓步蹲	1. 依次进行： 内容1—2：30秒/组，间歇20秒，2组。 内容3—4：60秒/组，间歇20秒，3组。 2. 教学环节实施建议： 准备部分后程内容1—2；基本部分后面内容3—4。
12	传切配合演练运用	心肺耐力＋下肢力量	1. 四角传球跑（1） 2. 四角传球跑（2） 3. 半蹲蹬地侧向横移 4. 横向跳越双重障碍物	1. 分组轮转： 内容1—2：60秒/组，间歇20秒，2组。 内容3—4：10—15个/组，间歇20秒，3组。 2. 教学环节实施建议： 准备部分后程内容1—2；基本部分后面内容3—4。
13	传切配合综合运用	速度＋爆发力	1. 运球急停再加速 2. 双人对抗运球 3. 转体跳越障碍物 4. 单腿跳越障碍物	1. 分组轮转： 内容1—2：60秒/组，间歇20秒，2组。 内容3—4：20—30个/组，间歇20秒，2组。 2. 教学环节实施建议： 基本部分后面。
14	传切配合实战运用	心肺耐力＋协调	1. 多人连续打板接龙 2. 全场传接球上篮 3. 绳梯开合跳 4. 绳梯跳步转髋	1. 依次进行： 内容1—4：60秒/组，间歇20秒，2组。 2. 教学环节实施建议： 基本部分后面。
15	传切配合实战运用	位移速度＋下肢力量	1. 全场“W”形滑步（先滑后跑） 2. 全场“W”形滑步（先跑后滑） 3. 弹力带深蹲 4. 弹力带罗马尼亚硬拉	1. 分组轮转： 内容1—4：60秒/组，间歇20秒，2组。 2. 教学环节实施建议： 基本部分后面。
16	阶段一组间篮球比赛	灵敏性＋柔韧性	1. 5.8米折返跑 2. 6点或8点多方向移动 3. 跨栏坐 4. 坐姿转体拉伸	1. 依次进行： 内容1—2：30秒/组，间歇20秒，4组。 内容3—4：60秒/组，间歇20秒，2组。 2. 教学环节实施建议： 基本部分后面。

续表

课时	项目学习内容	体能要素	专项体能练习内容	练习方式
17	阶段二组间篮球比赛	心肺耐力+柔韧性	1. 站姿头侧屈 2. 弓步支撑转体 3. 莱格尔跑	1. 分组进行： 内容1—2：30秒/组，间歇20秒，1组。 内容3：跟随音乐，定时持续练习。 2. 教学环节实施建议： 准备部分后程内容1—2；基本部分后面内容3。
18	阶段三组间篮球比赛	爆发力+核心力量	1. 加重球左右传接球 2. 连续障碍跳 3. 侧挺身起 4. 左右转身击球	1. 分组轮转： 内容1—4：20—30个/组，间歇20秒，2组。 2. 教学环节实施建议： 基本部分后面。

篮球模块2 “技能+专项体能”教学方案

课时	项目学习内容	体能要素	专项体能练习内容	练习方式
1	多种运球技术	位移速度	1. 篮球场运球跑 2. 运球追逐跑 3. “Z”字形滑步移动 4. 接力折返跑	1. 依次进行： 内容1—2：3圈/组，间歇20秒，1组。 内容3—4：60秒/组，间歇20秒，3组。 2. 教学环节实施建议： 准备部分后程内容1—2；基本部分后面内容3—4。
2	投篮技术	位移速度+四肢力量	1. 双人对抗运球 2. 运球折返跑 3. 原地纵跳 4. 持重球高抬腿	1. 分组轮转： 内容1—4：20—30个/组，间歇20秒，3组。 2. 教学环节实施建议： 基本部分后面。
3	运球和投篮组合技术运用	爆发力+平衡	1. 单脚跳绳 2. 正向跳越障碍物 3. 弓步起跳 4. 平衡球登山步	1. 分组轮转： 内容1、4：20—30个/组，间歇20秒，2组。 内容2、3：10—15个组，间歇20秒，2组。 2. 教学环节实施建议： 基本部分后面。

续表

课时	项目学习内容	体能要素	专项体能练习内容	练习方式
4	多种传接球技术组合运用	爆发力＋平衡	1. 跪姿跳跃 2. 下降蹲 3. 俯卧侧转 4. 负重箭步跳	1. 依次进行： 内容 1—4：20—30 个 / 组，间歇 20 秒，2 组。 2. 教学环节实施建议： 基本部分后面。
5	运球、传球、投篮组合技术运用	速度＋反应时	1.“Z”字形冲刺跑 2.“Z”字形冲刺变向跑 3. 双人躲闪摸肩 4. 抛接球	1. 依次进行： 内容 1—2：60 秒 / 组，间歇 20 秒，1 组。 内容 3—4：60 秒 / 组，间歇 20 秒，3 组。 2. 教学环节实施建议： 准备部分后程内容 1—2；基本部分后面内容 3—4。
6	持球突破技术	爆发力＋四肢力量	1. 左右滑步摸线（3 米） 2. 纵跳摸板（篮网） 3. 双手撑双球静力支撑 4. 俯卧撑	1. 分组轮转： 内容 1—4：60 秒 / 组，间歇 20 秒，2 组。 2. 教学环节实施建议： 基本部分后面。
7	运、传、投、突技术组合运用	灵敏性＋协调	1. 绳梯前后交叉步运球 2. 绳梯进进出出运球 3. 双人模仿滑步 4. 抛接六角球滑步	1. 依次进行： 内容 1—4：60 秒 / 组，间歇 20 秒，2 组。 2. 教学环节实施建议： 基本部分后面。
8	运、传、投、突技术实战运用	灵敏性＋协调	1. 绳梯前进小碎步运球 2. 绳梯两进两出运球 3. 滑步接反弹球 4. 游戏：抢球	1. 依次进行： 内容 1—4：60 秒 / 组，间歇 20 秒，2 组。 2. 教学环节实施建议： 基本部分后面。
9	侧掩护配合运用	平衡＋四肢力量	1. 运球中的躲闪练习 2. 运球中推拉练习 3. 左右滑步摸线（桶） 4. 弹力带罗马尼亚硬拉	1. 分组轮转： 内容 1—4：60 秒 / 组，间歇 20 秒，2 组。 2. 教学环节实施建议： 基本部分后面。
10	侧掩护配合实战运用	心肺耐力＋下肢力量	1. 篮球场见线往返 2. 三环“8”字跑 3. 双手运球半蹲走 4. 弹力带横向滑步	1. 依次进行： 内容 1—4：60 秒 / 组，间歇 20 秒，2 组。 2. 教学环节实施建议： 基本部分后面。
11	防守战术演练运用	核心力量＋四肢力量	1. 跪姿晃球 2. 单腿站立下砸加重球 3. 单手扶球俯卧撑 4. 弹力带俯身后拉	1. 分组轮转： 内容 1—4：10 个或 30 秒 / 组，间歇 20 秒，3 组。 2. 教学环节实施建议： 基本部分后面。

续表

课时	项目学习内容	体能要素	专项体能练习内容	练习方式
12	防守战术综合运用	上肢力量+平衡	1. 单手扶球俯卧撑 2. 弹力带俯身划船 3. 单脚下蹲触脚尖 4. 弓步起跳	1. 分组轮转： 内容 1—4：20 个 / 组，间歇 20 秒，2 组。 2. 教学环节实施建议： 基本部分后面。
13	防守战术实战运用	爆发力+协调	1. 垫步抱膝跳 2. 纵跳摸篮板（篮筐） 3. 横向跳越障碍物 4. 转体跳越障碍物	1. 依次进行： 内容 1—4：10—20 个 / 组，间歇 20 秒，2 组。 2. 教学环节实施建议： 基本部分后面。
14	侧掩护配合实战运用	心肺耐力+柔韧性	1. 背人跑 2. 赶超跑 3. 跨栏坐 4. 站立压腿	1. 依次进行： 内容 1—2：跟随音乐，定时跑动。 内容 3—4：30 秒 / 组，间歇 20 秒，2 组。 2. 教学环节实施建议： 基本部分后面。
15	侧掩护和传切配合综合运用	位移速度+四肢力量	1. "Z" 字形冲刺跑 2. "Z" 字形冲刺变向跑 3. 双手同上同下运球 4. 双手上下依次运球	1. 依次进行： 内容 1—2：1 次 / 组，间歇 20 秒，2 组。 内容 3—4：60 秒 / 组，间歇 20 秒，3 组。 2. 教学环节实施建议： 准备部分后程内容 1—2；基本部分后面内容 3—4。
16	进阶一篮球小组赛	位移速度+核心力量	1. 加速阻力跑 2. 运球急停再加速 3. 俯卧登山跑 4. 角力推拉	1. 分组进行： 内容 1—4：60 秒 / 组，间歇 20 秒， 2 组。 2. 教学环节实施建议： 基本部分后面。
17	进阶二篮球小组赛	心肺耐力+上肢力量	1. 中速跑做跨步、跳步急停 2. 15 米折返跑 3. 弹力带俯身划船 4. 弹力带俯身后拉	1. 分组进行： 内容 1—4：60 秒 / 组，间歇 20 秒， 2 组。 2. 教学环节实施建议： 基本部分后面。
18	班内总决赛	反应时+下肢力量	1. 游戏：抢球 2. 双人躲闪摸肩 3. 持球罗马尼亚硬拉 4. 弹力带罗马尼亚硬拉	1. 分组进行： 内容 1—2：60 秒 / 组，间歇 20 秒， 2 组。 内容 3—4：20—30 个 / 组，间歇 20 秒， 2 组。 2. 教学环节实施建议： 基本部分后面。

篮球模块　专项体能处方资源库

体能要素	序号	练习内容	练习方法	练习要求
心肺耐力	1	15 米折返跑（5—10 次折返）	1. 以篮球场 2 条边线为距离进行往返跑。 2. 每次到达边线时，用脚踩到边线后方可转身折返。 3. 折返数次。	1. 转身降重心，动作迅速。 2. 重心稳定，蹬转有力。
	2	篮球场见线折返跑	1. 以篮球场的端线、罚球线、中线 5 条线为折返点。 2. 从端线出发，到最近的罚球线后返回端线，折返转身跑至中线后再返回端线，继续转身跑至对面罚球线后再次返回端线，最后转身跑至对面端线后返回端线。 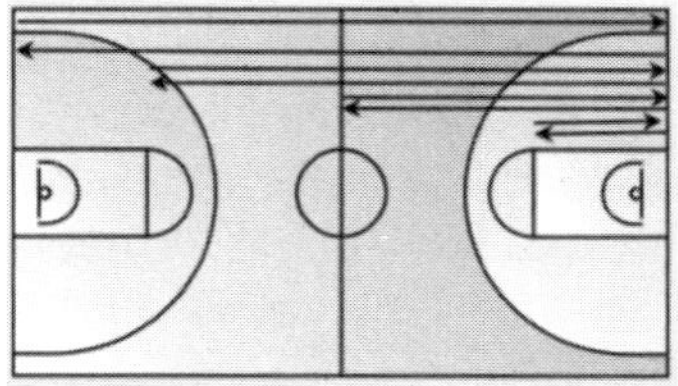	1. 转身迅速，蹬转有力。 2. 转身后迅速加速。
	3	三环“8”字跑	以篮球场地中 3 个圆为标志，端线出发蛇形绕圆跑，相互之间保持间距，一人到达中圈，下一位再出发。 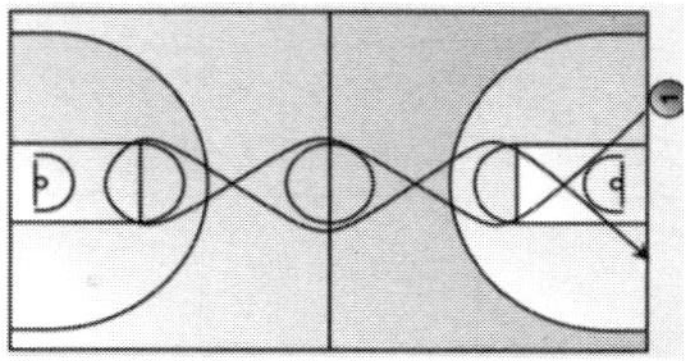	1. 不绕圆跑。 2. 脚步灵活，跑动积极。

续表

<table>
<tr><th>体能要素</th><th>序号</th><th>练习内容</th><th>练习方法</th><th>练习要求</th></tr>
<tr><td rowspan="3">心肺耐力</td><td>4</td><td>中速跑做跨步、跳步急停</td><td>1. 以篮球场边线和端线为路线，绕篮球场跑动。
2. 在跑的过程中，听口令做跨步和跳步急停练习。</td><td>1. 急停重心降低。
2. 启动加速明显。</td></tr>
<tr><td>5</td><td>四角传球（1）</td><td>1. 学生分四组分别站在半场内的 4 个角。
2. 一人持球传给邻角的人，之后跑到邻角的队尾排队。
3. 邻角的人接球后，将球传给下一个位置的人，之后到传球位置的队尾排队。从 1 球开始，逐步增加难度，加到 4 球同时开始。</td><td>1. 跑动积极。
2. 传球准确到位。</td></tr>
<tr><td>6</td><td>四角传球（2）</td><td>1. 学生分四组分别站在半场内的 4 个角。
2. 一人持球传给邻角的人，弧线跑动接邻角的回传球，接到回传球继续将球传给对角的人，之后到对角站位的队尾排队。
3. 邻角的人沿着上一个人的对角方向跑动，接上一对角方向的回传球，传至自己对角方向的人，之后到对角站位的队尾排队，依次重复。从 1 球开始，逐步增加难度，加到 4 球同时开始。
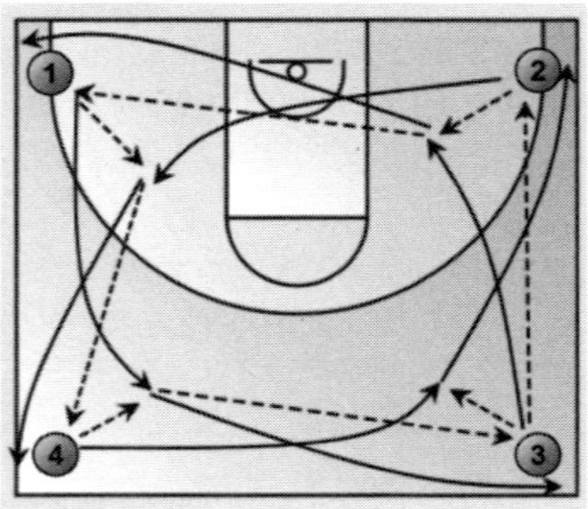
</td><td>1. 明确路线，跑动积极。
2. 传球准确到位。</td></tr>
</table>

续表

体能要素	序号	练习内容	练习方法	练习要求
心肺耐力	7	三人大“8”字传接球上篮	1. 三人一组，中间人拿球。 2. 中间人将球传给右侧人，从右侧人身后绕前跑，右侧人将球传至左侧人，再从左侧人身后绕前跑。依次重复，直至上篮。 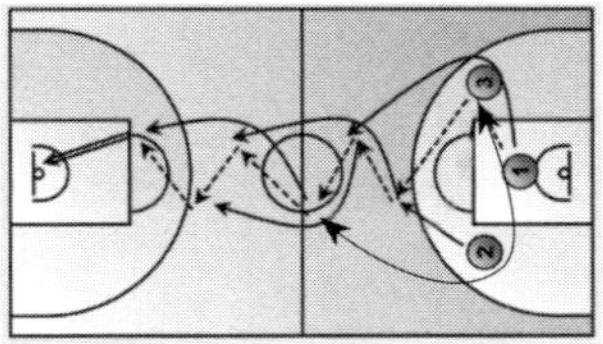	
	8	两人传接球上篮	1. 以篮球场的中轴线为分界线，分为左右两个半场。 2. 开始时，两人一组，从篮球场一侧出发，两人一组进行传接球，直至上篮，另一侧返回。 3. 根据学生能力可选择 3 次、4 次、5 次、7 次传接球上篮。	1. 跑动迅速。 2. 节奏连贯。 3. 换人时不停顿。
	9	莱格尔跑	统一播放音乐，篮球场 20 米的距离根据音乐节奏进行跑动。	1. 调整呼吸。 2. 控制速度，掌握体能分配。
	10	篮球场 28 米折返跑	以球场两条端线为距离，进行往返跑。	1. 脚踩端线返回。 2. 转身迅速，加速明显。
	11	篮球场追逐跑	多人一组排成一路纵队慢跑，听到哨音后，最后一名同学加速赶超所有人至第一的位置，之后队尾的同学再次加速赶超所有人，持续进行跑动。	1. 赶超加速明显，队尾赶超者需等之前赶超者跑至排头才能启动。 2. 慢跑呼吸均匀。
	12	篮球场变速跑	以篮球场边线和端线为路线，篮球场边线 28 米冲刺跑，端线 15 米放松跑。	1. 冲刺积极。 2. 放松跑时调整呼吸。

续表

体能要素	序号	练习内容	练习方法	练习要求
心肺耐力	13	接力折返跑	以篮球场两条端线为距离折返跑（可多趟）后击掌接力，下一名同学出发。	1. 跑动积极，保持高速度。 2. 转身时注意重心、节奏变化。
	14	背人跑	两人一组，以篮球场两条端线为距离，背人跑，之后交换。	1. 被背者保持姿态稳定。配合默契。 2. 跑动者跑动有力。
	15	篮球场运球跑	用篮球场两条边线和两条端线为路线，进行运球跑动。	1. 左右手交替运球。 2. 运球跑过程中抬头不看球。
	16	多人连续打板接龙	1. 一人跳起后用球打向篮板，第二人跳起空中接住篮球并打向篮板，依次循环。 2. 每次跳起打板后，迅速转身跑向后面标志桶，绕过标志桶后做好再次起跳准备。	1. 注意力集中，起跳时机准确，落地前完成打板。 2. 控制身体平衡，打板的位置稳定，为后面的人创造更好的机会。
	17	运球追逐跑	听口令依次运球出发，以篮球场边线和端线为路线，每人追逐自己前面一名运球的同学。	1. 运球抬头，左右交替运球。 2. 全力加速。
肌肉力量（肢体力量和核心力量）、肌肉耐力	18	俯卧撑	1. 俯卧撑姿势，双手双脚撑地，双手距离略比肩宽，手臂伸直身体从头到脚踝呈一条直线；屈肘，身体下沉至胸部略微贴近地面后迅速推起。 2. 女生或力量小的男生可通过跪姿俯卧撑降低难度。 3. 俯卧撑可分为宽距俯卧撑和窄距俯卧撑，结合学生情况选择适宜练习。	1. 腰背挺直，身体呈一条直线。 2. 大臂与身体夹角 0—90 度（窄距—宽距）。大小臂折叠 90 度。 3. 慢下快起。
	19	弹力带俯卧撑	弹力带绕过身体，俯卧时使弹力带保持张力，两手支撑弹力带的两端。动作细节同上。	1. 腰背挺直，重心稳定。 2. 大小臂折叠 90 度。 3. 慢下快起。

续表

体能要素	序号	练习内容	练习方法	练习要求
肌肉力量（肢体力量和核心力量）、肌肉耐力	20	单手扶球俯卧撑	1. 一手撑地一手撑在球上，做俯卧撑。 2. 球可以在两手之间轮换。	1. 腰背挺直，重心稳定。 2. 大小臂折叠 90 度。 3. 慢下快起。
	21	双手扶球俯卧撑	双手分别撑在球上做俯卧撑，距离略比肩宽。	
	22	双手持球过顶推举	双手持球垂直上推至最大范围后还原至起始动作，也可将篮球换成重球增加难度。	1. 快起慢下。 2. 呼吸均匀。
	23	单臂持球过顶推举	投篮姿势，单臂垂直上推至最大范围后还原至起始动作，可将篮球换成重球增加难度。	
	24	双手同上同下运球	1. 双腿平行开立成马步，双手同时运球，让球同时上、同时下。 2. 运球时双臂充分发力。 3. 篮球可换成重球。	1. 目视前方，身体微前倾。 2. 控制节奏，大力运球。
	25	双手上下依次运球	1. 双腿平行开立成马步，双手同时运球，让球一上一下，依次落地。 2. 运球时双臂充分发力。 3. 篮球可换成重球。	
	26	持球俯身划船	1. 双手持球后，俯身站立，双手自然下垂，保持背部平直，肩胛骨内收屈臂抬肘，将篮球拉至腹部后放下回到起始位置。 2. 可以将篮球换成重球增加难度。	1. 重心稳定。 2. 腰部用力，保持姿态正直。
	27	弹力带俯身划船	1. 选择适宜规格的弹力带。 2. 两脚与肩同宽，脚踩弹力带，两手拉住弹力带两端。 3. 肩胛骨内收屈臂抬肘，将弹力带拉至腹部高度后放下回到起始位置。	1. 重心稳定，大臂发力提拉。 2. 腰部用力，保持姿态正直。
	28	弹力带俯身后拉	1. 两人一组，一人用手固定弹力带的中部。 2. 同伴俯身屈髋站立，双手拉住弹力带的两端，手臂与躯干处于同一平面，小臂与躯干平行，将弹力带拉至肘关节贴近身体后回到起始位置。	1. 重心稳定，手臂发力后拉。 2. 腰部用力，保持姿态正直。

续表

体能要素	序号	练习内容	练习方法	练习要求
肌肉力量（肢体力量和核心力量）、肌肉耐力	29	徒手深蹲	1. 保持腰背挺直，双脚分开与肩同宽，脚尖略微外旋。 2. 屈髋屈膝下蹲，有控制地蹲至大腿与地面平行。 3. 膝关节可超过脚尖，保持膝关节和脚尖方向一致。	1. 保持正确姿势情况下，下蹲至最大的范围。 2. 慢下快起。
	30	持球过顶深蹲	双手持球，手臂伸直举过头顶。动作细节同上。可以将篮球换成重球增加难度。	
	31	弹力带深蹲	双脚踩着弹力带的中段，双手握住弹力带两端，身体直立，将手上举到肩部位置，掌心向前。手部位置不变，动作细节同上。	
	32	单腿蹲	单脚支撑保持姿态稳定，一条腿悬空，屈髋屈膝下蹲的同时悬空腿向后伸展。	
	33	弹力带单腿蹲	脚踩弹力带的中段，手提弹力带两端，保证弹力带处于一定的拉力的同时向下蹲。	
	34	弹力带弓步蹲	双脚前后分开，保证下蹲后，前后侧膝关节以及前后腿夹角均为90度，脚踩弹力带的中段，手提弹力带两端，保证弹力带处于一定的拉力的同时向下蹲。	
	35	半蹲蹬地侧向横移	以左侧移动为例，半蹲姿势下，左腿抬起的同时右腿快速蹬地向左侧移动。	蹬地腿不要出现膝关节内扣。
	36	下砸重球接弓步起跳	1. 双脚前后分开，保证下蹲后，前后侧膝关节以及前后腿夹角均为90度。 2. 双手持重球向前腿外侧用力下砸，等待球反弹，接球瞬间顺势起跳，前后腿交换落地。	蹬地腿不要出现膝关节内扣，下砸重球用力。
	37	双手运球半蹲侧移	以左侧为例，半蹲姿势下，双手行进间运球，左腿先往左迈一小步，然后右腿再往左迈一小步。	维持姿势情况下缓慢侧移。

续表

体能要素	序号	练习内容	练习方法	练习要求
肌肉力量（肢体力量和核心力量）、肌肉耐力	38	双手运球半蹲走	半蹲姿势下，双手行进间运球，可采用大力运球增加难度，并可采用前进或者后退的方式完成。	维持姿势情况下缓慢前进或后退，指尖运球，尽量保持目视前方。
	39	持球罗马尼亚硬拉	1. 双手持球（篮球或重球）放在大腿上，双脚打开与髋同宽站立。 2. 髋部向后伸展，直到无法伸展大腿后侧肌肉为止，收紧后侧肌肉站直至起始位置。	运动过程中始终保持头、背部平直。
	40	弹力带罗马尼亚硬拉	1. 脚踩弹力带的中段，手提弹力带两端，保证弹力带处于一定拉力的同时进行屈髋。 2. 髋部向后伸展，直到无法伸展大腿后侧肌肉为止，然后收紧后侧肌肉站直至起始位置。	
	41	持球单腿罗马尼亚硬拉	双手持球单脚支撑保持姿态稳定，一条腿悬空，屈髋的同时悬空腿向后伸展，收紧后侧肌肉站直至起始位置。	
	42	单腿罗马尼亚硬拉前触	篮球放置于体前 50 厘米，单脚支撑保持姿态稳定，一条腿悬空，屈髋的同时悬空腿向后伸展，此时悬空腿侧的手臂前伸触碰篮球。	
	43	弹力带单腿罗马尼亚硬拉	1. 脚踩弹力带的中段，手提弹力带两端，保证弹力带处于一定拉力的同时进行屈髋。 2. 髋部向后伸展，直到无法伸展大腿后侧肌肉为止，然后收紧后侧肌肉站直至起始位置。	
	44	弹力带跪姿蹬伸	1. 双手撑地跪在地上，一侧手上和另一侧脚固定上弹力带。 2. 开始时，异侧手脚同时蹬伸，使弹力带拉伸紧绷后还原，反复多次。	1. 重心稳定，身体不晃动。 2. 蹬伸时手脚用力。
	45	侧挺身起	1. 侧身平躺，一手肘关节撑地，肘关节处于肩部下方，一手叉腰。 2. 双腿打开，靠近地面的腿撑地，另一腿抬起悬空，腰部用力离地。只用撑地的手肘和一只脚支撑。停顿 1 秒还原，反复多次。	

续表

体能要素	序号	练习内容	练习方法	练习要求
肌肉力量（肢体力量和核心力量）、肌肉耐力	46	俯卧登山跑	身体俯身向下，上肢直臂支撑，下肢连续做高抬腿。可采用双手支撑于篮球上的方式增加练习难度。	1. 保持连续地高抬腿，身体不晃动。 2. 臀部不要抬高。
	47	角力推拉	两人一组，分别站在横线后，双方可以推拉，迫使对方失去平衡，如有一方有一只脚离地就算失败，两手交换进行。	1. 控制重心。 2. 重心低。
	48	持球背屈伸	1. 两人一组，一人俯卧在地面上，持球举过头顶，另一人按住其脚踝。 2. 开始时，持球背起，胸口离开地面。	1. 双臂伸直。 2. 上身用力抬高。 3. 快起慢下。
	49	双手撑单球静力支撑	身体处于俯撑姿态的基础上，双手下放置一颗篮球，双手撑于球上，身体保持静力支撑姿态。	1. 重心稳定。 2. 目视前方。 3. 保证躯干呈一条直线。
	50	双手撑双球静力支撑	身体处于俯撑姿态的基础上，每只手下放置一颗篮球，双手撑于球上，身体保持静力支撑姿态。	
	51	两脚一球俯卧撑	脚踩篮球，双手撑地俯卧撑，在俯卧撑的同时控制重心的平稳。	1. 重心稳定，身体不晃动。 2. 手臂弯曲 90 度。
	52	一脚一球俯卧撑	两脚分别踩一个篮球，双手撑地俯卧撑，在俯卧撑的同时控制重心的平稳。	
	53	左右转身击球	两人一组，一人传球，一人练习。跪姿着地，使用一块较软的垫子保护膝盖，在接到球之后左右转身击球各一次。（可使用加重球）	1. 身体不要左右倾斜。 2. 击球用力。 3. 动作连贯。
	54	静力“V”字卷腹运球	用臀部着地，腹肌收缩用力使躯干和双腿呈“V”字形，身体保持不动的同时单手运球。	1. 身体姿态稳定，躯干和双脚尽可能地抬高。 2. 双腿伸直。
	55	持球两头起	双手持球，腹肌收缩用力，让躯干和双脚同时离地抬高，直到双手把球传递给双脚夹住，缓慢向下躺平，再次抬起把球传递给双手，依次反复。	1. 手脚同时。 2. 动作缓慢，手脚持球稳定。

续表

体能要素	序号	练习内容	练习方法	练习要求
肌肉力量（肢体力量和核心力量）、肌肉耐力	56	仰卧起坐头上传接球	1. 两人一组，一人仰卧起坐，一人站立。 2. 仰卧起坐时双手持球，当坐起时把球传给站立人后躺下，当再次坐起时接球，依次反复。	1. 不颠臀，动作稳定。 2. 两人配合默契。
	57	加重球左右传接球	1. 两人一组，前后站立，背向站立且保持一定距离。 2. 持加重球转体向后传球给后面的人，接回传球，再向另一侧转体，继续传球给后面的人，反复多次。 3. 可将直立姿势换成单腿站立或者弓步站立姿势增加练习难度。	1. 转身击球双臂用力。 2. 转体速度快。
	58	跪姿平举左右晃球	1. 身体跪在垫子上，双手持球前平举。 2. 开始时，腹肌收紧，双手持球左右快速晃动，（篮球或重球）移动距离在 10—30 厘米。	1. 重心稳定，身体正直。 2. 手臂晃动快，目视前方。
	59	单腿站立下砸重球	1. 身体单腿直立状态，双手持重球。 2. 开始时，双手用力向下砸重球，接球后反复多次。	1. 重心稳定，身体正直。 2. 双手用力下砸。
速度	60	篮球场对角线冲刺	以篮球场对角线为距离，全力冲刺。	全力冲刺，蹬地有力。
	61	“Z”字形冲刺跑	1. 以“Z”字形摆放标志桶，篮球场端线一角、罚球线一端点、中线和边线交点共 5 点，全场共 10 点，可供往返或两组同时练习。 2. 从端线标志桶出发，全力加速依次绕过标志桶，到达对面端线标志桶。 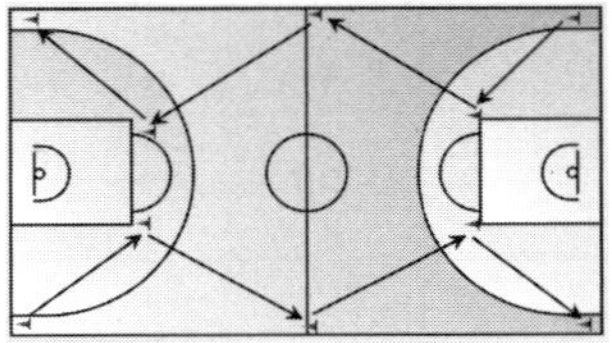	1. 绕过控制节奏，转向蹬地有力。 2. 跑动迅速灵活。

续表

体能要素	序号	练习内容	练习方法	练习要求
速度	62	“Z”字形冲刺变向跑	1. 以“Z”字形摆放标志桶，篮球场端线一角、罚球线一端点、中线和边线交点共 5 点，全场共 10 点，可供往返或两组同时练习。 2. 从端线标志桶出发，全力加速依次在标志桶前做变向，直至到达对面端线标志桶。 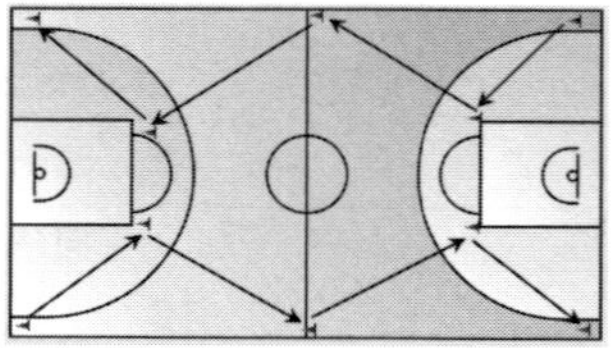	1. 碎步减速，变向后加速。 2. 蹬地有力，跑动灵活。 3. 贴近标志桶变向不跑圆。
	63	“Z”字形滑步移动	1. 以“Z”字形摆放标志桶，篮球场端线一角、罚球线一端点、中线和边线交点共 5 点，全场共 10 点，可供往返或两组同时练习。 2. 从端线标志桶出发，滑步依次接触标志桶，到达对面端线标志桶。（图示如上图）	1. 快速上下摆臂。 2. 贴地滑步，蹬地有力。
	64	28 米抗阻跑（运球）	1. 两人一组，一人将弹力带绕过练习者的腋下。 2. 形式一：辅助者给予练习者一定的阻力，跟随练习者跑 28 米，之后松开弹力带，练习者再做一次短距离加速跑。 形式二：辅助者给予练习者一定的阻力，跟随练习者跑 14 米，之后松开弹力带，练习者再做一次短距离加速跑。 3. 可将徒手跑改为运球跑，增加练习难度。	1. 身体前倾，蹬地摆臂充分。 2. 加速明显。
	65	往返接力跑（运球）	1. 分组进行比赛，每组人数相等，听到口令后，各组的第一位选手向标志点冲刺后迅速绕回跑至起点。 2. 跑回起跑线后迅速击掌下一位同伴，同伴以此方式持续练习，以先跑完一轮的小组为胜。 3. 可将练习改为运球接力跑，增加练习难度。	1. 加速明显，蹬地有力。 2. 控制节奏，遵守规则。 3. 团队合作，配合默契。

续表

体能要素	序号	练习内容	练习方法	练习要求
速度	66	加速阻力跑	1. 两人一组，一人帮助，一人练习。练习者和同伴相距 3—5 米，两人在腰部系根弹力带，保证弹力带有一定的张力。 2. 听命令，在弹力带的阻力下，完成加速跑动作。	1. 加速明显。 2. 蹬摆有力。 3. 合作默契。
	67	运球急停再加速	从端线出发，运球冲刺跑，到罚球线急停，停顿 2—3 秒后再加速冲刺至中线急停，再加速冲刺到对面罚球线急停，再加速冲刺至端线。左手右手交替做。	1. 节奏分明，停得稳，加速快。 2. 蹬地有力。
	68	28 米运球冲刺跑	篮球场端线到端线，运球全速冲刺。	1. 加速明显控球稳。 2. 蹬地有力。
	69	一攻一防	1. 一人运球，一人防守，沿边线快速推进。 2. 防守人全程跟防，发力给对抗。进攻人运球推进，摆脱上篮。	1. 对抗用力，不犯规。 2. 运球推进速度快。
	70	阻力伞运球跑	1. 腰上系好阻力伞，并持球准备。 2. 快速启动，运球加速冲刺跑。	1. 加速明显。 2. 蹬地有力。 3. 运球稳定连贯。
	71	三人直线传球上篮	1. 三人一组，中间人拿球。 2. 开始时，三人同时向对面端线跑去，跑动过程中将球传到左侧，回传到中间，再传到右侧，右侧接球后直接上篮。	1. 明确人球位置，传接球配合默契。 2. 侧身传接球准确到位。 3. 上篮连贯不走步。
	72	双人对抗运球	1. 两人一组，一人双手运球，一人顶着运球者的双肩。 2. 开始时，运球人双手运球，双脚用力蹬地向前跑，对抗者给予运球者一定的阻力。	1. 运球稳定，重心前移。 2. 配合默契，蹬地有力。
爆发力	73	连续纵跳	双脚着地，连续纵跳。可双手持球增加练习难度。	1. 协调用力高跳。 2. 连续不调整脚步。

续表

体能要素	序号	练习内容	练习方法	练习要求
爆发力	74	单脚快速跳绳	1. 单脚着地，膝盖微屈。 2. 前脚掌发力跳起。 3. 手臂协调摇绳。	1. 保持膝盖微屈。 2. 手脚协调快速发力。
	75	双脚快速跳绳（多人竞赛）	1. 多人进行竞赛，规定时间多者胜。 2. 双脚并拢，膝盖微屈。 3. 前脚掌同时发力跳起。 4. 手臂协调摇绳。	1. 保持膝盖微屈。 2. 手脚协调发力。 3. 控制距离相互不干扰。
	76	下降蹲	双脚分开与髋同宽，手臂伸直上举过头，手臂快速后摆同时下蹲至最大幅度进行等长的控制，而后站起，重复多次完成。	1. 有意识地突然下蹲。 2. 下蹲至最大幅度后发力阻止身体继续下降。
	77	小蛙跳	1. 双腿弯曲，蹲在地上。 2. 脚踝用力，小腿发力，使身体向前方跳去。	1. 节奏连贯，踝关节发力迅速。 2. 起跳后身体尽量伸展，展开后在空中快速收腹。
	78	大蛙跳	1. 双腿弯曲，蹲在地上。 2. 大小腿充分蹬伸，双臂用力摆动，使身体向前方跳去。	1. 节奏连贯，大小腿快速发力蹬伸。 2. 身体尽量腾空伸展。
	79	行进间抱膝跳	慢跑，采用单起双落的形式起跳，双手摆臂配合向上跳起，跳起时上体挺直，大腿与小腿保持 90 度，同时大腿向胸部靠拢，落地缓冲。	1. 跳起时头向上顶，不弓腰。 2. 落地注意缓冲。
	80	垫步抱膝跳	垫步结合抱膝跳，以垫步的形式进行准备，然后双手摆臂配合向上跳起，跳起时上体挺直，大腿与小腿保持 90 度，同时大腿向胸部靠拢，落地缓冲。	

续表

体能要素	序号	练习内容	练习方法	练习要求
爆发力	81	跪姿跳跃	1. 跪在地上（垫子上），双手快速摆臂配合向上跳起，跳起时上体挺直。 2. 可以在落地缓冲后接一个垂直纵跳。	1. 跳起时头向上顶，不弓腰。 2. 落地注意缓冲。
	82	单腿跳越障碍物（持球）	1. 地面摆放适合自己高度的障碍物（标志桶、小栏架等）。 2. 原地单脚跳越障碍物，随后再跳回原位，循环练习。 3. 可持球跳越，增加练习难度。	1. 腿部蹬伸用力。 2. 双臂自然摆动，动作连贯协调。 3. 注意落地后的单腿稳定控制。
	83	正向跳越障碍物（持球）	1. 正面摆放适合自己高度的障碍物（标志桶、小栏架等）。 2. 原地双脚跳越障碍物，随后再跳回原位，循环练习。 3. 可持球跳越，增加练习难度。	1. 重心稳定，上体正直。 2. 身体协调发力。
	84	横向跳越障碍物（持球）	1. 侧面摆放适合自己高度的障碍物（可跳上的）。 2. 双脚原地起跳，跳上侧方障碍物，左右进行交替练习。 3. 可持球跳越，增加练习难度。	1. 前脚掌发力跳上与落地，膝盖微屈。 2. 重心稳定，上体正直。
	85	转体跳越障碍物	1. 背后摆放适合自己高度的障碍物。 2. 原地双脚起跳跨过障碍物，起跳后空中转体下落。	1. 腿部蹬伸用力。 2. 双臂自然摆动，动作连贯。
	86	双重障碍物跳越	1. 设置两个障碍物，一低一高保持一定距离。 2. 开始时，先跳越较高的障碍物后，再快速跳越较低的障碍物。	1. 重心稳定，注意安全。 2. 双腿用力高跳，连跳间隔短，落地迅速起跳快。
	87	纵跳摸篮板（篮筐）	1. 站立在篮板下方。 2. 连续双腿发力，纵跳摸篮板（篮筐）。	1. 腿部蹬伸用力。 2. 双臂摆动，动作连贯。
	88	箭步跳	1. 双腿弓箭步，目视前方。 2. 双腿前后交换跳。	1. 连续不间断。 2. 蹬伸充分。 3. 双臂自然摆动。

续表

体能要素	序号	练习内容	练习方法	练习要求
爆发力	89	负重箭步跳	1. 双腿弓箭步，目视前方。双手持加重球上举。 2. 双腿前后交换跳，双手配合上举加重球。	1. 双腿频率快。 2. 不间断，蹬伸充分。
	90	连续障碍跳	1. 小栏架按一定间隔连续摆放，可调整适合自身的高度。 2. 双脚起跳连续不间断地跳过所有栏架。 3. 可持球在跳跃栏架后接运球上篮增加练习的多样性。	1. 连续不间断。 2. 蹬伸充分。 3. 双臂自然摆动。
	91	原地负重纵跳	1. 连续双腿发力，尽最大的努力往上跳跃。 2. 可通过连续完成或者增加重量的方式增加难度。	1. 腿部蹬伸用力。 2. 双臂摆动，动作连贯。
反应时	92	听口令做动作	1. 防守姿势准备，双脚做小碎步。 2. 听口令，教师指“上”时，从防守小碎步做跳起双手头上击掌，落地后继续还原成防守小碎步。 3. 教师指“下”时，从防守小碎步做俯卧撑，之后迅速还原成防守小碎步。 4. 教师指“左”或者“右”时，从防守小碎步做向左或者向右的滑步（只滑一步），然后迅速还原成防守小碎步。	1. 反应迅速，移动敏捷。 2. 根据教师指令做出正确的动作。 3. 口令之前小碎步频率快，防守姿势标准。
	93	反口令做动作	1. 防守姿势准备，双脚做小碎步。 2. 听口令，教师指“上”时，从防守小碎步做俯卧撑，之后继续还原成防守小碎步。 3. 教师指“下”时，从防守小碎步做跳起双手头上击掌，之后迅速还原成防守小碎步。 4. 教师指“左”或者“右”时，从防守小碎步做向右或者向左的滑步（只滑一步），然后迅速还原成防守小碎步。	

续表

体能要素	序号	练习内容	练习方法	练习要求
反应时	94	听口令冲刺变倒退跑	听口令统一从端线全速冲刺跑，在跑的过程中听口令迅速变为倒退跑，反复多次。可将徒手跑变为运球跑，增加练习难度。	1. 全力冲刺，注意安全。 2. 转身时重心稳定。 3. 对口令反应迅速。
	95	听口令冲刺变急停	听口令统一从端线全速冲刺跑，在跑的过程中听口令迅速急停，再听口令加速冲刺，反复多次。可将徒手跑变为运球跑，增加练习难度。	
	96	听口令转身跑	1. 背对教师做原地小步跑。 2. 听到哨音后快速转身做冲刺跑。 3. 可将徒手跑变为运球跑，增加练习难度。	1. 注意力高度集中。 2. 小步跑时频率快。
	97	听口令转身接球	1. 两人一组，一人持球，一人背向持球者做防守小碎步。 2. 听到口令后迅速转身接球。	1. 转身迅速。 2. 重心低，脚步快。
	98	双人模仿滑步	特定距离内（3 米），两人一组，滑步姿势面对面站立，一人随机方向移动，另一人快速反应跟上。	1. 反应迅速。 2. 移动敏捷。
	99	双人躲闪摸肩	把练习者分为两人一组，规定在一定的范围内用手触摸对方肩部，可以利用步法移动躲闪。	1. 左右移动快。 2. 反应敏捷。 3. 重心低，脚步快。
	100	抛接球	1. 两人一组，一人抛球，一人接球。 2. 抛球人随机抛球，根据接球人的远近距离，做出高抛球或低抛球。接球人迅速反应，在球落地前把球接住。	1. 两人配合默契。 2. 反应迅速，移动敏捷。
	101	游戏：抢球	用篮球围成一个圆圈，篮球数少于练习人数，游戏开始时，练习者围绕球圈外慢跑，听到信号就近抢球，没有抢到就被淘汰，并去掉一颗球，继续进行。	1. 对口令反应迅速。 2. 抢球时动作敏捷。

续表

体能要素	序号	练习内容	练习方法	练习要求
反应时	102	两人传接球一人断球	1. 三人一组，两人传接球，一人防守。 2. 开始时，传球人面对面站立进行传球，相隔 3 米，不能移动。一人抢球时，碰到、抢断到球都跟失误者交换位置。	1. 抢球时反应敏捷。 2. 判断准确，移动到位。
	103	三人传接球两人断球	1. 五人一组，三人传接球，两人防守。 2. 开始时，传球人三角形站立进行传球，不能移动。两人抢球时，碰到、抢断到球都跟失误者交换位置。	
	104	抛接六角球滑步	1. 两人一组，一人练习，一人辅助。辅助者手持六角球。 2. 辅助者向练习者的左边或者右边抛出六角球，练习者运用滑步左右移动快速接反弹起来的六角球，之后传回给辅助者，依次进行练习。	1. 接球降重心，移动快。 2. 练习间隔时间要短。 3. 抛球左右变向要快。
	105	滑步接反弹球	1. 两人一组，一人持球，一人从防守小碎步开始。 2. 持球者向左侧或右侧击地传球，接球者迅速向左或向后滑步移动接住篮球，快速回传给持球人，之后进行下一次滑步接球。	1. 判断反应敏捷。 2. 左右移动快速。 3. 重心低，脚步快。
	106	两人抢球快攻	1. 教师在篮下抛球，两名同学一左一右站立。 2. 球抛出时，两人上前抢球，抢到一方进攻，另一方迅速变成防守。	1. 抢球时反应敏捷。 2. 攻防转换反应快。
灵敏性	107	绳梯开合跳运球	1. 双脚同进同出。 2. 在前进过程中左手或者右手运球。 3. 完成绳梯练习后接运球上篮或投篮，循环练习。	1. 轻快、节奏感强，脚踝有弹性。 2. 目视前方不看脚下或篮球。
	108	绳梯前进小碎步运球	1. 前脚掌着地，每步落在小方格以内。 2. 在前进过程中左手或者右手运球。 3. 完成绳梯练习后接运球上篮或投篮，循环练习。	

续表

体能要素	序号	练习内容	练习方法	练习要求
灵敏性	109	绳梯横向小滑步运球	1. 身体横向站立开始，两脚平行滑动，依次落入小方格内。 2. 在前进过程中左手或者右手运球。 3. 完成绳梯练习后接运球上篮或投篮，循环练习。	1. 轻快、节奏感强，脚踝有弹性。 2. 目视前方不看脚下或篮球。
	110	绳梯前前后后运球	1. 身体横向站立开始，两脚依次踏入小方格内，再依次踏出小方格外。 2. 在前进过程中左手或者右手运球。 3. 完成绳梯练习后接运球上篮或投篮，循环练习。	
	111	绳梯进进出出运球	1. 一脚先进，另一脚再进。接着，一脚先出，另一脚再出。 2. 在前进过程中左手或者右手运球。 3. 完成绳梯练习后接运球上篮或投篮，循环练习。	
	112	绳梯两进两出运球	1. 一脚先进，另一脚再进，同时横向滑动一格。接着，一脚先出，另一脚再出，同时在外横向滑动一格。 2. 在前进过程中左手或者右手运球。 3. 完成绳梯练习后接运球上篮或投篮，循环练习。	
	113	绳梯并步小跳接小碎步运球	1. 先连续五个并步小跳，再接小碎步。 2. 在前进过程中左手或者右手运球。 3. 完成绳梯练习后接运球上篮或投篮，循环练习。	
	114	绳梯侧向进进出出运球	1. 双脚从绳梯外开始，两脚从左向右横向依次进方格内，再依次出方格。反向同理。 2. 在前进过程中左手或者右手运球。 3. 完成绳梯练习后接运球上篮或投篮，循环练习。	

续表

体能要素	序号	练习内容	练习方法	练习要求
灵敏性	115	绳梯前后交叉步运球	1. 身体横向站立开始，一格一脚，双脚交叉移动，前交叉和后交叉依次交换进行。 2. 在前进过程中左手或者右手运球。 3. 完成绳梯练习后接运球上篮或投篮，循环练习。	1. 轻快、节奏感强，脚踝有弹性。 2. 目视前方不看脚下或篮球。
	116	绳梯一外一内运球	1. 设定一只脚在外前行，另一只脚每一方格进入方格一次。 2. 在前进过程中左手或者右手运球。 3. 完成绳梯练习后接运球上篮或投篮，循环练习。	
	117	5.8 米折返跑	1. 以篮球场端线到罚球线的距离为路线进行往返跑动。 2. 从端线到罚球线做急停并转身往返。	1. 转身降重心，动作迅速。 2. 重心稳定，蹬转有力。
	118	6 点或 8 点多方向移动	1. 分别在自己的左前、前方、右前、左后、后方、右后（左侧和右侧）放置吸盘。 2. 根据教师要求快速移动到指定的点触碰吸盘后，回到原点。	1. 注意力高度集中。 2. 重心降低，移动迅速。
	119	限制区“Z”字形移动	1. 以限制区两条边线之间的距离进行“Z”字形滑步。 2. 两手臂体侧展开，上下摆动。	1. 蹬地有力。 2. 滑步迅速灵活。
柔韧性	120	压指	十指相对，双臂发力向中间挤压手指，让手指和手背呈 90 度左右。	1. 充分拉伸手指韧带。 2. 双手同时发力。
	121	站姿头侧屈	以左侧斜方肌拉伸为例：右手拉住头向右侧偏，并且头部要向左侧转动。	同侧肩膀主动下压。
	122	站姿屈肘屈肩侧拉	以拉伸左侧肱三头肌为例： 1. 站立，左肘部弯曲。 2. 抬高左臂，直到肘部位于左耳旁边，左手靠近右肩胛骨。 3. 用右手抓住上臂上紧挨左肘下方的位置，朝头后和地面拉动或推左肘。	屈肘至最大程度。

续表

体能要素	序号	练习内容	练习方法	练习要求
柔韧性	123	俯卧屈肘转体	以拉伸左侧胸大肌、三角肌前束为例： 1. 趴在地面上，左侧的手臂外展至 90 度，屈肘 90 度，掌心向下贴住地面。 2. 缓慢向左侧转动躯干，右臂主动支撑加大躯干旋转幅度。	肩膀紧贴地面。
	124	婴儿式转体	以拉伸左侧背阔肌为例： 跪坐在地面上，左侧的手臂前伸置于略偏左侧的位置，与此同时左侧掌心向上，右侧手掌压住左侧掌心后，身体后坐。	拉伸侧的手背始终处于原地。
	125	婴儿式压肩	跪坐在地上，双臂上举至最大范围，俯身向下掌心接触地面后继续下压，让胸部尽量贴近地面。	1. 压肩时缓缓下振，拉伸背部、肩部肌群。 2. 辅助者可以给予一定的压力，帮助练习者更好地拉伸肩部柔韧性。
	126	俯卧撑起	趴在地面上，手臂撑起身体的同时保证骨盆贴在地面上。	手臂用力伸直的同时尽量让骨盆贴住地面。
	127	“M”形拉伸	1. 坐立，同时屈膝。 2. 双手放身体两边向后延伸，头部抬起、挺胸。	动作过程中尽可能挺胸，均匀呼吸。
	128	坐姿转体拉伸	以拉伸左侧臀大肌为例： 身体坐立姿态，左腿弯曲并把脚放置右腿膝盖的外侧，右侧手臂卡到左侧膝盖的外侧，身体向左侧转体。	1. 坐姿正直。 2. 转体充分。 3. 用力拉伸腰部和身体。
	129	90—90 坐姿转体	双腿分开 90 度，一条腿内旋屈膝 90 度，另一条外旋屈膝 90 度，躯干直立。缓慢向异侧旋转，一条腿由内旋转为外旋；另一侧则相反。	1. 坐姿正直。 2. 转体充分。 3. 动作缓慢有控制。

续表

体能要素	序号	练习内容	练习方法	练习要求
柔韧性	130	弓步支撑转体（最伟大拉伸）	俯撑，双手与肩同宽挺直背部，一侧脚向前最大幅度迈开，同侧手肘触地后用力向上伸展，目光跟随手移动，转回至双手触地后，保持跨步的同时尽力将双腿伸直，依次回到起始状态；做另一侧的转体。	1. 转体时吸气，还原时呼气。 2. 手肘下沉到最低点即可。
	131	跨栏坐	1. 双腿尽量左右分开，坐在地面上。 2. 呈跨栏坐姿势，呼气，转体，上体前倾贴在一条腿上。 3. 双手扶在身体前倾一侧腿的踝关节前部，充分伸展双腿和腰部。	1. 两大腿夹角大于 90 度。 2. 前脚向上直立。
	132	站立压腿	以拉伸左侧后侧腿为例： 直立状态，脊柱处于中立位置，左腿前伸一小步后伸直，右腿微屈膝的同时向下屈髋，保持腰部挺直，胸部向膝盖靠近，直至左腿有轻微的牵拉感为止。	1. 练习者背部紧靠墙面，支撑腿伸直。 2. 辅助者一手扶练习者膝盖处，一手扳动脚踝处。缓慢向上，不宜过快、过急。
	133	青蛙趴	俯卧，屈膝，腿的内侧贴地，把膝盖慢慢向两侧打开，大腿和上身呈 90 度，大腿和小腿呈 90 度。完全呼吸，深呼吸 3—5 次。	1. 不可塌腰。 2. 收紧小腹。
平衡	134	双脚平衡球传球	1. 平衡球圆面向下，双脚站在平衡球上。 2. 两人一组，相互做传接球练习。	1. 重心平稳，姿态自然放松。 2. 传接球姿势正确，传球到位。
	135	单脚平衡球传球	1. 平衡球圆面向下，单脚站在平衡球上。 2. 两人一组，相互做传接球练习。	
	136	坐姿平衡球传球	1. 平衡球平面向下，身体臀部坐在圆球上，双脚离地。 2. 两人一组，相互做传接球练习。	
	137	立卧撑跳起转体 180 度	由俯卧撑姿势开始，双腿屈膝抬大腿，呈全蹲。起立后即刻双脚蹬地全力、快速纵跳，双臂积极上摆，在空中转体 180 度。衔接下一个动作时要迅速屈膝下蹲，在双手即将撑地的同时，双脚向后伸蹬，呈俯卧撑。连续进行。	1. 重心稳定，收紧腰腹。 2. 动作衔接快。

续表

体能要素	序号	练习内容	练习方法	练习要求
平衡	138	运球中的躲闪练习	1. 两人一组，一人练习，一人辅助。两人相对站立（间隔 3—4 米）。 2. 开始时，辅助者用软排球向练习者砸去，练习者在运球的同时躲避砸来的排球，左右移动范围不能超过 3 米。	1. 移动迅速。 2. 反应灵敏。 3. 辅助者球速快。
	139	运球推拉练习	1. 两人一组，一人运球，一人双手从背后抓住其腰部。 2. 开始时，练习者双手运两球或者单手运一球，辅助者双手发力前后左右推拉练习者，让练习者在晃动中保持稳定和平衡，并能控制好篮球。	1. 重心低，身体稳定。 2. 双手始终运球。
	140	单脚下蹲触脚尖	1. 准备时单脚站立，双手保持平衡。 2. 开始时，异侧手向下伸，身体弯曲，在一只脚不落地的情况下，摸到脚尖，并能还原成直立。	1. 重心稳定。 2. 异侧手摸异侧脚尖。 3. 目视前方。
	141	单脚深蹲	左腿站立，右腿轻轻向前方抬起，弯曲左膝，臀部向后伸，手臂向前展开，同时右腿向前方伸展。继续降低重心，直至臀部略低于膝盖。下降停止时，感受臀肌和大腿后侧肌肉发力；随后再慢慢恢复单腿站立姿势。	1. 保持稳定。 2. 目视前方。
	142	平衡球登山步	平衡球球面向下，双手握住底盘两端，做平板撑姿势。保持头部到脚踝在同一直线上，弯曲右膝至胸前。停顿一下，恢复至起始姿势，换左腿练习。两腿都完成算一组。	1. 保持姿态稳定。 2. 膝盖充分上提。
	143	弓步起跳	双脚分开与肩宽，右腿向后迈出，慢慢下蹲，直至右膝呈约 90 度，右腿蹬地，向斜上方抬起（其间摆动手臂助力），起跳，左腿伸直；右腿落地向后恢复至弓步，动作尽量轻缓。	1. 重心稳定。 2. 腿部发力。 3. 落地轻缓。

续表

体能要素	序号	练习内容	练习方法	练习要求
平衡	144	俯卧侧转	双手撑地做平板撑，右手先移至身体中线处，身体向左侧旋转。左脚旋转后叠放在右脚上，胯部与天花板在同一平面，左手臂向外侧伸直抬起，直至指尖朝向天，保持双脚并拢，坚持5秒，然后恢复至起始平板支撑动作；换边练习，左右各旋转一遍算一次。	1. 重心平稳，姿态自然放松。 2. 手臂和身体保持伸直状态。
	145	燕式平衡	单腿站立、另一条腿后举、两臂侧上举姿势开始，前脚向前一步，上体前倾，两臂前举或经前绕至侧平举，抬头、挺胸，支撑腿膝关节绷直，另一腿经后向上逐渐抬起，同时上体下压与地面平行，后举腿高于头部，呈燕式平衡。	1. 动作舒展，髋正。 2. 脚高于头。
	146	跳跃平衡	将波速球球面朝下放置，双脚平行站立，通过半蹲、摆臂双脚同时跳到波速球上，同时身体保持平衡。	1. 核心收紧。 2. 维持身体平衡。
	147	波速球俯卧撑	将波速球球面朝下，练习者身体直立，双手紧握波速球平面两端，进行俯卧撑练习，完成一定数量。	1. 控制身体平衡，核心收紧。 2. 身体尽量下沉至胸部接触波速球平面。
	148	波速球平板支撑	将波速球球面朝上，练习者将手臂放在波速球上，双脚并拢放在地面上，呈平板支撑姿势，保持身体平衡，保持这个姿势到一定的时间。	1. 腰背挺直。 2. 核心收紧。
协调	149	横向增强式训练	1. 侧向站立小栏架侧方，身体正直，目视前方。 2. 双腿用力向侧方跳起，越过小栏架落地，并再次迅速发力跳起，跳回原处，反复多次。	1. 落地轻盈。 2. 落地后迅速发力，间隔时间短。
	150	点状移动	1. 在地面画五个点，呈二一二的形状排列。 2. 可做单脚踩点连续跳，双脚开合跳，双脚开合转体跳。	1. 落地轻盈。 2. 动作连续。 3. 脚踝有弹性。

续表

体能要素	序号	练习内容	练习方法	练习要求
协调	151	绳梯交叉转髋	面向横向摆放的绳梯，一脚在格子里，一脚在外，两脚前后交换、转髋，并向一侧横向移动。	1. 转髋幅度大。 2. 转髋时手臂抬高。
	152	绳梯开合跳	面向绳梯双脚并拢于第一个格子中，每个格子做一次开合跳动作依次向前做完绳梯。	1. 前脚掌发力。 2. 开合幅度大且快速。
	153	绳梯跳步转髋	面向绳梯双脚开立，一脚在格子里，一脚在外，两脚交换转髋，并向前移动。	1. 转髋幅度大。 2. 步法衔接快速。
	154	交叉拍脚	原地站立，左腿屈膝抬向右腿前，右手拍左脚，反之左手拍右脚；然后左腿屈膝左脚抬向右腿后，右手拍左脚，反之左手拍右脚。前面两下后面两下。	1. 落地轻盈。 2. 落地后迅速发力，间隔时间短。
	155	交叉跑	可以空地或在上面放上格子，在上面进行交叉跑动。整体是侧面对着移动方向。向右跑时先动左腿，左腿上步与右腿交叉，右腿撤步还原，来回往复。	1. 腰部有节奏地扭动。 2. 转髋幅度大。
	156	交叉提膝	双臂格斗式立于体前，向上提左膝，同时两臂向左摆找左膝；落地的同时提右膝，两臂向右摆。	1. 上身和腿的整体协调性。 2. 保持提膝的顺畅。
	157	抬腿拍掌	正面站立。抬起左腿，双手在腿下方拍击；收左腿的同时双臂打开平行，抬右腿双手拍击。	1. 动作连贯。 2. 腿向上抬起时不用过高，大于90度，尽量伸直。

第二节　乒乓球

乒乓球模块 1 “技能 + 专项体能”教学方案

课时	项目学习内容	体能要素	专项体能练习内容	练习方式
1	乒乓球基本功	灵敏性 + 下肢力量	1. 颠球 2. 两人俯卧撑抢乒乓球 3. Tabata 下肢力量组合	1. 分组轮换： 内容 1—2：40 秒 / 组，间歇 20 秒，3 组。 2. 同步进行： 内容 3：跟随音乐的节奏，持续 3 分钟，间歇 1 分钟，2 组。 3. 教学环节实施建议： 基本部分后面。
2	反手攻球	心肺耐力 + 位移速度	1. 反手攻球徒手挥拍（无球） 2. 手持哑铃片反手挥拍 3. 托球接力跑	1. 分组轮换： 内容 1：40 次 / 组，间歇 20 秒，3 组。 2. 分组依次进行： 内容 2：30 次 / 组，间歇 20 秒，3 组。 内容 3：比赛 2 组，看看哪组跑得快。 3. 教学环节实施建议： 准备部分后程内容 1；基本部分后面内容 2—3。
3	正手攻球综合运用	心肺耐力 + 位移速度	1. 正手攻球徒手挥拍（无球） 2. 手持哑铃片正手挥拍 3. 颠球接力跑	1. 分组轮换： 内容 1：40 次 / 组，间歇 20 秒，3 组。 2. 分组依次进行： 内容 2：30 次 / 组，间歇 20 秒，3 组。 内容 3：比赛 2 组，看看哪组跑得快。 3. 教学环节实施建议： 准备部分后程内容 1；基本部分后面内容 2—3。
4	正手攻球实战运用	上肢力量 + 灵敏性	1. 单人药球（足球）对墙正手击球 2. 单人药球（足球）对墙反手击球 3. 侧滑步接力	1. 分组轮换： 内容 1—2：30 次 / 组，间歇 20 秒，3 组。 2. 分组进行： 内容 3：比赛 2 组，看看哪组跑得快。 3. 教学环节实施建议： 基本部分后面。

续表

课时	项目学习内容	体能要素	专项体能练习内容	练习方式
5	乒乓球正反手连续攻球	灵敏性 + 核心力量	1. 颠球——进阶（一反一正） 2. 双人仰卧起坐击掌 3. 垫高小腿仰卧起坐	1. 同步进行： 内容 1：40 秒 / 组，间歇 20 秒，3 组。 2. 分组进行： 内容 2—3：45 秒 / 组，间歇 20 秒，3 组。 3. 教学环节实施建议： 基本部分后面。
6	发奔球技术	心肺耐力 + 协调	乒乓球 Tabata 间歇操	1. 同步进行： 跟随音乐的节奏，持续 3 分钟，间歇 1 分钟，2 组。 2. 教学环节实施建议： 准备部分后程。
7	左推右攻（摆速）技术（两反两正）演练	爆发力 + 反应时	1. 阻力带步伐（正手） 2. 阻力带反手挥拍 3. 听口令小碎步	1. 分组轮换： 内容 1—2：45 秒 / 组，间歇 15 秒，2 组。 2. 分组进行： 内容 3：45 秒 / 组，间歇 15 秒，2 组。 3. 教学环节实施建议： 基本部分后面。
8	左推右攻（摆速）技术（两反两正）实战运用	爆发力 + 反应时	1. 阻力带步伐（反手） 2. 阻力带正手挥拍 3. 听口令步伐练习	1. 分组轮换： 内容 1—2：45 秒 / 组，间歇 15 秒，2 组。 2. 分组进行： 内容 3：45 秒 / 组，间歇 15 秒，2 组。 3. 教学环节实施建议： 准备部分后程内容 1—2；基本部分后面内容 3。
9	推侧技术（两反两正）演练	反应时 + 四肢力量	1. 手持哑铃片反手侧身挥拍 2. 哑铃手腕屈伸 3. 躲闪乒乓球（转腰）	1. 分组轮换： 内容 1—2：30 次 / 组，间歇 20 秒，3 组。 2. 分组进行： 内容 3：30 个球 / 组，间歇 20 秒，3 组。 3. 教学环节实施建议： 基本部分后面。
10	推侧技术（两反两正）实战运用	四肢力量 + 心肺耐力	1. 手持哑铃片腰腹——反手侧身 2. 手指抓哑铃 3. 侧滑步运送乒乓球接力	1. 分组轮换： 内容 1—2：30 次 / 组，间歇 20 秒，3 组。 2. 分组进行： 内容 3：比赛 2 组，看看哪组跑得快。 3. 教学环节实施建议： 基本部分后面。

续表

课时	项目学习内容	体能要素	专项体能练习内容	练习方式
11	推侧技术（一反一正）	四肢力量+灵敏性	1. 对墙击球 2. 两人药球（1千克）推侧击球（一反一正） 3. 敏捷梯：横向小滑步+抛接乒乓球	1. 分组轮换： 内容1：30秒/组，间歇20秒，3组。 内容2：30次/组，间歇20秒，3组。 内容3：练习3组，间歇20秒。 2. 教学环节实施建议： 准备部分后程内容1；基本部分后面内容2—3。
12	正手发力攻球技术	核心力量+速度	1. 两人药球（1千克）正手击球 2. 阻力带深蹲 3. 单脚快速跳接力	1. 分组轮换： 内容1：30次/组，间歇20秒，3组。 内容2：30秒/组，间歇20秒，3组。 2. 分组进行： 内容3：比赛2组，看看哪组跳得快。 3. 教学环节实施建议： 基本部分后面。
13	正手发力攻球后的衔接技术	协调+平衡	1. 游戏：乒乓球转圈 2. 双人平衡垫抛接乒乓球 3. 手拍异侧脚	1. 分组同步进行： 内容1：计时3分钟，看看哪组打得多。 2. 分组轮换： 内容2—3：45秒/组，间歇15秒，3组。 3. 教学环节实施建议： 准备部分后程内容1；基本部分后面内容2—3。
14	反手发力攻球技术	上肢力量+速度	1. 两人药球（1千克）反手击球 2. 听口令快速徒手动作 3. 10米折返跑接力	1. 分组轮换： 内容1：30次/组，间歇20秒，3组。 内容2：45秒/组，间歇15秒，3组。 2. 分组进行： 内容3：比赛2组，看看哪组跑得快。 3. 教学环节实施建议： 基本部分后面。
15	反手发力攻球后的衔接技术	爆发力+反应时+柔韧性	1. 三人阻力带抛接乒乓球 2. 两人抛接乒乓球 3. 大腿拉伸	1. 分组轮换： 内容1：45秒/组，间歇15秒，3组。 内容2：30次/组，间歇15秒，3组。 2. 同步进行： 内容3：45秒/组，间歇15秒，3组。 3. 教学环节实施建议： 基本部分后面。

续表

课时	项目学习内容	体能要素	专项体能练习内容	练习方式
16	乒乓球分组循环赛	心肺耐力 + 协调	乒乓球有氧操（初阶）	1. 同步进行： 跟随音乐的节奏，持续 3 分钟，间歇 1 分钟，2 组。 2. 教学环节实施建议： 准备部分后程。
17	乒乓球争霸赛	位移速度 + 反应时	1. 小碎步进阶版 2. 听口令做动作 3. 游戏：看看能否接得住	1. 分组轮换： 内容 1：练习 3 组，间歇 30 秒。 内容 2—3：45 秒 / 组，间歇 15 秒，3 组。 2. 教学环节实施建议： 基本部分后面。
18	乒乓球团体对抗赛	爆发力 + 柔韧性	1. 冲刺抓乒乓球 2.“Z”字形快速跑 3. 坐式牵拉组合	1. 分组轮换： 内容 1：10 次 / 组，间歇 20 秒，3 组。 内容 2：练习 3 组，间歇 20 秒。 内容 3：45 秒 / 组，间歇 15 秒，3 组。 2. 教学环节实施建议： 基本部分后面。

乒乓球模块 2 “技能 + 专项体能”教学方案

课时	项目学习内容	体能要素	专项体能练习内容	练习方式
1	乒乓球正手位 1/2 台两点走位演练	四肢力量 + 速度	1. 手持哑铃片正手位两点走位挥拍 2. 移步换球 3. 多人运送乒乓球接力	1. 分组轮换： 内容 1：30 次 / 组，间歇 20 秒，3 组。 2. 分组依次进行： 内容 2：15 个球 / 组，间歇 30 秒，3 组。 内容 3：比赛 2 组，看看哪组跑得快。 3. 教学环节实施建议： 准备部分后程内容 1；基本部分后面内容 2—3。
2	乒乓球正手位 1/2 台两点走位实战运用	核心力量 + 反应时 + 灵敏性	1. 手持哑铃片腰腹——正手位两点走位 2. 两人移动中抛接球 3. 游戏：双人抓乒乓球	1. 分组轮换： 内容 1：30 次 / 组，间歇 20 秒，3 组。 内容 2：45 秒 / 组，间歇 15 秒，3 组。 内容 3：15 次 / 组，间歇 10 秒，3 组。 2. 教学环节实施建议： 基本部分后面。

续表

课时	项目学习内容	体能要素	专项体能练习内容	练习方式
3	乒乓球侧身位 1/2 台两点走位演练	四肢力量 + 灵敏性	1. 手持哑铃片侧身位两点走位挥拍 2. 阻力带横向移动 3. 两人移步换球比赛	1. 分组轮换： 内容 1：30 次 / 组，间歇 20 秒，3 组。 2. 分组依次进行： 内容 2：45 秒 / 组，间歇 15 秒，3 组。 内容 3：比赛 2 组，看看哪名同学更快。 3. 教学环节实施建议： 准备部分后程内容 1；基本部分后面内容 2—3。
4	乒乓球侧身位 1/2 台两点走位实战运用	核心力量 + 灵敏性	1. 手持哑铃片腰腹——侧身位两点走位 2. 敏捷梯：前前后后 + 抛接乒乓球 3. 敏捷梯：侧向小碎步 + 抛接乒乓球	1. 分组轮换： 内容 1：30 次 / 组，间歇 20 秒，3 组。 2. 依次进行： 内容 2—3：练习 3 组，间歇 20 秒。 3. 教学环节实施建议： 基本部分后面。
5	正手发力扣杀高球技术	肌肉耐力 + 平衡	1. HIIT 间歇训练 2. 瑜伽球练习 3. 对角线运送乒乓球	1. 同步进行： 内容 1：跟随音乐的节奏，持续 3 分钟，间歇 1 分钟，2 组。 2. 分组轮换： 内容 2：45 秒 / 组，间歇 15 秒，3 组。 内容 3：练习 3 组，间歇 20 秒。 3. 教学环节实施建议： 基本部分后面。
6	左推右攻（摆速）技术（一正一反）演练	心肺耐力 + 反应时	1. 并步（摆速、无球） 2. 正手对墙击球 3. 俯撑启动加速跑抓乒乓球	1. 分组轮换： 内容 1：40 次 / 组，间歇 20 秒，3 组。 内容 2：1 分钟 / 组，间歇 15 秒，3 组。 内容 3：20 个球 / 组，间歇 15 秒，3 组。 2. 教学实施建议： 准备部分后程内容 1；基本部分后面内容 2—3。
7	左推右攻（摆速）技术（一正一反）实战运用	爆发力 + 灵敏性	1. 两人药球（1 千克）左推右攻击球（一反一正） 2. 反手对墙击球 3. 波浪跑接力	1. 分组轮换： 内容 1：30 次 / 组，间歇 20 秒，3 组。 内容 2：1 分钟 / 组，间歇 15 秒，3 组。 2. 分组进行： 内容 3：比赛 2 组，看看哪组跑得快。 3. 教学环节实施建议： 基本部分后面。

续表

课时	项目学习内容	体能要素	专项体能练习内容	练习方式
8	推侧扑技术演练	爆发力＋心肺耐力	1. 交叉步（推侧扑、无球） 2. 阻力带冲刺跑 3. 侧滑步＋冲刺跑接力	1. 同步进行： 内容 1：20 次 / 组，间歇 20 秒，3 组。 2. 分组依次进行： 内容 2：45 秒 / 组，间歇 20 秒，4 组。 内容 3：比赛 2 组，看看哪组跑得快。 3. 教学实施建议： 准备部分后程内容 1；基本部分后面内容 2—3。
9	推侧扑技术实战运用	心肺耐力＋反应时	1. 步伐＋扑正手（有球） 2. 两人乒乓球步伐（跨步） 3. 交叉步＋冲刺跑接力	1. 分组依次进行： 内容 1：2 分钟 / 组，间歇 30 秒，2 组。 内容 2：45 秒 / 组，间歇 15 秒，3 组。 2. 分组进行： 内容 3：比赛 2 组，看看哪组跑得快。 3. 教学环节实施建议： 基本部分后面。
10	两斜对两直技术演练	四肢力量＋灵敏性	1. 手持哑铃片左推右攻（一反一正）挥拍 2. 左推右攻对墙击球 3. 交叉步运送乒乓球接力	1. 分组轮换： 内容 1：30 次 / 组，间歇 20 秒，3 组。 2. 分组依次进行： 内容 2：1 分钟 / 组，间歇 15 秒，3 组。 内容 3：比赛 2 组，看看哪组跑得快。 3. 教学实施建议： 准备部分后程内容 1；基本部分后面内容 2—3。
11	两斜对两直技术实战运用	肌肉力量＋反应时	1. 手持哑铃片腰腹——左推右攻（一反一正） 2. 游戏：看看是否跟得上（步伐） 3. 快速运送乒乓球接力	1. 分组轮换： 内容 1：30 次 / 组，间歇 20 秒，3 组。 内容 2：45 秒 / 组，间歇 10 秒，3 组。 2. 分组进行： 内容 3：比赛 2 组，看看哪组跑得快。 3. 教学环节实施建议： 基本部分后面。
12	发下旋球技术	心肺耐力＋协调	乒乓球有氧操（中阶）	1. 同步进行： 跟随音乐的节奏，持续 3 分钟，间歇 1 分钟，2 组。 2. 教学环节实施建议： 准备部分后程。
13	反手搓球技术演练	心肺耐力＋平衡＋柔韧性	1. 莱格尔跑 2. 瑜伽球练习 2 3. 负重行进间弓箭步转腰压腿	1. 同步进行： 内容 1：跟随音乐的节奏，持续 4 分钟，1 组。 2. 分组轮换： 内容 2：45 秒 / 组，间歇 15 秒，3 组。 内容 3：练习 3 组，间歇 20 秒。 3. 教学环节实施建议： 基本部分后面。

续表

课时	项目学习内容	体能要素	专项体能练习内容	练习方式
14	反手搓球技术实战运用	反应时＋速度	1. 听口令做徒手挥拍 2. 正手截击垫步＋跨步抓球 3. 3.5 米侧滑步比赛	1. 同步进行： 内容 1：45 秒 / 组，间歇 15 秒，3 组。 2. 分组依次进行： 内容 2：45 秒 / 组，间歇 15 秒，3 组。 内容 3：比赛 2 组，看看谁跑得快。 3. 教学环节实施建议： 准备部分后程内容 1；基本部分后面内容 2—3。
15	正手搓球技术	心肺耐力＋协调	1. HIIT 间歇训练 2 2. 两人乒乓球反口令步伐（跨步） 3. 协调性动作练习	1. 同步进行： 内容 1：跟随音乐的节奏，持续 4 分钟，1 组。 2. 分组依次进行： 内容 2：45 秒 / 组，间歇 15 秒，3 组。 内容 3：跟随音乐的节奏，45 秒 / 组，间歇 15 秒，3 组。 3. 教学环节实施建议： 基本部分后面。
16	阶段一乒乓球小组循环赛	反应时＋灵敏性	1. 反手截击垫步＋跨步抓球 2. 敏捷梯：开合跳＋抛接乒乓球 3. 游戏：突出重围	1. 分组轮换： 内容 1：45 秒 / 组，间歇 15 秒，3 组。 内容 2：练习 3 组，间歇 15 秒。 2. 分组进行： 内容 3：游戏 2 组，看看谁的步伐最灵活。 3. 教学环节实施建议： 基本部分后面。
17	阶段二乒乓球小组循环赛	心肺耐力＋协调	乒乓球有氧操（中阶）2	1. 同步进行： 跟随音乐的节奏，持续 3 分钟，间歇 1 分钟，2 组。 2. 教学环节实施建议： 基本部分后面。
18	乒乓球团体争霸赛	下肢力量＋平衡＋柔韧性	1. Tabata 下肢力量组合 2 2. 双人平衡垫抛接迷你瑜伽球 3. 臀部拉伸	1. 同步进行： 内容 1：跟随音乐的节奏，持续 3 分钟，1 组。 2. 分组依次进行： 内容 2—3：45 秒 / 组，间歇 15 秒，3 组。 3. 教学环节实施建议： 基本部分后面。

乒乓球模块　专项体能处方资源库

体能要素	序号	练习内容	练习方法	练习要求
心肺耐力	1	正手攻球徒手挥拍（无球）	练习者双腿微屈，听到指令后快速做出正手攻球挥拍动作数次。	1. 双腿开立、微屈，与肩同宽。 2. 腰腹发力，挥拍迅速。
	2	反手攻球徒手挥拍（无球）	练习者双腿微屈，听到指令后快速做出反手攻球挥拍动作数次。	
	3	侧滑步运送乒乓球接力	1. 4 个标志桶间隔 5 米，起点位置放乒乓球收纳盒一个，每个标志桶上放一个乒乓球。 2. 起点出发后，侧滑步到第一个点位取回乒乓球放到起点处收纳盒里，侧滑步到第二个点位取乒乓球，以此类推，最终 3 个点位的乒乓球全部取回。	1. 侧滑步注意重心低，移动快。 2. 注意要把球放到盒里面，掉落需自行捡起。
	4	交叉步运送乒乓球接力	1. 4 个标志桶间隔 5 米，起点位置放乒乓球收纳盒一个，每个标志桶上放一个乒乓球。 2. 起点出发后，交叉步到第一个点位取回乒乓球放到起点处收纳盒里，交叉步到第二个点位取乒乓球，以此类推，最终 3 个点位的乒乓球全部取回。	
	5	快速运送乒乓球接力	场地内依次放置距起点 10 米、20 米、30 米的标志碟，每个标志碟上摆放乒乓球，练习者从起点开始每到标志碟后取乒乓球返回，再从起点跑到第二个标志碟取回乒乓球，以此类推。	加速起跑，积极体会急停急加速的变化。
	6	交叉步（推侧扑、无球）	1. 学生两人一组，分别站在乒乓球台两侧，相对站立。 2. 练习者双腿微屈，听到指令后做出推侧扑练习，待腿酸胀后方可停止休息。	腰腹、腿部发力为主，腰腿带动手臂进行挥拍。
	7	并步（摆速、无球）	1. 学生两人一组，分别站在乒乓球台两侧，相对站立。 2. 练习者双腿微屈，听到指令后做出摆速练习。	

续表

体能要素	序号	练习内容	练习方法	练习要求
心肺耐力	8	步伐＋扑正手（有球）	陪练者在 B 球台进行发多球，以练习者正手位小半高球为主，另外 3 名同学从 A 球台反手位开始，非持拍手摸台角开始，跑到 B 球台正手进行半高球正手发力技术，打完之后绕后面的同学跑回 A 球台反手位，3 名同学转圈轮换进行。	1. 跑动过程中注意找寻击球的时间以及位置。 2. 正手位发力注意腰腿蹬地发力。
	9	侧滑步＋冲刺跑接力	10 米处、20 米处分别摆放标志桶，练习者左侧侧滑步开始，到 10 米处标志桶换右侧侧滑步，到 20 米处标志桶绕桶返回冲刺跑。	侧滑步注意重心降低，提高脚下频率。
	10	交叉步＋冲刺跑接力	10 米处、20 米处分别摆放标志桶，左侧交叉步开始，到 10 米处标志桶换右侧交叉步，到 20 米处标志桶绕桶返回冲刺跑。	交叉步注意重心降低，积极体会转髋动作。
	11	乒乓球 Tabata 间歇操	在音乐的伴奏下进行徒手挥拍练习，依次进行：正手攻球、正手两点走位、反手攻球、反手两点走位、反手侧身、反手侧身反手正手。每个动作练习 25 秒，休息 5 秒，每个动作重复做 2 次。	1. 动作规范。 2. 跟随音乐节奏完成。
	12	3.5 米侧滑步比赛	1. 两个乒乓球挡板，相距 3.5 米摆放。 2. 练习者从左侧开始，运用侧滑步到右侧手摸挡板，再返回，以此类推。	侧滑步重心要降低，核心紧凑。
	13	托球接力跑	1. 学生从第一张乒乓球台出发，第五张乒乓球台处摆放标志杆。 2. 练习者持拍并在拍上托一个乒乓球，出发后快速跑到标志杆位置，绕过标志杆后返回到出发处，交接给下一名同学，最先回到起点的队伍为胜。	中途球不能掉落，掉落后需自行捡起继续比赛。

续表

体能要素	序号	练习内容	练习方法	练习要求
心肺耐力	14	颠球接力跑	1. 学生从第一张乒乓球台出发，第五张乒乓球台处摆放标志杆。 2. 练习者持拍并在拍上用一个乒乓球进行颠球跑，出发后快速跑到标志杆位置，绕过标志杆跑到出发处，交接给下一名同学，最先回到起点的队伍为胜。	中途球不能掉落，掉落后需自行捡起继续比赛。
	15	7 分钟计时跑	1. 站立式起跑，两脚屈膝前后站，前脚在起跑线后沿。 2. 听到指令起跑后，身体慢慢抬起，以匀速步子跑进。	1. 注意呼吸节奏，动作协调。 2. 中等速度完成。
	16	莱格尔跑	1. 根据音乐提示，在宽 20 米的场地内进行练习。 2. 当听到“嘀”的提示音后起跑到对侧标志线，当再次听到“嘀”的提示音后才可返回，循环折返跑。	跟随音乐节奏进行奔跑。
	17	HIIT 间歇训练	在音乐的伴奏下，依次进行单腿蹲起、波比跳、弓箭步交替跳。每个动作 20 次，间歇 20 秒放松跑。	1. 跟着音乐的节奏进行练习。 2. 动作规范、到位。
	18	HIIT 间歇训练 2	在音乐的伴奏下，依次进行开合跳、深蹲、深蹲跳、小碎步、俯身支撑交替击掌、仰卧卷起击掌、高抬腿。每个动作 20 秒，休息 10 秒。	
肌肉力量（肢体力量和核心力量）、肌肉耐力	19	单人药球（足球）对墙正手击球	1. 练习者距离墙 4 米，两手持足球准备姿势，左脚在前右脚在后，侧身站位，转腰引球正手位，完成推球（挥拍）、球的动作（随挥）。 2. 球反弹后回到准备姿势。	重心下降，充分转体，蹬地转腰，并迅速回位。
	20	单人药球（足球）对墙反手击球	1. 练习者距离墙 4 米，两手持足球准备姿势，右脚在前左脚在后，侧身站位，转腰引球反手位，完成推球（挥拍）、送球的动作（随挥）。 2. 球反弹后回到准备姿势。	

续表

体能要素	序号	练习内容	练习方法	练习要求
肌肉力量（肢体力量和核心力量）、肌肉耐力	21	两人药球（1千克）正手击球	陪练者持1千克药球，陪练者向练习者正手位抛球，接球人移动正手位接球后转腰引球、出球、送球完成正手击球动作，向同伴送球后回位。	动作规范完整，重心低，脚下回原迅速，动作连贯。
	22	两人药球（1千克）反手击球	陪练者持1千克药球，陪练者向练习者反手位抛球，接球人移动反手位接球后转腰引球、出球、送球完成反手击球动作，向同伴送球后回位。	
	23	两人药球（1千克）左推右攻击球（一反一正）	陪练者持1千克药球，陪练者向正手位抛球，接球人移动正手位接球后转腰引球、出球、送球完成正手击球动作，练习者向陪练者送球后还原，迅速移动反手位接球做反手击球动作，正反手交替进行。	
	24	两人药球（1千克）推侧击球（一反一正）	陪练者持1千克药球，陪练者向反手位抛球，接球人移动反手位接球后转腰引球、出球、送球完成反手击球动作，练习者向陪练者送球后还原，迅速侧身后用正手接球做正手击球动作，一反一正交替进行。	
	25	两人俯卧撑抢乒乓球	学生两人一组，相对俯卧撑，中间1个敏捷圈，里面放31个乒乓球，练习者两人面前各放1个敏捷圈，撑稳之后开始轮流1只手从前面的圈内取1个乒乓球放到自己的圈中，看谁抢的乒乓球多。	稳定支撑，保持身体躯干的平稳。
	26	手持哑铃片腰腹——正手	练习者双手持哑铃片放于腹前，按照正手位站位，左脚在前右脚在后，进行正手连续快速转腰蹬地练习。	积极体会腰腿蹬地发力，转腰时躯干保持发力状态，动作紧凑。
	27	手持哑铃片腰腹——反手	练习者双手持哑铃片放于腹前，按照反手位站位，右脚稍前左脚稍后，进行反手连续快速转腰蹬地练习。	

续表

体能要素	序号	练习内容	练习方法	练习要求
肌肉力量（肢体力量和核心力量）、肌肉耐力	28	手持哑铃片腰腹——正手位两点走位	练习者双手持哑铃片放于腹前，按照正手位站位，左脚在前右脚在后，进行正手位两点走位连续快速转腰蹬地练习。	脚下步伐快速到位，积极体会腰腿蹬地发力，转腰时躯干保持发力状态，动作紧凑。
	29	手持哑铃片腰腹——侧身位两点走位	练习者双手持哑铃片放于腹前，按照侧身位站位，进行侧身位两点走位连续快速转腰蹬地练习。	
	30	手持哑铃片腰腹——反手侧身	练习者双手持哑铃片放于腹前，按照反手位站位，右脚稍前左脚稍后，进行反手一下侧身一下连续快速转腰蹬地练习。	
	31	手持哑铃片腰腹——左推右攻（一反一正）	练习者双手持哑铃片放于腹前，按照反手位站位，右脚稍前左脚稍后，进行左推右攻（一反一正）连续快速转腰蹬地练习。	
	32	手持哑铃片正手挥拍	练习者持拍手将哑铃片握于手中，按照正手位站位，左脚在前右脚在后，进行正手连续快速徒手挥拍练习。	动作完整到位，积极体会腰腿蹬地发力，躯干始终保持紧凑。
	33	手持哑铃片反手挥拍	练习者持拍手将哑铃片握于手中，按照反手位站位，右脚稍前左脚稍后，进行反手连续快速徒手挥拍练习。	
	34	手持哑铃片正手位两点走位挥拍	练习者持拍手将哑铃片握于手中，按照正手位站位，左脚在前右脚在后，进行正手位两点走位连续快速徒手挥拍练习。	
	35	手持哑铃片侧身位两点走位挥拍	练习者持拍手将哑铃片握于手中，按照侧身位站位，进行侧身位两点走位连续快速徒手挥拍练习。	

续表

体能要素	序号	练习内容	练习方法	练习要求
肌肉力量（肢体力量和核心力量）、肌肉耐力	36	手持哑铃片反手侧身挥拍	练习者持拍手将哑铃片握于手中，按照反手位站位，右脚稍前左脚稍后，进行反手一下侧身一下快速徒手挥拍练习。	动作完整到位，积极体会腰腿蹬地发力，躯干始终保持紧凑。
	37	手持哑铃片左推右攻（一反一正）挥拍	练习者持拍手将哑铃片握于手中，按照反手位站位，右脚稍前左脚稍后，进行左推右攻（一反一正）连续快速徒手挥拍练习。	
	38	哑铃手腕屈伸	练习者使用小哑铃练习手腕屈伸，将手腕固定在球台一角处进行练习。	固定好手腕的位置，节奏不宜太多，注意幅度的把握。
	39	手指抓哑铃	学生手抓住哑铃一侧，松手瞬间快速抓住哑铃，20 次 / 组，交替进行练习。	注意手指放开快速抓住哑铃，速度快，次数多，注意哑铃重量的配比。
	40	双人仰卧起坐击掌	练习者用脚勾住对方的脚踝处，仰卧起来时两人相互击掌。	1. 仰卧，两腿并拢，两手抱头，腹肌收缩迅速呈坐姿。 2. 身体继续前屈、低头。
	41	垫高小腿仰卧起坐	练习者仰卧将小腿放在长凳上，大腿与身体呈 45 度夹角，将双手交叉于后脑部，尽量高地提起上体。	核心收紧，协调配合，提起上体时呼气，落下时吸气。
	42	Tabata 下肢力量组合	在音乐伴奏下，练习 20 秒，休息 10 秒，一共 4 个动作：深蹲起、弓箭步交换腿跳、纵跳、深蹲跳起，每个动作重复做 2 次。	1. 动作规范。 2. 跟随音乐节奏完成。
	43	Tabata 下肢力量组合 2	在音乐伴奏下，练习 20 秒，休息 10 秒，一共 8 个动作：半蹲起、屈腿左侧单腿硬拉、屈腿右侧单腿硬拉、向前交替箭步蹲、侧步蹲、深蹲、左侧保加利亚蹲、右侧保加利亚蹲。	

续表

体能要素	序号	练习内容	练习方法	练习要求
肌肉力量（肢体力量和核心力量）、肌肉耐力	44	阻力带深蹲	学生双脚踩住阻力带，双手握住阻力带两头，进行深蹲练习。	腰背部挺直，膝关节尽量不超过脚尖。
	45	移步换球	1. 在乒乓球球台的两边各放置 1 个盆，左侧盆放入 15 个乒乓球，练习者用右手从左侧盆中取 1 个乒乓球。 2. 通过并步、交叉步等步法移动到右侧，将球放入右侧空盆，全部将球放入右侧盆中。	脚下频率要快，上下肢协调，速度快。
速度	46	正手截击垫步 + 跨步抓球	陪练者手持乒乓球向练习者正手位投出，练习者准备姿势，运用垫步 + 跨步移动同时接住球并抛回。	上步准确，抓球稳定。
	47	反手截击垫步 + 跨步抓球	陪练者手持乒乓球向练习者反手位投出，练习者准备姿势，运用垫步 + 跨步移动同时接住球并抛回。	
	48	多人运送乒乓球接力	学生通过折返跑运送两点之间的乒乓球，A 点、B 点相距 25 米。	1. 每人每次折返运送 1 个乒乓球。 2. 团结协作，将乒乓球全部运送完毕。
	49	单脚快速跳接力	1. 学生分组进行，练习者单脚站立开始，对应 1 条直线放着 8 个乒乓球，间隔 40 厘米，跳越过乒乓球方有效。 2. 以左脚为例，听到指令后，用最快速度完成单脚跳越乒乓球，到达终点线后换脚跳回，第二名同学出发。	1. 手脚协调用力，脚紧贴地面。 2. 身体前倾，前脚掌发力，落地要屈膝缓冲。
	50	10 米折返跑接力	摆放 2 个标志桶，相距 10 米，往返 4 次，每到标志桶位置需摸地。	1. 摸地时重心降低，转身要快。 2. 接力需击掌衔接。
	51	听口令快速徒手动作	老师统一发出口令，迅速衔接徒手组合动作，比如：接正手短球后侧身进攻、推侧扑等形式。	注意力高度集中，快速做出相对应的动作，动作规范到位。

续表

体能要素	序号	练习内容	练习方法	练习要求
速度	52	“Z”字形快速跑	4个标志桶，“Z”字形摆放，相距5米，A点距离起点15米处，从A点—B点—C点—D点，跑过D点再冲刺15米，抵达每一个标志桶需绕过标志桶再前进。	快速跑，注意重心的起伏。
	53	小碎步进阶版	1. 4个标志桶，A点平行于B点相距3米，A点距离D点左前方2.4米，B点距离C点右前方2.4米，C点距离D点1.5米。 2. 练习者运用小碎步从A点出发，顺序：A点—D点—C点—B点—A点—B点—A点，时间越短越好。	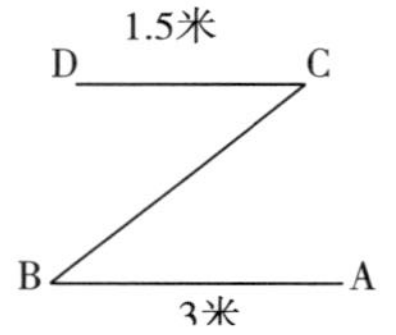 小碎步不要停，重心降低，频率要快。
	54	三人阻力带抛接乒乓球	1. 学生三人一组，每组一根阻力带，练习者将阻力带绑在腰间，另一名同学在后方抓住阻力带另一侧，最后一名同学在练习者前方，相距3米，将乒乓球抛给练习者，练习者移动到位并用手接住乒乓球。 2. 练习者原地小碎步开始，等球抛过来时，用并步或跨步出击用手接球，再抛回给陪练者。	1. 练习者小碎步不能停。 2. 球来时，快速移动，步伐到位。
爆发力	55	冲刺抓乒乓球	1. 学生两人一组，两人相对站立，相距2米，练习者从A点出发，看B点的同学松手将乒乓球弹起，A点同学迅速跑过去用手抓住球。 2. 练习者抓住球后，抛给陪练者再返回起点，以此类推，两人轮换练习。	重心降低，反应时要快，上下肢协调配合。

续表

体能要素	序号	练习内容	练习方法	练习要求
爆发力	56	阻力带步伐（正手）	练习者将阻力带绑在腰间，陪练者抓住阻力带的另一侧，阻力带始终保持紧张状态，练习者向右侧并步2步还原，以此类推，两人轮流进行练习。	核心部位收紧，重心降低，腰腿发力。
	57	阻力带步伐（反手）	练习者将阻力带绑在腰间，陪练者抓住阻力带的另一侧，阻力带始终保持紧张状态，练习者向左侧并步2步还原，以此类推，两人轮流进行练习。	
	58	阻力带正手挥拍	1. 练习者持拍手握紧阻力带一侧，陪练者站在右后方踩住阻力带另一侧，使阻力带保持紧张状态。 2. 练习者进行正手快速挥拍练习，身体蹬地转腰完成动作，两人轮换进行练习。	动作规范，积极体会蹬地转腰发力。
	59	阻力带反手挥拍	1. 练习者持拍手握紧阻力带一侧，陪练者站在左后方踩住阻力带另一侧，使阻力带保持紧张状态。 2. 练习者进行反手快速挥拍练习，身体蹬地转腰完成动作，两人轮换进行练习。	
	60	阻力带横向移动	练习者将阻力带绑在脚踝处，大小腿折叠呈90度的蹲撑状态开始，向左、向右各移动10步。	躯干挺直，核心收紧，大小腿始终保持90度。
	61	阻力带冲刺跑	练习者将阻力带绑在腰间，陪练者抓住阻力带另一侧，阻力带保持紧张状态。	1. 中高速完成。 2. 阻力带始终拉紧，不能松。
	62	俯撑启动加速跑抓乒乓球	1. 练习者在起点处做俯撑，陪练者站在练习者身后。 2. 陪练者手持乒乓球向前抛出3—5米，练习者迅速做出反应，最快速度跑出并把乒乓球捡回冲过起跑线。	1. 判读球落点快速启动。 2. 拿球后冲回起点。

续表

体能要素	序号	练习内容	练习方法	练习要求
反应时	63	听口令步伐练习	1. 在场地内摆出不同颜色、位置的标志桶。 2. 听到哨声两名学生开始跑向白色标志桶，过程中教师会口令提示蓝色或红色的标志桶，学生必须按照要求绕过教师所说出颜色的标志桶后再跑向终点。	1. 听清口令，反应迅速。 2. 绕标志桶用快频率的小碎步的跑法。
	64	听口令小碎步	1. 距起点 5 米处摆放 5 种颜色不同的、左右相距 2 米的标志碟。 2. 听老师口令，当练习者听到蓝色时，快速用小碎步跑到蓝色标志碟前，然后快速用小碎步的方式退回到起点，听老师再下达口令。	1. 反应迅速，启动快。 2. 小碎步、频率快、后退稳。
	65	游戏：双人抓乒乓球	1. 学生两人一组 1 个乒乓球，相距 5 米站立，练习者双腿分开背对陪练者，不许转身。 2. 当陪练者将乒乓球从身边、胯下传过时，练习者快速抓住球，两人轮换练习。	不许提前转身，反应迅速，转换及时。
	66	游戏：看看能否接得住	1. 学生两人手臂向前抬起 90 度，练习者手搭在陪练者手上，陪练者每人握 1 个网球。 2. 陪练者随机松手，练习者迅速用手接住网球，两人轮换进行练习。	1. 可从单手松球开始，进阶到单双手混合松球练习。 2. 反应速度要快，出手位置要准确。
	67	躲闪乒乓球（转腰）	1. 陪练者用球拍将乒乓球打到练习者腰部周边，练习者进行快速转髋，躲开乒乓球击中身体。 2. 每人 30 个球，轮换进行练习。	转髋要迅速，肢体协调配合，及时躲闪乒乓球。

续表

体能要素	序号	练习内容	练习方法	练习要求
反应时	68	两人乒乓球步伐（跨步）	1. 3 个标志桶放在练习者前、左、右的位置，标志桶距离练习者 60 厘米。 2. 练习者小碎步开始，看到陪练者手势给出的方向，从单一手势到组合手势，进行跨步练习，返回后继续小碎步，以此类推，轮换进行练习。	脚下频率要快，小碎步不停，反应速度要快，方向要准确。
	69	两人乒乓球反口令步伐（跨步）	1. 3 个标志桶放在练习者前、左、右的位置，标志桶距离练习同学 60 厘米。 2. 练习者小碎步开始，看到陪练者手势给出的方向，反口令进行跨步练习，返回后继续小碎步，以此类推，轮换进行练习。	
	70	两人抛接乒乓球	练习者原地小碎步，陪练者多方向抛出乒乓球，练习者需要用组合步伐移动到位接住乒乓球，并抛回给陪练者，然后还原，以此类推，两人轮换练习。	
	71	游戏：看看是否跟得上（步伐）	学生从并步开始，进行左右并步练习，陪练者带领给出方向，练习者跟随做出同样的方位的步伐练习。	1. 重心降低，重心在前脚掌上。 2. 并步衔接要快，方向变化要多。
	72	听口令做动作	1. 4 个不同颜色标志碟摆放在乒乓球台上的 4 个区域，听到指令颜色，移动到位用持拍手拍击标志碟。 2. 练习者原地快速小碎步开始，听到指令做出反应，从单一口令，到组合口令，不断加深难度，还原后继续小碎步，以此类推。	小碎步不要停，频率尽量快，准确完成口令。
	73	听口令做徒手挥拍	1. 4 个不同颜色标志碟摆放在乒乓球台的 4 个区域，听到指令颜色，移动到位进行徒手挥拍。 2. 练习者快速小碎步开始，听到指令做反应，从单一口令，到组合口令，不断加深难度，还原后继续小碎步，以此类推。	

续表

体能要素	序号	练习内容	练习方法	练习要求
灵敏性	74	颠球	1. 正确握拍，随音乐节奏进行颠球。 2. 练习者身体姿态同乒乓球准备姿势相同，两脚开立与肩同宽，左脚在前右脚在后，用正手或者反手进行颠球。	1. 进行正手或反手原地颠球。 2. 100 个 / 组，中途失误需要重新计数。
	75	颠球——进阶（一反一正）	1. 正确握拍，随音乐节奏进行颠球。 2. 练习者身体姿态同乒乓球准备姿势相同，两脚开立与肩同宽，左脚在前右脚在后，正手颠球一次换反手颠球一次，交替进行。	
	76	对墙击球	在距离墙 1 米处画标志线，练习者站在线后进行原地对墙击球，球不得落地，学生分组进行计时比赛，数量多方为优胜。	1. 注意击球部位和击球的节奏。 2. 球落地需自行捡起继续。
	77	正手对墙击球	练习者站在距离墙 1.5 米处，进行正手连续攻球，将球打到地上反弹到墙上，再反弹回来后进行击球，以此类推，学生分组进行计时比赛，数量多方为优胜。	1. 注意击球部位和击球的节奏。 2. 动作规范，步伐到位。
	78	反手对墙击球	练习者站在距离墙 1.5 米处，进行反手连续攻球，将球打到地上反弹到墙上，再反弹回来后进行击球，以此类推，学生分组进行计时比赛，数量多方为优胜。	
	79	左推右攻对墙击球	练习者站在距离墙 1.5 米处，进行左推右攻，正手将球打到地上反弹到墙上，再反弹回来用反手进行击球，再用正手击球，以此类推，学生分组进行计时比赛，数量多方为优胜。	

续表

体能要素	序号	练习内容	练习方法	练习要求
灵敏性	80	两人移动中抛接球	学生两人一组，每组 2 个乒乓球，陪练者边走动边进行抛球，一次抛 1 个乒乓球，练习者随着移动迅速接球并抛回给陪练者，两人轮换进行练习。	重心降低，小碎步不要停，注意抛球的时机。
	81	侧滑步接力	摆放 4 个标志桶，相距 5 米摆放一个，侧滑步直接开始，从 A 桶—B 桶—A 桶—C 桶—A 桶—D 桶—A 桶，下一名同学再出发。	侧滑步重心降低，步幅小，步频要快。
	82	波浪跑接力	摆放 4 个标志桶，相距 5 米摆放 1 个，练习者前进跑开始，从 A 桶—B 桶，倒退跑返回 A 桶，再前进跑到 C 桶，以此类推，下一名同学再出发。	重心降低，倒退跑时注意重心稳定，脚下有蹬地动作。
	83	两人移步换球比赛	在乒乓球球台的两边各放置 1 个盆，左侧盆放入 15 个乒乓球，练习者用右手从左侧盆中取 1 个乒乓球，通过并步、交叉步等步法移动到右侧，将球放入右侧空盆，即完成一次练习。	脚下频率要快，上下肢协调，速度快。
	84	敏捷梯：开合跳 + 抛接乒乓球	陪练者站在练习者的一侧，陪练者手持 1 个乒乓球，练习者以开合跳的动作完成前进，陪练者抛乒乓球给练习者，练习者接住球后抛回给陪练者，以此类推，轮流练习。	1. 动作协调自然。 2. 频率尽可能快。 3. 随时关注抛接球的时机。
	85	敏捷梯：侧向小碎步 + 抛接乒乓球	1. 练习者侧向面对敏捷梯，陪练者站在对面。 2. 陪练者手持 1 个乒乓球，练习者两脚依次快速进入格子内，再退出，陪练者抛乒乓球给练习者，练习者接住球后抛回给陪练者，脚下从左往右依次挪动。	1. 频率尽可能快。 2. 不踩踏绳梯。 3. 随时关注抛接球的时机。

续表

体能要素	序号	练习内容	练习方法	练习要求
灵敏性	86	敏捷梯：横向小滑步 + 抛接乒乓球	1. 练习者横向站在绳梯的一端，由提踵开始，身体横向移动，前脚掌着地，两脚平行滑动，依次落入方格内。 2. 陪练者站在练习者对面，陪练者抛乒乓球给练习者，练习者接住球后抛回给陪练者，以此类推，轮流练习。	1. 频率尽可能快。 2. 不踩踏绳梯。 3. 随时关注抛接球的时机。
	87	敏捷梯：前前后后 + 抛接乒乓球	1. 练习者横向站在绳梯的一端，由提踵开始，身体横向移动，两脚依次踏入小方格内，再依次踏出小方格外。 2. 陪练者站在练习者对面，陪练者抛乒乓球给练习者，练习者接住球后抛回给陪练者，以此类推，轮流练习。	
	88	游戏：突出重围	1. 在场地内用 8 个标志桶围成直径 2 米的圆圈，3 名同学在外，1 名同学在内。 2. 在圈内的同学通过移动、变速、假动作晃过外围同伴，逃出圈外为胜，4 人轮换进行练习。	1. 圈内的同学做出晃动、转身等假动作迷惑同伴。 2. 在出圈时被任何 1 位圈外同学拍到均算失败，再次进入圈内重新练习。
	89	跳来跳去	1. 在场地内平行摆放间隔 30 厘米的 6 个标志碟，练习者站在中间，左右各放置 3 个标志碟，进行小碎步练习。 2. 练习者做两次小碎步之后向左跳越 1 个标志碟，左脚着地稍停顿后跳回中间处做两次小碎步，之后再向左跳越两个标志碟然后再次跳回中间处做两次小碎步练习，再之后向左跳越 3 个标志碟后再跳回，然后换方向重复练习。	1. 小碎步练习时，前脚掌着地，摆臂、摆腿频率。 2. 向一侧跳跃时，异侧腿蹬地有力，同侧腿着地时膝盖要稍弯曲。
	90	对角线运送乒乓球	1. 在场地内摆放间隔 3 米的标志碟 4 个，每个标志碟放 1 个乒乓球，标志碟呈正方形放置，练习者站在中间。 2. 练习者沿着对角线方向跑向 1 个标志碟取走乒乓球后再快速跑回中心点，依次练习，将 4 个乒乓球全部运送回到场地中心。	1. 小碎步、频率快。 2. 折返变向时膝盖弯曲，蹬转有力。

续表

体能要素	序号	练习内容	练习方法	练习要求
柔韧性	91	虫爬压腿	1. 练习者由俯撑状态开始，双手逐渐向脚部靠近，直至上体与大腿折叠。 2. 大小腿折叠后再慢慢向前爬行，直至身体放平呈俯撑状态。	双腿并拢，不能移动，腿不能弯，上体与大腿夹角越小越好。
	92	负重行进间弓箭步转腰压腿	1. 学生根据自己承受的程度选择负重的重量，依次进行弓箭步转腰压腿练习。 2. 以左腿为例，先迈出左腿后右腿尽量蹬直，身体向左侧转身。	用力下压，躯干挺直。
	93	大腿拉伸	右腿单腿站立，左手将左腿屈膝放到臀部后，站不住的话另一只手可选择扶着墙，左右腿交换练习。	支撑腿保持稳定，尽量向后屈膝幅度加大。
	94	坐式牵拉组合	1. 手抱两脚相对屈腿收，两膝盖下压。 2. 两脚盘腿坐，一手立肘在头后，另一手扶肘关节向下拉伸，两手臂交换位置。 3. 一手臂伸直侧向拉伸，另一手屈肘向胸前拉伸，两手臂交换位置。	1. 逐渐下压，注意力度。 2. 在头后立肘，向下用力。
	95	臀部拉伸	1. 以左腿练习为例，练习者在坐姿的基础上左腿脚踝放在右腿膝关节处。 2. 右腿屈膝向前，双手抓住右腿腘窝处，重心缓慢前移，多次重复练习后换腿。	1. 上身前倾，背部挺直，略仰头。 2. 臀部不能移动，重心移动要缓慢。
平衡	96	双人平衡垫抛接乒乓球	1. 学生两人一组，平衡垫 1 个，乒乓球 1 个。 2. 练习者单脚站在平衡垫上，尽量保持平衡，陪练者将乒乓球抛给练习者，练习者接球后抛回给陪练者，以此类推，两人轮换练习。	单腿保持微屈，核心收紧尽量保持好平衡。

续表

体能要素	序号	练习内容	练习方法	练习要求
平衡	97	双人平衡垫抛接迷你瑜伽球	1. 学生 2 人一组，平衡垫 2 个，迷你瑜伽球 1 个。 2. 2 人同时单脚站在平衡垫上，相距 2 米面对面站稳后，一人将瑜伽球抛向地面，另一人接反弹球，以此类推。	躯干挺直，核心收紧控制好平衡。
	98	瑜伽球练习 1	每人 1 个瑜伽球，练习者坐在瑜伽球上，双手可以扶着球进行控制，进阶练习可以松开双手，用臀部来控制瑜伽球。	保持平衡，核心收紧。
	99	瑜伽球练习 2	每人 1 个瑜伽球，练习者用膝盖跪在瑜伽球上面，双手可以扶着球进行控制，进阶练习可以松开双手，用膝盖来控制瑜伽球。	保持平衡，核心收紧，循序渐进，增加难度。
	100	游戏：乒乓球转圈	学生 2 人一组，学生分别站在球台两侧，学生每击球一次以逆时针的方向跑到球台对面等着下次击球，计时 3 分钟，看哪组累计击球数量最多方为优胜。	注意同学之间互相配合，掌握好击球的节奏，跑动中找准击球位置。
协调	101	乒乓球有氧操（初阶）	在音乐的伴奏下进行徒手挥拍练习，依次进行：正手两点走位、反手两点走位、左推右攻（两反两正）、左推右攻（一反一正）、推侧（两反两正）、推侧（一反一正），每个动作练习 25 秒，休息 5 秒，每个动作重复做 2 次。	1. 注意重心降低、腿部蹬地转腰。 2. 动作规范到位，脚下轻快有弹性，脚后跟离地。
	102	乒乓球有氧操（中阶）	在音乐的伴奏下进行徒手挥拍练习，依次进行：正手搓球接反手拉、反手搓球接正手拉、正手搓球接正手拉、反手搓球接反手拉、正手搓球反手拉接正手位发力、反手搓球接侧身拉接扑正手，每个动作练习 25 秒，休息 5 秒，每个动作重复做 2 次。	

续表

体能要素	序号	练习内容	练习方法	练习要求
协调	103	乒乓球有氧操（中阶）2	在音乐的伴奏下进行徒手挥拍练习，依次进行：小碎步接正手挑短球、小碎步接反手挑短球、小碎步接跨步正手防守、小碎步接跨步反手防守、小碎步接跨步正手拉球、小碎步接跨步反手拉球，每个动作练习 25 秒，休息 5 秒，每个动作重复做 2 次。	1. 注意重心降低、腿部蹬地转腰。 2. 动作规范到位，脚下轻快有弹性，脚后跟离地。
	104	手拍异侧脚	1. 练习者从左腿微屈，直立开始练习。 2. 左脚发力起跳，右腿屈膝向内侧摆，左手触碰右脚后交换，依次循环。	按顺序完成，注意手脚协调配合，动作逐渐加快。
	105	前后交替摸脚	1. 跟随音乐，练习者进行前后交替摸脚。 2. 学生先从前踢腿开始，再后踢腿，手摸异侧脚，相互评价对方完成的情况。	
	106	垫步胯下击掌	跟随音乐，练习者进行垫步胯下击掌练习。	重心提高，重心在前脚掌上。
	107	协调性动作练习	跟随音乐，进行手脚协调性配合练习，练习者先双手上举，踢腿的同时双手下压够踢腿脚，小跳步换腿重复上一个动作，以此类推。	注意全身协调配合，逐渐加快。

第二章
田径类运动

第一节　短跑和中长跑

田径——短跑和中长跑模块 “技能＋专项体能”教学方案

课时	项目学习内容	体能要素	专项体能练习内容	练习方式
1	短跑专门性练习	灵敏性＋协调	1. 马克操 2. 上肢抡臂跑 3. 5×5 米冲刺跑—滑步—倒退跑—滑步 4. 5×5 米“X”形跑 5. 5×5 米三角形跑	1. 依次进行： 内容 1—2：30 米 / 组，间歇 40 秒，3 组。 内容 3—5：3 圈 / 组，间歇 40 秒，2 组。 2. 教学环节实施建议： 准备部分后程。
2	站立式起跑和蹲踞式起跑	反应时＋灵敏性	1. 听令步伐 2. 同向反追逐 3. 单腿爆发跳 4. 双腿跳	1. 依次进行： 内容 1：20 个 / 组，间歇 30 秒，3 组。 内容 2：3 次 / 组，间歇 40 秒，3 组。 内容 3—4：2 次 / 组，间歇 30 秒，5 组。 2. 教学环节实施建议： 准备部分后程。
3	起跑和加速跑	爆发力＋动作速度	1. 负重台阶蹬摆 2. 弹力带摆动腿 3. 扶墙高抬腿 4. 低栏架跳加冲刺跑	1. 分 4 组轮换： 内容 1—2：15 个 / 组，间歇 30 秒，3 组。 内容 3：50 次 / 组，间歇 40 秒，3 组。 内容 4：2 次 / 组，间歇 40 秒，3 组。 2. 教学环节实施建议： 基本部分后面。

续表

课时	项目学习内容	体能要素	专项体能练习内容	练习方式
4	30 米挑战赛	位移速度 + 动作速度	1. 小马跳 2. 原地转髋跳 3. 后蹬跑 4. 阻力带冲刺跑	1. 依次进行： 内容 1：行进 30 米，间歇 50 秒，3 组。 内容 2：30 次 / 组，间歇 30 秒，3 组。 内容 3：行进 30 米，间歇 50 秒，3 组。 内容 4：行进 50 米，间歇 60 秒，3 组。 2. 教学环节实施建议： 准备部分后程内容 1—2；基本部分后面内容 3—4。
5	加速跑、途中跑和冲刺跑	肢体力量 + 核心力量	1. 阻力带摆臂 2. 抗阻跑姿摆腿 3. 负重弓箭步 4. 俯卧登山	1. 分 4 组轮换： 内容 1：60 次 / 组，间歇 30 秒，3 组。 内容 2：20 次 / 组，间歇 40 秒，4 组。 内容 3：30 次 / 组，间歇 40 秒，4 组。 内容 4：60 次 / 组，间歇 40 秒，3 组。 2. 教学环节实施建议： 基本部分后面。
6	短跑完整过程	速度耐力	1. 限制跑 2. 三角形循环训练 3. 短距离折返跑	1. 依次进行： 内容 1：2 次 / 组，间歇 50 秒，2 组。 内容 2：2 次 / 组，间歇 60 秒，2 组。 内容 3：20 次 / 组，间歇 60 秒，2 组。 2. 教学环节实施建议： 基本部分后面。
7	50 米和 100 米进阶挑战赛	协调 + 柔韧性	1. 单侧鞭打步 2. 胯下拍手抬腿 3. 上肢抡臂跑 4. 行进间侧摆腿 5. 提膝展髋走	1. 依次进行： 内容 1—5：行进 30 米，间歇 50 秒，2 组。 2. 教学环节实施建议： 基本部分后面。
8	中长跑专门性练习	一般耐力 + 柔韧性	1. 超越跑 2. 最伟大拉伸	1. 依次进行： 内容 1：行进 3000 米，1 组。 内容 2：2 次 / 组，间歇 30 秒，1 组。 2. 教学环节实施建议： 基本部分中间内容 1；基本部分后面内容 2。

续表

课时	项目学习内容	体能要素	专项体能练习内容	练习方式
9	分组 限时跑	速度耐力 + 肢体力量	1. 四边形循环训练 2. 杠铃负重抬腿 3. 杠铃负重跑	1. 分组进行： 内容 1：2 次 / 组，间歇 60 秒，2 组。 内容 2：20 次 / 组，间歇 40 秒，4 组。 内容 3：2 次 / 组，间歇 60 秒，3 组。 2. 教学环节实施建议： 基本部分后面。
10	超越跑	肢体力量 + 核心力量	1. 负重多级跨步跳 2. 杠铃硬拉 3. 动态平板支撑接收腹跳 4. 侧卧单臂肘支撑	1. 分 4 组轮换： 内容 1：10 次 / 组，间歇 40 秒，3 组。 内容 2：10 次 / 组，间歇 40 秒，5 组。 内容 3：30 秒支撑 +8 次收腹跳 / 组，间歇 40 秒，3 组。 内容 4：1 分钟 / 组，间歇 40 秒，2 组。 2. 教学环节实施建议： 基本部分后面。
11	分组 接力跑	位移速度 + 核心力量	1. 抱头背起 2. 俄罗斯转体 3. 车轮跑 4. 踢腿跑 5. 跑跳步	1. 依次进行： 内容 1—2：20 次 / 组，间歇 30 秒，3 组。 内容 3—5：行进 30 米，间歇 50 秒，2 组。 2. 教学环节实施建议： 基本部分后面。
12	400 米小组挑战赛	速度耐力 + 核心力量	1. 长方形循环训练 2. 两头起 3. 支撑左右收腹跳 4. 抱头背起	1. 分组进行： 内容 1：2 次 / 组，间歇 50 秒，2 组。 内容 2：30 次 / 组，间歇 30 秒，2 组。 内容 3：20 次 / 组，间歇 30 秒，2 组。 内容 4：30 次 / 组，间歇 30 秒，2 组。 2. 教学环节实施建议： 基本部分后面。
13	场地寻点打卡赛	动作速度 + 位移速度	1. 立卧撑冲刺 2. 三级跳冲刺 3. 阻力带高抬腿走 4. 阻力带后退跑	1. 分 4 组轮换： 内容 1—2：2 次 / 组，间歇 50 秒，2 组。 内容 3—4：行进 30 米，间歇 50 秒，2 组。 2. 教学环节实施建议： 基本部分后面。

续表

课时	项目学习内容	体能要素	专项体能练习内容	练习方式
14	800 米接力赛	核心力量 + 肢体力量	1. 俯卧挺身转体 2. 猜拳仰卧起坐 3. 音乐波比跳 4. 保加利亚单腿蹬	1. 分组进行： 内容 1：20 次 / 组，间歇 30 秒，2 组。 内容 1：30 次 / 组，间歇 30 秒，2 组。 内容 3：听音乐连续波比跳 20 次 / 组，间歇 40 秒，2 组。 内容 4：20 次 / 组，间歇 30 秒，4 组。 2. 教学环节实施建议： 基本部分后面。
15	10000 米小组合作接力赛	一般耐力 + 柔韧性	1. 直快弯慢变速跑 2. 摆腿跨步送髋 3. 提膝展髋走 4. 屈腿侧伸压体	1. 依次进行： 内容 1：2000 米 / 组，间歇 20 秒，3 组。 内容 2—3：20 次 / 组，间歇 40 秒，2 组。 内容 4：20 秒 / 组，轮换 2 组。 2. 教学环节实施建议： 基本部分后面。
16	两人协作 1500 米挑战赛	肢体力量 + 柔韧性	1. 负重站立提膝 2. 负重深蹲 3. 交叉摆臂 4. 大弓步压腿 5. 犬式压肩	1. 依次进行： 内容 1—2：15 次 / 组，间歇 30 秒，2 组。 内容 3：15 次 / 组，间歇 20 秒，2 组。 内容 4—5：20 秒 / 组，间歇 20 秒，2 组。 2. 教学环节实施建议： 基本部分后面。
17	1000 米小组赛	核心力量 + 柔韧性	1. 高位健身球臀翘 2. 仰卧挺髋 3. 俯身交叉步下压 4. 俯身下压 5. 抱膝走	1. 依次进行： 内容 1—2：15 次 / 组，间歇 30 秒，2 组。 内容 3—4：20 秒 / 组，间歇 20 秒，2 组。 内容 5：30 米 / 组，间歇 50 秒，2 组。 2. 教学环节实施建议： 基本部分后面。
18	1000 米集体赛、争霸赛	协调 + 柔韧性	1. 双脚交叉跳 2. 高抬腿触膝跳 3. 上肢抡臂跑 4. 站立侧摆腿 5. 俯身弓背拉伸 6. 悬挂拉伸	1. 依次进行： 内容 1—2：30 次 / 组，间歇 30 秒，2 组。 内容 3：30 米 / 组，间歇 50 秒，2 组。 内容 4：15 次 / 组，间歇 20 秒，4 组。 内容 5—6：20 秒 / 组，间歇 30 秒，2 组。 2. 教学环节实施建议： 基本部分后面。

田径——短跑和中长跑模块　专项体能处方资源库

体能要素		序号	练习内容	练习方法	练习要求
心肺耐力	一般耐力	1	交替领队跑	1. 将学生分成三组，每组 8—10 人，分别站于不同跑道内。 2. 听到指令后向前跑动，每完成一圈后第一名同学退到队尾，以此类推，完成 2000 米的练习量。	1. 重心平稳、无明显高低起伏动作。 2. 跑步节奏感强，与前面同伴步幅步频保持一致。
		2	直快弯慢变速跑	1. 10 人一组，在跑道上跑步。 2. 规定时间内，进行 100 米直道加速跑，弯道慢走。	直道全力加速，弯道慢走调整呼吸。
		3	莱格尔跑	1. 场地在篮球场。 2. 播放莱格尔跑音乐，一侧边线为起点，听到“嘟”的一声跑到另一侧，在下一次“嘟”声后踩到另一侧线。 3. 每跑一次为一关，男生 66 关，女生 60 关，看谁能坚持到最后。	每次都要踩线，跟随音乐的节奏进行加速。
		4	超越跑	1. 10 人一组，在跑道上一路纵队跑步。 2. 在行进过程中，队尾队员加速超越到排头后，和队伍保持一致行进，队尾队员再依次超越到排头，依次滚动行进。 3. 完成 3000 米以上。	1. 队伍保持匀速跑行进。 2. 超越队员要全速超越到排头。
		5	公路越野跑	在公路上进行长距离越野跑 5 公里、10 公里、21 公里、马拉松等。	1. 根据自身情况，设定跑距。 2. 保持正确的呼吸节奏和步伐方式。
		6	林地越野跑	在树林中进行长距离越野跑 5 公里、10 公里等。	1. 根据自身情况和树林的场地路线情况，设定跑距。 2. 保持正确的呼吸节奏和步伐方式。
		7	负重匀速跑	两腿脚踝部绑上沙袋（1—2 公斤）或者穿沙背心（5—10 公斤），在跑道上进行匀速跑，保证脉搏在 160 次 / 分钟左右，跑距 3000 米以上。	1. 根据自身情况调整负重。 2. 保持匀速状态，随时检测脉搏（腕表）。

续表

体能要素		序号	练习内容	练习方法	练习要求
心肺耐力	一般耐力	8	1 分钟立卧撑	由直立姿势开始，下蹲两手撑地，伸直腿呈俯撑，然后收腿呈蹲撑，再还原成直立。	1. 动作规范，必须站起来才算完成一次练习。 2. 也可以穿上沙背心做该练习或做立卧撑接蹲跳起。
		9	重复爬坡跑	在 15 度的斜坡道或 15—20 度的山坡上进行上坡跑，重复 5 次或更多些，跑距 250 米或更多些。	可以心率控制运动强度，也可穿沙背心进行。
		10	连续半蹲跑	呈半蹲姿势（大小腿呈 100 度角左右），向前跑进 50—70 米，重复 5—7 次。	不规定速度，走回来时尽量放松。
		11	连续跑台阶	在高 20 厘米的楼梯或高 50 厘米的看台上，连续跑 30—50 步。	动作不能间断，不规定时间，向下走尽量放松，心率恢复到 100 次 / 分钟时再进行下一次练习。
		12	原地间歇高抬腿跑	原地或前支撑做高抬腿跑练习，每组 100—150 次。	动作规范，不要求时间，但动作要不间断地完成，也可负重做练习，但每组练习次数及组数可适当减少。
		13	后蹬跑	行进间快速后蹬跑，每组 100—150 米或负重后蹬跑 60—80 米。	前腿高抬，后腿充分蹬直，上肢协调配合。
		14	连续换腿跳平台	平台高度 30—45 厘米，单脚放在平台上，另一脚在地上支撑，两脚交替跳上平台各 30—50 次。	要求两臂协调配合，上体正直。
		15	半蹲连续跳	在跑道上做连续向前双脚跳，落地呈半蹲（膝关节 90—100 度角），落地后迅速进行第二次。每组 20—30 次（也可 50—60 米）。	上下肢协调配合，有节奏。
		16	连续跳深	站在 60—80 厘米高的台阶或跳箱上双脚向下跳，落地后迅速接着向上跳上 30—50 厘米高的台阶或跳箱上。	做到触地迅速起跳。

续表

体能要素		序号	练习内容	练习方法	练习要求
心肺耐力	一般耐力	17	连续纵跳摸高	在摸高器或篮球架下站立，连续纵跳双手摸高。每组 30 次。	做到连续快速，触地即起跳。
		18	双人牵拉跑	水平相当的两名队员，腰部系上牵拉绳 2 米左右，轮流做牵引者进行跑步，完成 3000 米以上。	1. 根据体力分配情况，做牵拉者要发力带动。 2. 根据两人体力情况，尽量保持跑步速度。
	速度耐力	19	短距离折返跑	1. 两端标志物相距 5 米。 2. 10 人听到指令后同时进行，从一端开始，手触到另一端标识后返回触另一端标志。 3. 完成 20 个折返以上。	1. 听到指令后快速启动。 2. 每次都要手触到标志物。 3. 重心不要上下起伏过大。
		20	限制跑	1. 分为快慢两组，发出指令后，慢速一组先出发，快速一组进行原地高抬腿 5—10 次。 2. 100 米先到终点者为胜；完成 5 组以上。	1. 高抬腿速度快，大腿抬平，小腿垂直地面，前脚掌着地，快速摆臂。 2. 完成高抬腿后马上向前加速追赶。
		21	上冲坡跑	选择一处有坡度的场地，进行向上冲刺跑，距离保证 50 米以上，反复练习。	身体前倾，前脚掌蹬地，充分摆臂，全力冲坡。
		22	下冲坡跑	选择一处有坡度的场地，进行向下冲刺，距离保证 50 米以上，反复练习。	重心稍向后，保持身体平衡，全速冲下坡。
		23	200 米多组跑	通过测试脉搏进行 200 米跑，结束一组，测试脉搏 170—190 次 / 分钟，慢走调整，测试脉搏到 120 次以下后，进行下一组跑，完成 4—5 组。	1. 充分起跑，全速完成。 2. 保证前脚掌着地，充分摆臂。 3. 保证弯道的身体侧倾。
		24	400 米间歇跑	通过测试脉搏进行 400 米跑，结束一组，测试脉搏 170—190 次 / 分钟，慢走调整，测试脉搏到 120 次以下后，进行下一组跑，完成 4—5 组。	1. 充分起跑，全速完成。 2. 保证前脚掌着地，充分摆臂。 3. 保证弯道的身体侧倾。

续表

体能要素		序号	练习内容	练习方法	练习要求
心肺耐力	速度耐力	25	限制跑	1. 分为快慢两组，发出指令后，慢速一组先出发，快速一组进行原地高抬腿 5—10 次。 2. 100 米先到终点者为胜。	1. 高抬腿速度快，大腿抬平，小腿垂直地面，前脚掌着地，快速摆臂。 2. 完成高抬腿后马上向前加速追赶。
		26	三角形循环训练	三角形循环训练：70 米快速反应跑—台阶交换跳 80 次—两人推小车 30 米—深蹲跳 15 次—慢跑，在三个边上完成上述动作，依次循环练习。	1. 根据场地情况设置项目，练习次数可调整。 2. 保证完成动作的质量。
		27	四边形循环训练	四边形循环训练：杠铃深蹲接加速跑—哑铃摆臂接加速跑—壶铃蹲跳接加速跑—杠铃卧推接加速跑，依次在四个边上完成上述动作，依次循环练习。	1. 项目练习次数根据自身情况设定。 2. 保证完成动作的质量。
		28	长方形循环训练	长方形循环训练：跳绳接加速跑—立卧撑接加速跑—连续跳栏架接加速跑—两头起接加速跑，加速跑距离两短两长，依次在四个边上完成上述动作，依次循环练习。	1. 项目练习次数根据自身情况设定。 2. 保证完成动作的质量。
		29	跑台阶	根据场地情况，向上跑台阶完成 40—50 阶，三小组为一大组，小组间歇 1 分钟，大组间歇 5—7 分钟，每次 3—5 组。	1. 充分摆臂，跑台阶节奏快。 2. 注意抬腿高度，避免磕碰。
		30	球场往返跑	篮球场端线站立，听口令起跑至对面端线后再转身跑回，每组往返 4—6 次。	以最大强度完成。
		31	连续侧滑步跑	跑道上，身体侧对前进方向，做侧向滑步跑 100—150 米。	做完后，走回来，再进行反侧滑步跑，保证每次心率 160 次 / 分钟以上。
		32	法特莱克跑	在户外匀速跑步时，根据路线上的标识设定不同距离进行加速跑，而后继续进入匀速跑。在 3 公里的路径中，设定 3—4 个加速跑 70—90 米。	1. 途中设定的加速跑，可根据标识加速跑到达后，继续匀速跑。 2. 设置的加速跑可随意性。

续表

体能要素		序号	练习内容	练习方法	练习要求
力量	肢体力量	33	负重哑铃弓步跳	双手自然下垂分别握住哑铃，双腿呈前后弓步跳。	1. 前脚掌发力，进行弓步跳。 2. 保证身体的平衡。
		34	负重哑铃弓步迈腿	双手自然下垂握住哑铃站立姿势，左腿充分向前迈出呈弓步，接着右腿跟进迈出，依次进行。	1. 保证前腿屈腿呈 90 度，上身保持竖直。 2. 保持身体的平衡。
		35	负重哑铃单腿摆动	双手自然下垂持哑铃，支撑腿微屈膝，摆动腿做前后摆动。	1. 保持身体的平衡。 2. 向前摆动注意送髋。
		36	阻力带立定跳远	将阻力带套在腰间，另一端固定，做立定跳远（阻力带的弹力要适合，不能太紧）。	1. 上身不能后仰。 2. 保持向前上的充足蹬力，展腹、收腿。
		37	连续跳高台	选择适合的高台，一般高于髋部，做连续的跳上，跳下。	1. 跳上时，充分抬腿收腹，保证蹲立台上。 2. 做好起跳时的充分下蹲预摆。
		38	多边跳跃	利用小栏架，摆成多边形，做双脚同时的连续变向跳跃。	1. 注意身体重心的控制。 2. 保证跳跃的高度。
		39	蹲位提踵	身体呈蹲位，前脚掌着地，提脚跟，连续做上下的提踵。	1. 保持身体平衡。 2. 保持脚踝关节的伸屈。
		40	弓步走	从站位开始，做连续的弓步走，上肢摆动做好配合。	1. 弓步走时，前后两腿，大腿与小腿夹角都为 90 度。 2. 上肢配合下肢，保持好平衡。
		41	弓步退走	从站位开始，做连续的弓步退走，上肢摆动做好配合。	1. 弓步退走时，前后两腿，大腿与小腿夹角都为 90 度。 2. 上肢配合下肢，保持好平衡。
		42	前脚掌侧移	身体侧对前方，重心提高，前脚掌支撑，做并步移动。	移动时，保持身体平衡。

续表

体能要素		序号	练习内容	练习方法	练习要求
力量	肢体力量	43	足尖行进	身体面对前方，重心提高，用足尖支撑，连续做行进。	1. 上肢配合做前后的摆动。 2. 保持足尖触地的状态，不要起伏过大。
		44	半蹲前脚掌开合跳	身体呈半蹲姿势，前脚掌做支撑，进行连续的开合跳。	1. 上肢做小幅度的摆动，配合开合跳。 2. 重心不要起伏过大。
		45	台阶交换跳	开始前，将一个脚放于台阶上，两脚同时发力，向上跳起，同时，双臂配合向上摆起，在空中完成交换跳，换脚，依次更替，连续完成台阶交换跳。	1. 上下肢协调配合。 2. 身体保持平衡。
		46	阻力带摆臂	将两根阻力带一端固定，另两端分别套于肘部，身体背对，呈弓步姿势，做前后的连续摆臂。	1. 摆臂姿势保持不变。 2. 身体竖直，保持平衡。
		47	抗阻跪姿摆腿	将阻力带一端固定，一端绑于后支撑腿的脚踝，身体呈弓步跪撑，然后，后腿发力向前摆动，上肢配合摆臂。一条腿反复进行抗阻摆腿，再换另一条腿。	1. 跪姿保持好身体的平衡。 2. 向前摆腿方向正，充分向前迈出。
		48	躺卧抗阻屈腿	阻力带一端固定，一端绑于一条腿的脚踝，身体平躺，向上连续屈腿。两手扶握，保证身体不下滑。	向上抬腿，保持动作稳定，不晃动。
		49	俯身提拉	站立位，屈体，双手握哑铃，背部发力向上连续提拉。	保持身体的稳定，哑铃重量适合。
		50	双手负重弓步转体	双手持杠铃片置于胸前，身体呈弓步，做连续的左右转体。	1. 持杠铃片转体时，身体不晃动。 2. 弓步标准，站位稳。
		51	负重高抬下压	双手持杠铃片，一条腿向前踏上高台，另一条腿迅速向前上摆动，制动，接迅速下压，依次换腿往复练习。	1. 支撑腿踏上高台要稳。 2. 跟进摆动腿要迅速，送髋，制动并下压。
		52	空中蹬车	屈膝仰卧，双手扶垫，双腿做连续的交替蹬车动作。	1. 腿蹬车时，保证屈膝—伸直，完整过程。 2. 连贯交替进行。

续表

体能要素		序号	练习内容	练习方法	练习要求
力量	肢体力量	53	负重提踵	1. 将杠铃架在后颈部，两手握住杠铃保持平稳。 2. 自然站立，收腹挺胸，前脚掌自然站立于 5—8 厘米台阶上，听到指令后连续向上提起后脚跟。	1. 中等重量。 2. 练习过程后脚跟不能着地，前脚掌向上蹬地快速有力，保持身体平稳。
		54	连续跨步跳	1. 分为两组，每组 10—12 人，横队排开，听到指令后向前做 20 米连续跨跳。 2. 跨跳时前脚掌蹬地，蹬地后摆动腿积极向前，起跳腿充分后蹬。	1. 练习时动作连贯，体会各跳间的衔接。 2. 起跳腿前脚掌充分蹬地，手臂与腿协调配合。
		55	行进负重单腿跳	1. 分为两组，每组 10—12 人，横队排开，向前做单脚跳跃，左脚两次，换右脚两次循环跳跃 20 米。 2. 身穿沙背心在平坦的地面上完成。	1. 练习时保持身体平稳，要有连续性，上下肢协调配合。 2. 注意身体重心转换。
		56	负重弓箭步交换跳	1. 每人穿沙背心。 2. 原地呈弓步，后腿膝盖尽量接近地面但不触地，手臂放在身体两侧。 3. 听到指令后快速向上纵跳，空中换腿，落地时另一腿弓步，缓冲身体平稳继续纵跳换腿。	1. 在过程中落地缓冲后腿膝盖尽量接近地面，不着地。 2. 手臂积极上摆，规定的时间内连续完成练习。
		57	负重多级跨步跳	1. 一路纵队站好，每人穿沙背心。 2. 在跳远场地上进行跨步跳，最后落入沙坑。	1. 轻重量。 2. 体会各跳间的衔接，最后一步全力跳入沙坑。
		58	负重挺身跳	1. 每人穿沙背心。 2. 在平坦的地面上进行向前跑 3—5 步做挺身跳。待身体平稳后继续向前练习，完成 50 米距离。	1. 轻重量。 2. 空中挺身充分，每次练习不需要连续完成，保持身体稳定后做下一次起跳，体会蹬地摆臂配合。

续表

体能要素		序号	练习内容	练习方法	练习要求
力量	肢体力量	59	负重展腹跳	1. 穿沙背心。 2. 手臂向前上摆动，双脚配合摆臂快速向上跳，空中双手双脚向后伸展，腹部向前挺，落地屈腿缓冲。	1. 轻重量。 2. 规定的时间内连续完成，动作有连贯性，落地缓冲后快速蹬地。展腹充分。
		60	负重退让半蹲跳	1. 将杠铃架在后颈部，两手握住杠铃保持平稳。 2. 半蹲开始，听到指令后快速向上纵跳，向下缓冲阶段膝关节迅速固定在大小腿夹角 60 度位置，停顿 3 秒后继续向上跳跃。 3. 在规定的时间内完成。	1. 向上跳跃前脚掌蹬地，双腿蹬伸充分，落地屈膝缓冲，固定时保持身体稳定。 2. 全程抬头挺胸完成动作。
		61	负重站立提膝	1. 单脚绑上沙袋，听到指令后快速提负重腿，在最高点保持 3 秒，缓慢放下。 2. 支撑腿配合摆动腿向上用力。	1. 提腿快，向上提时呼气，落下吸气。 2. 上下肢协调配合，保持身体稳定。
		62	负重深蹲	1. 将杠铃架在后颈部，两手握住杠铃保持平稳。 2. 身体直立开始，双脚打开与肩同宽，缓慢下蹲，大腿平行地面后停止下蹲，向上站起。	1. 中、大重量。 2. 保持身体稳定性，竖腰，肩背挺直。 3. 下蹲速度不宜太快。
		63	杠铃硬拉	1. 双脚打开与肩同宽，杠铃贴近小腿前侧，肩部下沉向后收紧，下背部绷紧挺直，手肘窝贴近膝盖，双肩位于杠铃正上方。 2. 脚后跟蹬地带动拉起杠铃，杠铃过膝后收紧臀部站直身体，杠铃贴着大腿小腿运动，拉起后，肩胛骨后缩，夹紧臀部。 3. 保持背部挺直，下蹲将杠铃落至地面。	1. 拉起时呼气，下放时吸气。 2. 大重量时屏住呼吸。 3. 拉起时，臀部和大腿后侧有明显收缩发力。
		64	壶铃跳接加速跑	1. 分为四组，4—6 人一组，练习者双手提壶铃放于两腿之间，身体正直，向上纵跳，下落时屈膝缓冲，继续向上跳跃。 2. 连续 10 次后快速放壶铃向前加速跑。	1. 提壶铃向上跳时双腿蹬直。 2. 向下缓冲稳定后快速向上跳。 3. 保证动作连贯性，向前加速跑时速度快。

续表

体能要素		序号	练习内容	练习方法	练习要求
力量	肢体力量	65	杠铃箱式深蹲	1. 将长凳放于身体后方，双脚比肩稍宽站立，脚尖与膝盖同方向。 2. 全程保持腰背挺直，双手握住杠铃放于颈后缓慢下蹲，蹲至臀部坐在凳子上，起身时脚趾抓地挺髋蹲起。	1. 膝盖不要过分超过脚尖。 2. 腰腹背始终收紧。
		66	杠铃高翻	1. 身体浅蹲，挺胸抬头，从地面拉起杠铃。杠铃超过膝盖时，开始爆发性地向上提拉杠铃。 2. 利用硬拉产生向上的惯性，将杠铃拉起到胸部高度，迅速翻转前臂，同时屈髋关节、膝关节，降低重心，将杠铃杆架在肩上锁骨位置。	1. 保持背部挺直，腹部收紧。 2. 杠铃向上翻起要快，选择合适的重量。
		67	音乐波比跳	1. 双脚与肩同宽站立，俯身下蹲，双手撑地与肩同宽，同时双腿向后跳跃伸直。 2. 屈肘，身体触地双手先推起上半身，再将双腿快速向腹部收回。 3. 起身跳跃双手在头后击掌之后迅速俯身下蹲，没有站立过程尽力向高处跳。 4. 听音乐的节奏进行波比跳，速度有变化。	1. 全程腹部收紧。 2. 加快伸腿收腿动作速度。 3. 不要塌腰。
		68	波比跳接左右跳	1. 身体侧面放置 20 厘米高障碍物。 2. 先做一次波比跳后侧身跳过障碍物后继续完成波比跳再跳回。 3. 规定的时间内连续完成。	1. 保持均匀呼吸。 2. 保持身体稳定。
		69	连续深蹲	1. 将杠铃架在后颈部，两手握住杠铃保持平稳。 2. 规定的练习次数，小重量，连续快速地进行深蹲练习。	1. 向下蹲时平稳，向上蹬伸快速有力。 2. 练习过程不要有间断。

续表

体能要素		序号	练习内容	练习方法	练习要求
力量	肢体力量	70	保加利亚单腿蹬	单腿支撑，另一条腿做前后的摆、蹬，上肢协调配合。	1. 支撑腿膝盖微屈。 2. 摆腿向前抬平，向后蹬伸充分。 3. 上肢配合摆蹬腿做协调摆动。
		71	半蹲单侧抬腿	两脚站位与肩同宽，双手抱头，竖腰，做半蹲，起身后，单侧边抬腿，再做半蹲，起身后，另一侧做抬腿，依次往复练习。	1. 保证练习的协调连续性。 2. 半蹲时，腰竖直，膝关节发力。
		72	杠铃负重抬腿	1. 将杠铃架在后颈部，两手握住杠铃保持平稳。 2. 双腿左右开立与肩同宽，听到指令后快速向上做抬腿动作。	1. 身体平稳，握住杠铃不晃动。 2. 向上抬腿迅速到高点停顿后缓慢放下。
		73	深蹲三次跳	身体呈深蹲姿势，做连续三次上下小幅度起伏后，向上跳起，再接连续三次膝关节屈动，然后跳起。下蹲时，双臂向体前摆动，跳起时，双臂向下摆动。	1. 上下肢的协调配合。 2. 保证膝关节屈动时，不塌腰屈背。
		74	开合触地跳	向下做深蹲时，两脚跳开，一手触及地面后跳起，同时，两脚跳合，继续向下，两脚跳开，另一手触及地面后再跳起，依次往复练习。	上下肢协调配合，有节奏。
		75	杠铃负重跑	1. 小重量杠铃。 2. 架在后颈部向前跑 30 米。	1. 保持核心稳定。 2. 速度不宜过快。
		76	双人弹力带挺身跳	1. 两人一组，练习者将弹力带放在腰间，另一人在后面拉起。 2. 练习者向前做五步挺身跳。	1. 后面的人控制好拉力，不宜突然拉弹力带或者起跳后阻力太大。 2. 连续向前挺身跳，注意摆臂与蹬地结合。

续表

体能要素		序号	练习内容	练习方法	练习要求
力量	核心力量	77	高位瑜伽球臀桥	1. 双脚分开与肩同宽踩在健身球上，双臂贴紧地面。 2. 发力抬起臀部至大腿与躯干呈 90 度角，略做停顿，还原至起始状态。 3. 臀部抬起时上背部支撑地面。	1. 身体不要左右晃动。 2. 靠臀部发力。
		78	俯卧挺身转体	1. 俯卧在垫上，双手扶于耳后挺身。 2. 听到指令后身体向左旋转，再向右旋转。 3. 规定的时间内连续完成。	1. 全程肘部不要着地。 2. 双脚不要离开地面保持背部紧张，缓慢回到起始状态。
		79	俯卧瑜伽球“8”字卷腹	1. 每人一个瑜伽球。 2. 俯卧，双脚并拢，用小腿靠近膝盖处压住瑜伽球，双手撑地与肩同宽，手肘微屈。 3. 向身体两侧交替卷腹提膝。	1. 不要低头，时刻收紧臀部和腹部。 2. 保持身体平衡。
		80	两头起	躺于垫上，手臂伸直放于头部两侧，听到指令后，腹肌发力起身，起身时腿与上身同时抬起，后背卷曲，手触碰小腿前侧，下放时保持全身紧张。	1. 练习动作时保持身体紧张。 2. 腿放下时不宜过快。
		81	支撑左右收腹跳	俯撑在垫上，双手与肩同宽，双脚并拢，身体保持一条直线收腹跳跃，将双腿收至腰的一侧，屈膝，跳回原位。	1. 腹部始终保持绷紧。 2. 伸腿时吸气，收腿时呼气。
		82	动态平板支撑接收腹跳	1. 双手交替下落至平板支撑姿态，再还原至初始位置。 2. 俯撑在瑜伽垫上，双脚分开与肩同宽，身体绷紧呈一条直线。 3. 收腹起跳，臀部抬高，双脚向前收，脚尖轻轻点地，然后迅速回到俯撑状态。	1. 身体保持稳定，尽力减少左右晃动的幅度。 2. 两个动作衔接连贯。

续表

体能要素		序号	练习内容	练习方法	练习要求
力量	核心力量	83	俄罗斯转体	1. 每人坐于垫上，双腿屈膝抬起，脚离地，下背挺直，上背略微弓起转动双肩来带动手臂的移动。 2. 反复练习到力竭。	1. 保持身体稳定。 2. 脚面离地。
		84	双人转体抛接药球	1. 一人坐于垫上提膝脚离地，双手持球两侧，依靠快速转体动作将球抛到另一人。 2. 另一人站立接球，接球后还给训练人。	1. 依靠转体腰部的发力，快速抛出。 2. 手臂保持紧张，尽量不参与发力。
		85	负重弓箭步	1. 将杠铃架在后颈部，两手握住杠铃保持平稳。 2. 在平坦的地面上进行 20 米弓步行走，上半身保持正直，弓步时后腿膝盖尽量接近地面，向前连续完成。	1. 轻重量。 2. 注意前腿支撑与蹬伸动作。 3. 行走时保持身体稳定，弓步充分，速度不宜过快。
		86	猜拳仰卧起坐	1. 两人一组，面对面双脚离地坐在垫上，腹部肌肉收紧，双腿并拢，进行猜拳。 2. 输的一方做 5 个仰卧起坐，直到有一人做不起来为止，另一人胜利。	1. 猜拳过程双脚离地，保持身体稳定性。 2. 除了一人做仰卧起坐时另一人可以双脚放在地下，其他时间两人要一直双脚离地，核心收紧。
		87	俯卧登山	俯身支撑，臂伸直，身体平直，做连续交替抬腿。	1. 抬腿充分，不塌腰，不撅臀。 2. 做到连续高抬，有节奏。
		88	侧卧单臂肘支撑	身体侧卧，单屈肘支撑，坚持 1 分钟以上。	保持身体的侧平直，不晃动。
		89	跪膝燕式平衡	单膝跪地，保持另一条腿和上身平直，两臂侧平举，坚持 30 秒以上。	保持身体的平直，不晃动。
		90	“V”字支撑	坐于垫子上，上身和腿呈“V”字，保持 30 秒以上，两手置于体前或放在体后支撑（根据自己的支撑状况）。	努力控制身体，做到不晃动，不屈膝。

续表

体能要素		序号	练习内容	练习方法	练习要求
力量	核心力量	91	仰卧交替抬腿	身体仰卧，做连续的抬腿交替。	1. 躺卧身体不晃动。 2. 双腿交替抬起，做到与身体垂直。
		92	仰卧挺髋	屈膝仰卧，双手持杠铃片置于腹部，做连续挺髋，髋关节平展，保证肩部着垫。	1. 杠铃片置于腹部不晃动。 2. 髋关节充分打开，臀部紧绷。
		93	抱头背起	身体俯卧，固定好脚部，双手抱头，做连续背起。	1. 背部发力。 2. 保持身体平直，脚部固定。
		94	俯撑摸脚	身体呈俯撑状，依次进行左手摸右脚，右手摸左脚，连续进行。	1. 保持身体平衡。 2. 身体保持平直，臀部尽量不要抬高。
		95	脚高平躺支撑	将脚放到相对高台上，身体平躺，双手向后支撑，做连续的屈臂。	1. 保持身体的平躺，不屈髋。 2. 屈臂幅度尽量大，连续多次。
		96	平衡杆俯卧撑	双手握住一个平衡杆，杆子中间位置做好固定支撑，俯身做俯卧撑。	1. 保持握杆的平衡。 2. 保证连续的俯卧撑。
		97	俯卧撑换手接球	两人配合，一人俯卧撑，撑起时，接同伴抛球，并抛还给同伴，然后屈臂做一次俯卧撑，依次往复。	1. 同伴抛球注意时机。 2. 在接抛球时，做好身体的平衡控制。
速度	位移速度	98	短距离冲刺跑	1. 4—6 人一组，站立式起跑开始，听到指令后全力冲刺 30 米。 2. 跑 6—8 次。	1. 每次练习保持频率步幅一致，跑动有弹性。 2. 每次都要全力完成。
		99	加速跑	分为四组，每组 4—6 人，从 70 米开始，行进间到 60 米起点处以稳定的节奏进行 60 米冲刺。	从中等强度到最大强度。
		100	障碍跑	1. 20 米跑中间 2 米一个 10 厘米高标志物。 2. 快速向前奔跑跨过标志物。 3. 频率快，蹬地充分。	1. 节奏保持一致。 2. 尽量保持最大速度。

续表

体能要素		序号	练习内容	练习方法	练习要求
速度	位移速度	101	车轮跑	行进间跑动时，充分抬大腿，伸小腿，两腿依次快节奏交替，在过程中，充分摆臂，形成车轮跑。	1. 抬大腿，伸小腿时，身体不要后仰。 2. 上下肢充分配合好，前脚掌着地。
		102	踢腿跑	行进间跑时，将腿绷直，靠髋关节发力，直腿踢出，两腿高频交替向前跑动。	1. 跑动中膝关节不弯曲，重心高。 2. 上下肢充分配合，前脚掌着地。
		103	后退跑	身体稍屈，重心后倾，依次向后伸腿，做连续的跑动，上下肢协调配合，进行连续的后退跑。	1. 注意后退时的重心平稳。 2. 主动向后伸腿。
		104	跑跳步	向前跑动时，上肢充分向上摆起，同时带动异侧腿充分高抬，支撑腿顺势垫步，垫步后，再过渡到另一腿，上下肢配合，交替完成跑跳步。	1. 蹬伸充分，身体腾空。 2. 上下肢协调配合。
		105	鸭子步跑	身体呈屈膝蹲下姿势，膝盖带动，小腿外摆，两腿交替向前，上下肢充分配合，以蹲撑姿势完成向前的跑动。	1. 动作协调合理，重心起伏小。 2. 上下肢充分配合。
		106	俯身登山 + 冲刺跑	身体呈俯卧撑姿势，做连续的俯身高抬腿 30 次，然后迅速起身做加速冲刺跑 30 米。	1. 俯身登山时，身体保持平直稳定，大腿充分高抬。 2. 跳起衔接加速冲刺跑。
		107	后蹬跑	从起跑后，大腿充分高抬带动，后腿充分蹬直，两腿交替进行，上肢充分摆臂，上下肢协调一致完成向前的后蹬跑。	1. 腿部动作，保证高抬和后蹬伸直。 2. 做到连贯快速。
		108	侧身交叉步	侧平举双臂，身体侧对，后侧腿依次向另一条腿的前面、后面迈出跨步，转动髋部，上肢侧平举协调配合保持身体的平衡。	1. 保证侧身腿部的前后交叉。 2. 髋关节灵活转动，保证身体的平衡。 3. 保持交叉步的高频率。
		109	侧身并步移动 + 冲刺跑	身体侧身做快速的并步跳跃移动 10 次，迅速转正身体接加速冲刺跑 30 米。	1. 保证快速并步跳跃移动。 2. 侧身转正身的衔接。

续表

体能要素		序号	练习内容	练习方法	练习要求
速度	位移速度	110	追逐“8”字跑	设置“8”字形跑步场地，两人前后距 3 米，同时发令出发，后面的队员全速追逐前面的队员。	1. 保持连续快速追逐。 2. 注意跑动中身体重心的偏移。
		111	10 米折返跑	1. 两个标志物之间 10 米。 2. 多人进行比赛折返跑。 3. 轻触标志物后快速折返，在规定时间内次数多者为胜。	1. 触摸后快速转体加速。 2. 降低重心，保持身体稳定。
		112	穿插跑	1. 10 人一组每人相距 5 米。 2. 第一人向前穿插跑，到队尾后，距最后一人 5 米，下一个人开始。	变向后加速快。
		113	阻力带冲刺跑	两人一组，向前跑的队员套阻力带于腰间，另一名队员牵住阻力带一端。向前做加速冲刺跑，后蹬有力，摆臂充分，牵动队员做适当用力牵阻，随着一起前行。	1. 两人配合，阻力适中，保证训练的质量。 2. 向前队员保持身体的前倾。
		114	阻力带侧身跑	两人一组，将阻力带置于练习队员的腰间，另一名队员牵住阻力带一端。向侧做交叉步侧身跑，身体侧倾，外侧大腿高抬，牵动队员适当用力牵阻，随着一起侧行。	1. 两人配合，阻力保持持续适中。 2. 侧身跑队员，外侧腿充分高抬，侧蹬有力。
		115	阻力带后退跑	两人一组，将阻力带置于练习队员的腰间，另一名队员牵住阻力带一端。练习队员向后做后退跑，身体后仰，摆臂充分，前脚掌发力，牵动队员适当用力牵阻，随着一起行进。	1. 两人配合，阻力保持持续适中。 2. 后退跑的节奏有序，保证连续的后退支撑。
		116	举重高抬腿跑	两手直举杠铃杆，做连续的高抬腿向前跑。	1. 注意直举杠铃杆的稳定性。 2. 高抬大腿，有节奏。

续表

体能要素		序号	练习内容	练习方法	练习要求
速度	动作速度	117	弹力带摆动腿	1. 弹力带一端固定，另一端固定在摆动腿脚踝。 2. 腿部向前上做快速摆动，同时配合摆臂。	1. 四肢协调配合。 2. 摆动速度要快，落地蹬地迅速。
		118	三级跳冲刺	1. 连续向前跨步跳三次。 2. 力求高、远。 3. 完成第三步后以起跳脚的对侧脚着地保持加速姿势向前冲刺跑。	1. 准备时重心放于两脚之间。 2. 跨步又高又远。 3. 加速快。
		119	立卧撑冲刺	1. 双臂用力撑地，快速收腹屈膝至胸前。 2. 快速向上蹲起呈加速冲刺姿势，随之向前冲刺。	蹬地有力，全力加速。
		120	扶墙高抬腿	身体前倾，双手扶墙，做连续高抬腿，保证大腿抬平，前脚掌着地。	1. 高抬腿的节奏快。 2. 身体前倾，蹬伸有力。
		121	扶墙阻力抬腿	阻力带一端固定，另一端绑在一条腿的脚踝上，另一条腿支撑，双手扶墙，身体前倾，做单侧连续阻力抬腿。	1. 向前大腿抬平，向后伸直，连续完成。 2. 保证身体的稳定。
		122	扶墙阻力踏腿	双手扶墙，将阻力带一端固定在墙的上方，另一端套于脚上，做连续的阻力下踏。	1. 身体保持竖直，不晃动。 2. 连续下踏有规律。
		123	阻力带高抬腿走	两人一组，向前的队员套阻力带于腰间，另一名队员牵住阻力带一端。向前做高抬腿走，身体稍前倾，大腿高抬，摆臂充分，牵动队员做适当用力牵阻，随着一起前行。	1. 两人配合，阻力适中。 2. 高抬腿时，身体稍前倾。
		124	单手扶墙侧身提腿	一手扶墙，同侧腿支撑，将另一条腿伸直离地，做连续的伸直提腿。	1. 注意伸直提腿的动作控制。 2. 保证抬腿的高度。
		125	原地转髋跳	两臂侧平举，膝盖微屈，做连续的转髋跳。	1. 上身尽量不转动，保持稳定。 2. 转髋跳有节奏，提升髋关节的灵活性。

续表

体能要素		序号	练习内容	练习方法	练习要求
速度	动作速度	126	小马跳	做行进间高抬腿时，加入垫步。在高抬一条腿时，支撑腿做一次垫步，依次交替进行。	1. 连续小马跳，有节奏。 2. 保持身体的平衡和韵律。
		127	左右提膝转髋	行进间做提膝转髋。向前迈进一步，另一条腿高抬提膝，同时转髋，下落后放前一步，再做另一条腿的提膝转髋。	1. 行进的节奏。 2. 注意提膝转髋下落迈步的衔接。
		128	抗阻摆臂	1. 将两根弹力带一端固定，双手各拿一根弹力带。 2. 站在原地连贯做挺身跳摆臂练习，快速向前上进行摆臂。	1. 摆臂有力。 2. 动作标准，有连贯性。
爆发力		129	负重间歇跑	1. 练习队员身穿沙背心，在跑道上完成。 2. 150 米加速跑，50 米走，5 圈为一组，进行 3—6 组练习。	加速时全力完成。
		130	原地双脚交换跳	两脚前后呈弓步站立，后腿膝盖接近地面，重心放在两腿之间，听到指令后向上纵跳，在空中做前后换脚一次，在落地时还原成弓步，反复进行。	1. 向上起跳充分。 2. 双脚向上蹬地有力，换脚迅速。
		131	快速半蹲	1. 大重量快速半蹲，下蹲后要有缓冲。 2. 缓冲停止后，前脚掌向上快速蹬地。	频率快，蹬地有力。
		132	台阶跳	1. 利用台阶向上快速跳跃。 2. 向上摆臂充分。	1. 协调用力。 2. 频率由慢到快，蹬地摆臂有力。
		133	原地连续摸高	1. 连续向上跳跃。 2. 手臂向上摆动。	1. 手臂上摆充分。 2. 在规定时间内连续完成动作。
		134	沙坑蛙跳	站在沙坑内，连续蛙跳。	全力完成，蹬地摆臂充分。
		135	低栏架跳加冲刺跑	1. 快速跳过一组较低栏架后接冲刺跑。 2. 跳跃时小腿充分发力向前跳。	1. 栏架之间距离不宜过大。 2. 每次跳跃要与地面接触时间短。 3. 加速跑速度快。

续表

体能要素	序号	练习内容	练习方法	练习要求
爆发力	136	多人沙坑接药球	1. 多人站在沙坑内。 2. 一人在沙坑外手持药球向前上投掷。 3. 坑内人背身对扔球人，通过头顶后快速向前追击接球。	1. 反应快。 2. 球落地前接球。
	137	负重台阶蹬摆	1. 双手分别持哑铃于身体两侧。 2. 一脚上台阶后摆动腿迅速向上蹬地。	1. 速度快。 2. 小重量。
	138	高拉	1. 双手提杠铃放在大腿，手腕微弯，肩膀避免前倾，杠铃接近身体。 2. 脚趾发力，爆发性地将肩膀抬起，杠铃至胸前。	1. 脚趾发力充分。 2. 向上时肩部发力，利用惯性将杠铃拉起。
	139	高抬腿跳	1. 右腿提膝收胯，带动身体向上腾起，膝关节尽量上顶，同时右臂屈肘前摆，左腿伸直，右臂微屈摆于体侧。 2. 左脚前脚掌先落地，对侧上下肢重复蹦跳动作，左右脚各跳一次为一组。	1. 连续不间断练习。 2. 提膝充分。
	140	站立式起跑	身体前倾，两前脚掌支撑，听令后，充分摆蹬抬大腿，步伐小，节奏快，身体姿态逐渐抬起，反复练习。	1. 上下肢的积极配合。 2. 身体前倾，前脚掌蹬地起跑。
	141	踢踏步	1. 左脚勾脚尖，左腿收髋上提，膝关节绷直。 2. 左小腿肌肉用力伸，牵动左脚迅速下踩，左脚落地的同时，右腿以同样的方式提起并向前踩踏。 3. 双脚交换踩踏。	1. 踏地时要快速有力。 2. 脚掌触地时间短。
	142	半蹲提踵	身体呈半蹲姿势，竖腰，前脚掌支撑，做连续提踵 30 次以上。	1. 保持身体的平衡。 2. 保证提踵的连续性。
	143	提踵弓步蹲起	身体呈弓步姿势，保持两脚提踵状态，上体竖直，做连续两腿屈膝 30 次以上。	1. 提踵状态的保持。 2. 两腿屈膝幅度保证大小腿夹角为 90 度。

续表

体能要素	序号	练习内容	练习方法	练习要求
爆发力	144	行进间高抬腿制动	行进间做高抬腿，按照1—2—3的节奏制动抬腿，每次制动空一拍，向前连续做20米。	1. 注意左右腿的制动互换。 2. 注意向前的节奏。 3. 强调摆臂的配合。
	145	追球跑	站立式起跑准备姿势，后面同伴将篮球向前抛出，看到篮球后，迅速起跑追赶篮球，力争追上，反复多组练习。	1. 起跑的摆臂蹬伸。 2. 身体前倾，高抬腿及充分地后蹬。
	146	负重上举侧移步	双手上举杠铃杆，做侧向并步移动，连续做30米。	1. 保持身体的稳定。 2. 并步移动身体起伏小。
	147	多级蛙跳	做连续的蛙跳，以双臂摆动带动身体，下肢充分蹬伸，落地轻盈，保证连续性，完成5—6级。	1. 上下肢的协调发力。 2. 收腹举腿到蹬伸的连贯性。
	148	小跳接大跳	依次摆放两低一高的栏架4组，做连续的两次小跳栏架接一次大跳栏架再接二小一大，依次进行。	1. 双臂摆动结合小跳和大跳的连贯动作。 2. 前脚掌着地即起。
	149	单腿左右跳	摆放小栏架，进行单腿左右跳，保证完成6—8次以上。	1. 单腿跳时，单臂前后摆动或者双臂同时前后摆动。 2. 着地即跳，连贯协调。
	150	快速单足跳	做行进间快速单足跳，充分单臂前后摆动，高抬大腿，折叠小腿，保证跨度和连贯向前的效果，连续跳跃20米。	1. 上下肢的协调配合。 2. 身体重心的稳定控制。
反应时	151	抓多边球	两腿微屈，在体前自抛不规则橡胶多边球，迅速做出反应抓住多边球，反复自抛自抓。	1. 一步范围内的迅速反应。 2. 尽量保证在球弹起的时候抓住。
	152	听令步伐	两人配合，一人发指令，一人双膝微屈准备随时做出动作。指令有：左弓步、右弓步、马步、后退步、并步、小跳、收腹跳等等。	1. 要求在1秒内迅速做出反应步伐。 2. 动作完成迅速恢复准备姿势，为下一步伐做准备。

续表

体能要素	序号	练习内容	练习方法	练习要求
反应时	153	抓放网球	两人一组配合，相距 2—3 米，一人向另一人体前不同位置抛网球，另一人迅速做出抓球、放球动作，然后迅速准备抓下一球的动作。	1. 抓球队员双膝微屈，迅速做出抓球动作。 2. 注意抓球的时机把握。
	154	接投网球	两人一组配合，相距 6—8 米，一人向另一人投出网球，另一人迅速接住网球，并投向对面队员，队员迅速接住网球，再投回，依次反复，连续接投 20 个回合。	1. 注意投球的力度控制，根据队员能力逐渐提升投球速度。 2. 迅速做出接球，及时落地，捡回后迅速投回。
	155	摸数字	在墙上九宫格内，分别写上不同的数字，两人一组，一人面对数字，另一人在体后喊数字，喊到哪个数字，面对墙的队员就迅速摸那个数字。	1. 九宫格 80×80 大小。 2. 左右手互相换着摸。
	156	互抛接物	两人一组，分别拿一个网球，同时向对方抛出网球，并迅速接住，依次再同时抛出，抛出路线稍有变化，多次练习。	1. 抛球的同时性，可喊一个口令。 2. 脚下要有移动。
	157	同向反追逐	两人前后间距 3 米，同时向前快速跑出，听令后，迅速转身形成反追。	1. 听令反应速度。 2. 迅速反向追逐，身体位的调整。
	158	猜拳追逐跑	两个一组，相距 3 米，互相猜拳，赢者迅速跑出去，输者紧追。	在得到输赢信号后，反应迅速起跑。
	159	高抬腿抓落杆	练习者在做高抬腿时，一手直臂稍上举，竖直拿一根 50—70 厘米的杆子，做 5 次高抬腿后，直接撒手，另一手迅速抓住杆子，再直臂稍上举，依次循环练习。	1. 保证高抬腿的质量和节奏。 2. 两臂的协调配合。
	160	弓步交换跳抓落杆	练习者在做弓步交换跳时，一手直臂稍上举，竖直拿一根 50—70 厘米的杆子，做 5 次交换跳后，直接撒手，另一手迅速抓住杆子，再直臂稍上举，依次循环练习。	1. 保证弓步交换跳的质量和节奏。 2. 两臂的协调配合。

续表

体能要素	序号	练习内容	练习方法	练习要求
反应时	161	游戏：同时抢滚球	7—8 人一组，背对场地站立，发令向场地内滚出两个球，听令后，迅速转身抢球，先抢到者为胜。	1. 做好转身跑动的预备姿势。 2. 听令迅速反应。
灵敏性	162	5×5 米冲刺跑—滑步—倒退跑—滑步	沿着 5×5 米场地边线，依次进行边 1——冲刺跑、边 2——滑步、边 3——倒退跑、边 4——滑步循环进行，完成 5 个循环练习。	1. 节奏快。 2. 动作清楚。
	163	5×5 米“X”形跑	5×5 米场地，从一角跑到对角，再沿边线跑到一角，再跑到对角，按变向规律循环练习。	速度快，变向迅速。
	164	5×5 米三角形跑	5×5 米场地，先依次跑两个边，再跑对角线，再跑另两个边，接对角线，按跑到路线规律循环练习。	速度快，变向迅速。
	165	两点折返跑	在相距 10 米的两点，进行折返跑，到点前身体减速，降低重心，并用手触及点位，身体迅速转到反向跑方向，身体前倾，冲刺下一个点位，反复进行，完成 8 个来回。	1. 保持快速跑状态。 2. 减少任何减速多余动作。
	166	“8”字跑	在一个“8”字的区域，进行变向快速跑，连续完成 8 趟以上。	1.“8”字弧顶体会侧身跑内倾。 2. 全程尽量不减速。
	167	“I”形跑（倒退—前进）	在“I”字形上设置三个点，两点相距 5 米，从中间点开始，先倒退跑到一个边点，迅速变为向前的快速跑，到达中间点后，迅速转身变为后退跑，到达另一个边点后，迅速变为向前的快速跑，再到中间点后改变，依次循环进行，完成 8 趟以上。	1. 到点变换跑步姿势要迅速。 2. 全程保持全力完成。
	168	10 米直径环形跑	在一个 10 米直径的圈上，进行环形跑，保持身体的内倾，完成 5 圈以上。	1. 外侧臂摆幅要大。 2. 外侧腿步幅大，送髋充分。

续表

体能要素	序号	练习内容	练习方法	练习要求
灵敏性	169	行进双脚踏步（低小栏架走—跑—冲刺）	摆放 8 个低小栏架，做连续的两脚踏步，有节奏地走过，迅速身体前倾进入快速跑接冲刺跑。	1. 过小栏架踏步，大腿抬平，有节奏感。 2. 踏步转化加速跑，身体前倾衔接快。
	170	行进高抬腿（低小栏架走—跑—冲刺）	摆放 8 个低小栏架，做连续的高抬腿，有节奏地过栏架，过后迅速身体前倾进入快速跑接冲刺跑。	1. 过小栏架高抬腿，大腿抬平，有节奏感。 2. 高抬腿转化加速跑，身体前倾衔接快。
	171	单腿爆发跳	根据自己的水平摆放栏架 8 个，做单腿连续跳栏架，做到快落快起。	1. 保证单脚跳的连续性。 2. 节奏好，快落快起。 3. 单臂摆动或双臂摆动。
	172	双腿跳	根据自己的水平摆放栏架 8 个，双腿连续跳过栏架，做到快落快起。	1. 保证双脚跳的连续性。 2. 节奏好，快落快起。 3. 双臂摆动。
	173	栏架跳远	体前 1 米左右位置摆放一个栏架，跳过栏架，完成立定跳远，反复进行练习。	1. 设定栏架的位置根据自己的能力水平。 2. 果断完成立定跳远。
	174	单腿垫步跑	连续摆放 8 个栏架，站在栏架一侧，行进间做连续的单腿垫步鞭打腿，过完栏架迅速转化为加速跑。	1. 单腿垫步鞭打腿的节奏清楚。 2. 垫步后迅速衔接加速跑。
	175	波浪式前进后退跑	设置 4 米间距的横线 6 条，从第 1 条线开始跑到第 2 条线，再后退跑到第 1 条线，再跑到第 3 条线，再后退跑到第 2 条线，依次进行。	跑动形式转化清楚，完成迅速。
	176	单腿进入侧向跑	设置 8 个小栏架，身体在栏架外侧面向栏架，单腿连续高抬腿，连续过 8 个小栏架后，迅速转身加速跑 30 米。两腿分别在栏架两侧做练习。	1. 单腿连续高抬腿时，支撑腿做垫步移动。 2. 保证连续高抬腿的节奏感。

续表

体能要素	序号	练习内容	练习方法	练习要求
灵敏性	177	双腿进入侧向跑	设置 8 个小栏架，身体在栏架外侧面向栏架，两腿连续高抬腿，连续过 8 个小栏架后，迅速转身加速跑 30 米。在栏架两侧分别做练习。	两腿连续高抬腿时，保证连续高抬腿的节奏感。
	178	双腿侧向跳	设置 8 个栏架（高度根据自己能力），双腿起跳，侧向跳过 8 个栏架。	双臂摆动，双脚起跳，连续有节奏地完成侧向跳。
	179	单腿侧向跳	设置 8 个栏架（高度根据自己能力），单腿起跳，侧向跳过 8 个栏架。	1. 双臂摆动，单脚起跳，连续有节奏地完成侧向跳。 2. 注意左右腿的替换。
	180	旋转跳	设置 8 个栏架（高度根据自己能力），双脚起跳后，身体旋转 90 度，第二跳，再转回 90 度，依次往复进行。	1. 双脚起跳后，保证身体转动的控制。 2. 注意跳过栏架的节奏。
	181	横向滑动跑	在一条直线上，身体横向站立，重心下移，前脚掌向直线方向，后脚垂直直线，做快速的横向滑步完成 30 米。	1. 横向滑步，保证重心稳定不起伏。 2. 注意前脚迈进和后脚蹬跨的衔接。
	182	横向折返跑	在距离 10 米的跑道上，身体横向站立，做快速的交叉步跑动，完成 6 个折返。	1. 横向跑动中，后侧腿的交叉跨越快速。 2. 折返时，制动、启动的衔接。
	183	快速“十”字跳	1. 练习者双手背后，双腿并拢，听到指令后前脚掌蹬地进行前后左右“十”字跳。 2. 规定的时间内完成。	在规定的时间内跳跃快速，保持身体稳定。
	184	加速垫步交换跳	做高抬腿时，保证一侧腿连续停留一拍在抬腿位置，支撑腿垫步一次，强化一侧腿的高抬固定，连续 20 次后，更换另一条腿。	1. 1、2、3 拍的节奏固定。 2. 上下肢的协调配合。
	185	绳梯快速移动	1. 前脚掌着地，向前快速跑。 2. 每一步都落在小方格内。	1. 脚下要轻快，有节奏，脚踝有弹性。 2. 上下肢协调。

续表

体能要素	序号	练习内容	练习方法	练习要求
灵敏性	186	绳梯横向移动	身体横向开始，两脚平行滑动，依次落在小方格内。	保持身体稳定，快速有节奏运动。
	187	绳梯分合跳	1. 向前两脚同进同出。 2. 连续进行跳跃。	轻快流畅。
	188	绳梯左右快速移动	1. 站在绳梯后向前移动。 2. 先一只脚进，再另一只脚进，一只脚出再另一只脚出，反复练习。	1. 保持上半身稳定。 2. 左右频率一致，速度由慢到快。
	189	绳梯左右摆胯	1. 一只脚在格内，另一只脚在格外。 2. 向前跳跃转胯，两只脚分别在前后格内，继续向前跳跃转胯还原动作。	胯的左右摆动明显。
柔韧性	190	大腿后侧拉伸	坐在地面上，右腿弯曲，脚掌紧贴左腿内侧，吸气双手上举，呼气身体下压抓脚。	头上抬，腹部贴腿。
	191	大腿内侧拉伸	坐在地面上，两腿尽可能分大，吸气两手侧举，呼气身体下压，两手抓住脚踝，正常呼吸，吸气慢起，重复3—4次。	身体稳定，避免晃动。
	192	小腿拉伸	跪撑在垫子上，吸气臀部上抬，呼气肩下压，腿伸直，脚跟向地面沉，正常呼吸，停20—30秒，吸气还原，重复3—4次。	身体放松。
	193	开胯	身体坐直，两脚相对撑，吸气头向上，脊柱立直，呼气身体向前压，保持呼吸，停20—30秒，重复做。	手可以辅助向下压腿。
	194	原地挺髋	1. 双脚左右开立与肩同宽，站立式身体呈弓形，手臂从头上向后伸展。 2. 在最大幅度坚持20秒，间歇10秒后继续练习。	双脚站在地面，双手充分向后伸展，保持身体稳定，脚不移动。

续表

体能要素	序号	练习内容	练习方法	练习要求
柔韧性	195	横叉	1. 两腿左右呈“一”字分开。 2. 双手可以辅助支撑。 3. 身体前俯拉长腿后侧肌肉充分开胯，坚持 20 秒后换一条腿向前。	1. 挺腰立背、挺膝勾脚。 2. 身体保持稳定。
	196	体后屈	仰卧，双手双脚着地向上挺身，使双手接近双脚身体呈背弓姿态。	头部后仰，身体向上。
	197	站立侧摆腿	1. 站立下双手搭在横杆，一腿支撑，左（右）腿横向摆动。 2. 摆腿时配合转身，前摆充分。	1. 保持上体稳定。 2. 摆动腿幅度大。
	198	俯身弓背拉伸	1. 趴在地面上，双腿并拢向后自然伸展，双手放在身前略比肩宽。 2. 在动作开始时背部由挺直状态开始弓起，弓起的时候进行一个卷腹的动作，弓起的幅度尽可能大，然后朝下伸展，幅度也需要大，这样的一个交替算一个动作。	1. 向下伸展时找到挺身感觉。 2. 速度不宜过快。
	199	悬挂拉伸	1. 双手握住单杠，与肩同宽。 2. 利用肩部背部力量做小幅度上拉。	有节奏，保持身体稳定。
	200	行进间侧摆腿	1. 手臂随摆腿同时向上摆动。 2. 向前踢腿，高点后向伸腿一侧摆动还原。 3. 向前行走，三步一次侧摆腿练习。	1. 手腿配合协调。 2. 动作间要连贯。
	201	提膝展髋走	1. 自然站立，挺胸抬头，双臂展开与肩同高。 2. 左腿提膝收髋，展髋时带动膝关节外摆至腋下。 3. 左腿落下右腿重复相同动作，双脚交替练习。	1. 身体保持稳定。 2. 抬腿充分。

续表

体能要素	序号	练习内容	练习方法	练习要求
柔韧性	202	交叉摆臂	1. 右臂缓慢上举至头侧，同时左臂下落至体侧。 2. 双臂再反向抡摆。	摆动幅度要大。
	203	屈腿侧伸压体	两腿大幅度分开站立，屈一条腿呈侧伸位，身体向伸出腿的方向压体一次，起身重心平移到另一条腿，做屈腿，依次进行。	1. 保持身体重心的平稳移动。 2. 上肢配合下肢屈腿及支撑。
	204	大弓步压腿	呈弓步压腿姿势，将前伸小腿尽量往前再伸出一脚距离，做节拍压腿。	1. 保持身体平衡，可扶物。 2. 后伸腿脚跟抬起。
	205	犬式压肩	两手伸出扶于墙壁，身体呈 90 度，沉肩坠肘，头部埋于两臂之间，做上下压肩。	1. 压肩时，可将压伸重心移到左侧臂或右侧壁上。 2. 将肋间肌充分压开。
	206	最伟大拉伸	1. 从站姿开始到直臂支撑动作。 2. 向前做弓步，同侧手臂向侧上方伸展。 3. 活动一侧手臂向内收回并再次向外侧打开。 4. 下压手臂，让手肘尽量靠近地面。 5. 双手触地，在跨步的基础上尽量伸直双腿。 6. 重心下降，双手离地，做弓步伸展。 7. 还原至直臂支撑状态，然后再换另一侧完成整个动作。 8. 双侧都完成整个动作以后原地爬行还原至起始状态。	1. 每个动作都做标准。 2. 身体协调配合，保持充分拉伸状态。
	207	摆腿跨步送髋	原地站立，向前摆腿跨步，保持跨步幅度充分送髋，两腿依次进行。	1. 站位稳定，跨步支撑稳定。 2. 向前摆腿送髋幅度大。
	208	原地背拉腿	原地站立，将一条小腿后跷，同侧手握住脚面，做充分抻拉。异侧手向上伸直，平衡身体。	1. 支撑腿保持平衡。 2. 充分拉伸小腿，带动大腿前侧肌肉抻拉。

续表

体能要素	序号	练习内容	练习方法	练习要求
柔韧性	209	俯身交叉步下压	两腿交叉，俯身向着前侧腿方向伸臂，指端触及地面。	1. 保持两腿伸直。 2. 抻拉大腿外侧肌肉。
	210	俯身下压	向前迈出左脚，勾起脚尖，两手顺势沿左腿方向，下划触及地面，依次向前迈出右脚，两手顺势下划触及地面，依次往复进行。	1. 保持伸出腿伸直。 2. 两手下划时上体尽量贴近大腿。
	211	抱膝走	向前走动，3 拍抱一次膝（抱膝腿落地，另一条腿开始数拍）。抱膝时，充分抬大腿，小大腿贴于胸前，支撑脚提踵。	1. 连贯动作协调完成。 2. 下肢折叠充分抻拉。
协调	212	急停急起	在跑道上，从迅速起跑到迅速停止，再迅速起跑，约 10 米做一次。	1. 身体前倾到后仰重心的转换。 2. 脚步快速调整来协助急停急起。
	213	马克操	行进间进行前抬腿—侧抬腿—前抬腿，支撑脚垫步配合完成。	1. 动作节奏感。 2. 动作标准到位。
	214	双脚交叉跳	将两脚前后交叉，完成开合跳，配合上肢的摆动，有节奏地完成。	1. 两脚交叉时，前后位置可调换。 2. 保持连续性。
	215	弓步交换跳	两腿前后呈弓步，保持前后大腿和小腿都呈 90 度，然后，两腿从脚下同时发力，向上腾空做交换，落地完成前后位置交换，腿型不变，连续多次完成。	1. 弓步的跨度可适当调小，增加大腿和小腿的夹角。 2. 随着节奏进行交换跳。
	216	单侧鞭打步	行进间一侧腿，做连续的鞭打动作，另一侧腿垫步配合，完成 6—8 次后，加速跑 30 米。	1. 鞭打腿时，身体不要后仰，异侧臂配合前伸。 2. 动作衔接有节奏。
	217	上肢抡臂跑	在跑道上，向前做跑跳步的同时，上肢配合做向前的绕肩大回环，向前跑动 30 米。	1. 上下肢的协调配合。 2. 跑跳中的节奏。

续表

体能要素	序号	练习内容	练习方法	练习要求
协调	218	原地高摆大腿下压扒地	1. 大腿高摆，约与地面平行。 2. 小腿放松，前脚掌下压扒地呈弓步。	1. 体会脚掌扒地的感觉。 2. 下压时保持身体稳定。
	219	双摇跳绳	1. 跳起后快速摇绳两次。 2. 规定时间内不间断完成。	1. 尽量前脚掌着地，不宜跳太高。 2. 手脚配合，速度越快越好。
	220	扶凳左右跳	1. 双手撑在长凳前端。 2. 双脚并拢从凳子左右跳。	1. 快速进行左右跳练习。 2. 脚掌充分发力跳跃。
	221	胯下拍手抬腿	做向前抬腿（直腿）时，胯下击掌拍手，支撑脚垫步一次，迅速转换另一条腿向前抬腿，同时胯下击掌拍手，支撑脚垫步一次，依次往复练习。	1. 上下肢的协调配合。 2. 保持节奏的律动感。
	222	高抬腿触膝跳	两手抱头，左右高抬腿，尽量做到肘关节触及膝盖，左右往复进行。	1. 身体的协调配合。 2. 保持高频练习节奏。
	223	原地触脚跳	做练习时，一脚向内侧抬起，异侧手触及脚面，同时，支撑脚做垫步一次。脚落下，另一脚向内侧抬起，异侧手触及脚面，支撑脚做垫步一次，依次往复练习。	1. 上下肢的协调配合。 2. 练习时的律动感。

第二节　背越式跳高

田径——背越式跳高模块 “技能 + 专项体能”教学方案

课时	项目学习内容	体能要素	专项体能练习内容	练习方式
1	原地背向过杆技术	心肺耐力	1. 圆弧追逐跑 2. 小步跑 3. 连续起跳 4. 中等高度计数跳	1. 分组轮换： 内容 1—2：30 米 / 组，间歇 30 秒，2 组。 内容 3—4：20 次 / 组，间歇 30 秒，2 组。 2. 教学环节实施建议： 基本部分后面。
2	助跑起跳结合技术 1	心肺耐力 + 四肢力量	1. 沿不同半径的圆助跑 2. 弧线助跑起跳 3. 游戏：摸高	1. 依次进行： 内容 1—2：弧线 30 米 / 组，间歇 30 秒，2 组。 内容 3：分组比赛，看谁摘得多。 教学环节实施建议： 基本部分后面。
3	助跑起跳结合技术 2	四肢力量 + 动作速度	1. 原地负重背越式起跳 2. 负重助跑摸高 3. 腿负重一步起跳	1. 依次进行： 内容 1—3：15 次 / 组，间歇 30 秒，2 组。 2. 教学环节实施建议： 基本部分后面。
4	弧线助跑和单脚起跳技术	爆发力 + 灵敏性	1. 跨矮栏节奏跑 2. 行进间摆腿 3. 四肢负重展腹跳	1. 分组进行： 内容 1—2：播放音乐，跟节奏完成 50 秒，间歇 30 秒，3 组。 内容 3：15 次 / 组，间歇 30 秒，2 组。 2. 教学环节实施建议： 准备部分后程内容 1—2；基本部分后面内容 3。
5	过杆与落地技术 1	爆发力 + 反应时	1. 听令起跳 2. 弧线助跑头顶球 3. 摆腿触高物 4. 侧身高抬腿接加速跑	1. 依次进行： 内容 1—3：20 次 / 组，间歇 20 秒，2 组。 内容 4：30 米 / 组，间歇 50 秒，3 组。 2. 教学环节实施建议： 基本部分后面。
6	过杆与落地技术 2	平衡 + 柔韧性	1. 节奏“十”字跳 2. 双人对峙比赛 3. 原地起跳展体送髋 4. 跪地挺髋	1. 依次进行： 内容 1：30 次 / 组，间歇 20 秒，3 组。 内容 2：10 次 / 组，间歇 20 秒，1 组。 内容 3—4：听音乐，连续做 2 分钟。 2. 教学环节实施建议： 基本部分后面。

续表

课时	项目学习内容	体能要素	专项体能练习内容	练习方式
7	四步助跑与起跳过杆技术 1	位移速度 + 肌肉耐力	1. 20 米加速节奏跑 2. 三步起跳 3. 连续半蹲 4. 负重弓步跳	1. 分组轮换： 内容 1：20 米 / 组，间歇 30 秒，3 组。 内容 2：10 次 / 组，间歇 20 秒，2 组。 内容 3—4：30 次 / 组，间歇 30 秒，2 组。 2. 教学环节实施建议： 准备部分后程内容 1—2；基本部分后面内容 3—4。
8	四步助跑与起跳过杆技术 2	动作速度 + 爆发力	1. 两步踏板 2. 起跳腿踏箱 3. 助跑摸高 4. 跪跳起	1. 分 2 组轮换： 内容 1—2：15 次 / 组，间歇 20 秒，3 组。 内容 3—4：10 次 / 组，间歇 30 秒，2 组。 2. 教学环节实施建议： 基本部分后面。
9	半程助跑与起跳过杆技术	四肢力量 + 核心力量	1. 沙坑起跳 2. 负重跨步跳 3. 仰卧猜拳	1. 依次进行： 内容 1—2：20 次 / 组，间歇 30 秒，3 组。 内容 3：30 次 / 组，间歇 40 秒，2 组。 2. 教学环节实施建议： 基本部分后面。
10	半场助跑起跳过杆与落地技术	核心力量 + 肌肉耐力	1. 快速展腹跳 2. 快速收腹跳 3. 连续跳栏 4. 坐蹬	1. 分组轮换： 内容 1—2：听音乐，30 秒 / 组，间歇 20 秒，3 组。 内容 3—4：20 次 / 组，间歇 30 秒，2 组。 2. 教学环节实施建议： 基本部分后面。
11	全程助跑与起跳过杆技术 1	核心力量 + 肌肉耐力	1. 四人搭腿仰卧起 2. 连续台阶跳比赛	1. 分组进行： 内容 1：30 次 / 组，间歇 20 秒，3 组。 内容 2：计时 3 分钟，看看谁跳的次数最多。 2. 教学环节实施建议： 基本部分后面。
12	全程助跑与起跳过杆技术 2	肌肉耐力 + 爆发力	1. 弧线助跑起跳双手触高物 2. 上一步起跳触标志物 3. 负重杠铃连续起跳 4. 静止半蹲起	1. 分组进行： 内容 1：8 次 / 组，间歇 30 秒，2 组。 内容 2：20 次 / 组，间歇 30 秒，2 组。 内容 3—4：15 次 / 组，间歇 20 秒，3 组。 2. 教学环节实施建议： 准备部分后程内容 1—2；基本部分后面内容 3—4。

续表

课时	项目学习内容	体能要素	专项体能练习内容	练习方式
13	完整技术 1	肌肉耐力 + 速度	1. 扶固定物摆腿 2. 背人跑比赛	1. 依次进行： 内容 1：听音乐，持续摆腿练习 1 分钟，间歇 1 分钟，2 组。 内容 2：分组比赛，看看哪组最快。 2. 教学环节实施建议： 准备部分后程内容 1；基本部分后面内容 2。
14	完整技术 2	柔韧性 + 平衡	1. 鲤鱼打挺 2. 悬垂转腰 3. 仰卧举腿左右摆 4. 双人正面瑜伽球移动	1. 分组轮换： 内容 1—3：15 次 / 组，间歇 20 秒，2 组。 内容 4：20 米 / 组，间歇 30 秒，2 组。 2. 教学环节实施建议： 基本部分后面。
15	完整技术 3	平衡 + 柔韧性	1. 倒退跑竞赛 2. 往返单脚跳竞赛 3. 悬垂转腰 4. 跪地挺髋	1. 分组进行： 内容 1—2：分组比赛，看看哪组最快。 内容 3—4：20 次 / 组，间歇 30 秒，3 组。 2. 教学环节实施建议： 基本部分后面。
16	小组背越式跳高选拔赛 1	协调	1. 交叉跑 2. 听音乐进行助跑起跳 3. 背抛实心球比赛	1. 分组进行： 内容 1：20 米 / 组，间歇 30 秒，4 组。 内容 2：听音乐，助跑起跳 2 分钟，1 组。 内容 3：分组比赛，看看哪组抛得最远。 2. 教学环节实施建议： 基本部分后面。
17	小组背越式跳高选拔赛 2	灵敏性 + 柔韧性	1. 直线走动中做放脚起跳 2. 弧线走动中做放脚起跳 3. 肋木或双杠挺身展髋 4. 双人压腿	1. 依次进行： 内容 1—2：听音乐，连续练习 2 分钟，1 组。 内容 3—4：听音乐，连续练习 2 分钟，间歇 30 秒，2 组。 2. 教学环节实施建议： 基本部分后面。
18	班内背越式跳高锦标赛	肌肉耐力 + 位移速度	1. 平板爬行比赛 2. 直腿跑比赛	1. 依次进行： 内容 1：分组比赛 20 米，看看哪组最快。 内容 2：分组比赛 30 米，看看哪组最快。 2. 教学环节实施建议： 基本部分后面。

田径——背越式跳高模块　专项体能处方资源库

体能要素	序号	练习内容	练习方法	练习要求
心肺耐力	1	连续起跳	在平坦场地上画 4 个半径 10 米的圆周，学生分成四组，分别站在圆周上，间隔 3 米，进行 1—3 步的连续起跳练习。	1. 摆动腿积极蹬伸、送髋，起跳腿迅速迈步放脚支撑起跳。 2. 摆动腿臂用力向上摆动，身体稍内倾。
	2	中等高度计数跳	1. 规定时间内完成规定的跳次。 2. 自然站立在地面上，听到指令后，向上连续跳跃，高度大于 30 厘米。	1. 前脚掌蹬地，起跳快速有力向上腾起。 2. 蹬地摆臂协调一致。
	3	反复升降杆跳	1. 一路纵队排开，从 90 厘米开始助跑起跳，成功后增加高度直到过杆失败，再从 90 厘米开始起跳。 2. 失败后观看其他人员跳越，最后一人失败后还原 90 厘米高度。	1. 起跳快速有力向上腾起。 2. 蹬摆协调一致，过杆送髋明显，展收及时，动作连贯，顺势肩背着垫。
	4	圆弧追逐跑	1. 每次两人进行，在半径为 10 米的圆上做一人追一人跑练习。 2. 抓到对手后快速转身跑，另一人追。	1. 克服离心力，加速快。 2. 被抓到后快速转身加速。
	5	多组直线进入弧线的助跑	1. 摆放标志物呈“J”形。 2. 快速进行直道进入“J”形练习。 3. 进入时身体快速向内倾斜，稳定重心。	1. 由直线至弧线的过渡要自然，防止跑成折线。 2. 后蹬充分逐渐加速，重心较高，节奏明显，弧线跑时应保持内倾。 3. 体会加速跑进弧线身体内倾的感觉和变化。
	6	沿不同半径的圆助跑	1. 一路纵队排开站在起点后，分别在不同半径的圆中（半径由大到小）练习助跑加速。 2. 脚落地时脚外侧先着地，并迅速滚动到前脚掌，完成一个圆后到下一个不同半径的圆上练习。	1. 身体重心平稳，跑步有节奏感。 2. 加速时身体保持适度内倾，高抬大腿，富有弹性。 3. 跑步过程中前后相距 5 米，防止碰撞。

续表

体能要素	序号	练习内容	练习方法	练习要求
心肺耐力	7	多组跨越式过杆	1. 一路纵队站在起点处，根据自己步点进行跨越式过杆。 2. 固定高度一人完成后回队尾再进行练习。	1. 助跑连贯，加速起跳，快速过杆。 2. 身体充分向上腾起。
	8	多组助跑起跳上高垫子	1. 一路纵队站在起点处，沿着地上的弧线进行 4—6 步助跑起跳练习。 2. 练习者起跳后越过 50—80 厘米的横杆后，背向着垫。	1. 起跳快速、有力，空中做出送髋、展体动作。 2. 背弓动作明显，过杆后及时收小腿，肩背着垫。
	9	渐进性往返跑	1. 分别在 5 米、8 米、10 米位置各摆放标志物。 2. 从边缘开始，分别触到每个标志时进行返回，直到所有标志物都触到后返回到起点后结束。	1. 启动加速快。 2. 每次调整步幅，保持最快速度进行练习。
	10	小步跑	前脚掌着地，重心高，上下肢配合摆动，抬大腿下压小腿，小腿做扒地动作，再往复进行。	1. 移动距离不能过大。 2. 脚步频率快，重心高，配合快速小幅度摆臂向前。
	11	弧线加速追人	1. 用标志物摆放两个半径为 5 米的圆，相距 3 米。 2. 两人一组，听到指令后一人快速跑出，另一人进行追逐，沿圆外侧进行围绕跑。 3. 在规定的时间内抓到对方。	1. 体会身体内倾的感觉与变化。 2. 提高灵敏性，变速跑。
	12	60 米追逐跑	1. 两人一组，一人站在 60 米起点，另一人站在 50 米起点。 2. 听到指令后全速启动向前奔跑。	全力加速追上对方。
	13	原地垫后背越式过杆	1. 背对站在跳高垫前，听到指令后快速向后起跳。 2. 双脚前脚掌蹬地，手臂向上摆动，空中伸展身体，上身过杆后快速收腹，腿部快速向上摆动，肩部先着垫。	1. 脚掌快速蹬地。 2. 双手同时摆动速度快。 3. 挺身充分，过杆后快速收腹。

续表

体能要素	序号	练习内容	练习方法	练习要求
心肺耐力	14	三步踏板背越式过杆	三步助跑踏板后快速向上蹬地，同时摆动腿快速上摆，手臂向上带动。	1. 起跳时前脚掌充分蹬地，手臂向上摆动。 2. 起跳后身体快速转动。
	15	圆圈弧线跑	1. 在两个半径为 10 米的圆上进行加速跑，控制重心，尽量发挥自己最大速度。 2. 跑步时身体保持内倾。	1. 克服离心力。 2. 尽量追上前面的人。
	16	弯道追逐跑	1. 一路纵队排开，听到指令后一人开始，跑过 10 米后下一人开始。 2. 加速快，保持跑步节奏。	1. 全力冲刺，从外侧超过前面人。 2. 身体内倾。
	17	30 米往返跑比赛	1. 相距 30 米放置两个标志物，听到指令后进行往返跑比赛。 2. 触到标识后快速返回，先完成的为胜利。	听到指令后加速快，手触到标识后返回。
	18	下坡跑	在有一定的坡度场地上，听到指令后进行快速跑。	身体不要前倾过大，控制好身体平衡。
	19	“8”字跑赛	1. 利用标志物摆放两个周长 8 米的圆，相距 3 米。 2. 两人一组，听到指令后快速进行绕圆外侧追逐跑。 3. 规定的时间内追上对方为胜。	1. 变向速度快。 2. 手触到对方即可。
肌肉力量（肢体力量和核心力量）、肌肉耐力	20	原地阻力带摆腿、摆臂	1. 每人一手扶支撑物，起跳腿原地支撑。 2. 摆动腿和摆动手拴阻力带大小腿折叠摆动。	1. 髋和大腿发力。 2. 用力摆动至膝盖高抬位置制动。 3. 摆动臂配合摆动提肩提腰。
	21	原地负重背越式起跳	1. 每人穿沙背心，自然站立在垫后。 2. 原地向后做背越式跳高动作。 3. 听到指令后前脚掌快速向上蹬地，手臂从头上向后摆动。	1. 双脚同时向后发力。 2. 起跳时注意手脚配合。

续表

体能要素	序号	练习内容	练习方法	练习要求
肌肉力量（肢体力量和核心力量）、肌肉耐力	22	负重二步跨越式跳高	穿沙背心，在起跳点后两步位置站好，两步起跳进行跨越式跳高。	起跳时起跳脚前脚掌快速向上蹬地。
	23	游戏：摸高	1. 在房顶下设置多个高 3 米左右的物体，使学生可以摘下。 2. 听到指令后在规定时间内，摘到最多的同学为胜。	1. 快速起跳。 2. 手臂与腿的协调配合。 3. 跳起时注意安全防止被撞倒。
	24	负重助跑摸高	1. 一路纵队排开，身穿沙背心。 2. 距离标志 10 米进行助跑摸高训练。 3. 每次触到后增加高度，到最大高度后停止。	1. 快速将向前的速度转化为向上的速度。 2. 摆臂迅速，降重心前脚掌蹬地。
	25	负重蛙跳	身穿沙背心进行连续蛙跳，双脚左右分开，屈膝半蹲连续向前跳跃，落地缓冲后继续跳跃。	1. 摆臂蹬地充分。 2. 连续完成跳跃。
	26	负重跨步跳	身穿沙背心，起跳腿前脚掌蹬地，摆动腿向前提膝，起跳腿蹬地后充分向后伸展，保持节奏稳定进行跨步跳练习。	1. 保持身体稳定，手脚配合。 2. 跳跃过程身体稳定摆臂充分。
	27	连续跳栏	1. 跨栏架摆放 6—8 个。 2. 练习者站立于栏架后连续向前跳越过栏架。	1. 手臂积极向前上摆动，带动身体。 2. 根据能力选择栏架高度。 3. 保证前脚掌起跳落地。
	28	连续侧身跳栏	1. 跨栏架摆放 6—8 个。 2. 练习者站立于栏架后侧身连续向栏架方向跳越过栏架。	1. 根据能力选择高度，节奏一致。 2. 身体保持稳定，注意不要踢到栏架受伤。
	29	沙坑起跳	在沙坑内进行连续起跳练习。	1. 沙坑内蹬地充分。 2. 向上摆臂充分。
	30	连续台阶跳比赛	多人进行连续台阶双脚跳比赛。	全程双脚起跳，根据能力选择每次跳越的台阶数。

续表

体能要素	序号	练习内容	练习方法	练习要求
肌肉力量（肢体力量和核心力量）、肌肉耐力	31	单足台阶跳接力	进行单足跳接力，第一个人左脚开始，跳上去跑下来，击掌接力，下一人右脚开始，直到循环结束。	单足跳注意上下肢协调发力，前脚掌蹬地发力。
	32	坐蹬	1. 在练习者的身体后方位置放置一个椅子。 2. 下蹲过程臀部触到椅子立刻向上蹬起，双脚快速向上蹬地。	1. 缓慢下蹲，触椅子后快速向上蹬地。 2. 手臂向上摆动快速，上下肢协调配合。
	33	双人俯撑击掌	1. 播放节奏感强的音乐。 2. 两人一组面对面俯撑于地下跟着音乐的节奏，左掌击对方右掌，坚持到音乐停止。	1. 保持核心收紧。 2. 击掌时看着对方，两人配合跟紧音乐的节奏。
	34	四人搭腿仰卧起	1. 四人一组，仰卧于垫上呈“十”字，直腿相互搭在一起。 2. 听老师口令进行仰卧起坐。	1. 四人节奏保持一致。 2. 手放在头两侧，腹部参与发力。
	35	音乐背起击掌	1. 播放有节奏音乐，训练的两人各俯卧垫上。 2. 两人面对面，俯卧垫时只有腹部以下着垫。 3. 在起身后两人进行左掌击右掌。	起身时进行发力，腰部肌肉收紧。
	36	俄罗斯转体传接药球	1. 三人一组，侧面相对成一横排。 2. 从第一人开始，利用俄罗斯转体动作接过药球。 3. 传给下一人，到第三人后传回。	双脚离地，保持身体稳定。
	37	平板爬行比赛	1. 平板支撑开始。 2. 向前进行 10 米的爬行，全程小臂与脚着地，身体保持水平。	1. 核心收紧，不弯腰，抬头向前看，腿不能落地。 2. 身体保持稳定，不晃。
	38	仰卧猜拳	1. 坐在地下，身体呈“V”形，屈膝。 2. 双脚并拢为拳，左右分开为布，上下分开为剪刀，进行猜拳游戏，输的一方做 5 个卷腹。	身体保持稳定，双脚始终离开地面，双手可以辅助放在地面。

续表

体能要素	序号	练习内容	练习方法	练习要求
肌肉力量（肢体力量和核心力量）、肌肉耐力	39	快速展腹跳	1. 向上摆臂，前脚掌蹬地向上跳，空中身体向后展，呈背弓状。 2. 落地缓冲后快速向上蹬地进行下一次训练。	1. 向上高跳，空中展腹充分。 2. 落地缓冲后积极起跳。
	40	快速收腹跳	1. 向上摆臂，前脚掌蹬地向上跳，空中身体收腹团身。 2. 落地缓冲后快速向上蹬地进行下一次训练。	收腹快，缓冲后快速蹬地。
	41	静止半蹲起	1. 将杠铃架在颈部，双手握杠铃，练习者最大杠铃重量。 2. 站立开始，向下半蹲后静止 3—5 秒脚掌发力快速向上蹬地呈直立。 3. 身体稳定后继续练习。	静止时身体保持稳定，向上蹬地迅速。
	42	负重上下台阶跳	身穿沙背心，连续上下跳跃台阶，两脚同时起跳。	1. 前脚掌发力，向下缓冲再继续向上跳，要有连贯性。 2. 上下肢协调用力。
	43	单足跳结合跳越过栏架	向前做单足跳，到达栏架时起跳腿充分向上蹬地，摆动腿充分摆动越过一定高度的栏架。	1. 起跳腿快速反作用力蹬地。 2. 蹬地后快速蹬伸。
	44	负重杠铃连续起跳	1. 将杠铃架在颈部，双手握住杠铃。 2. 脚掌发力连续向上做跳起。	落地缓冲稳定后加速向上蹬地，保持身体稳定。
	45	壶铃跳	双脚左右开立与肩同宽，双手提拉壶铃放在两腿之间，前脚掌向上蹬地快速连贯向上纵跳。	1. 上半身保持正直，前脚掌充分发力向上蹬地。 2. 落地时屈膝缓冲，稳定后再向上跳跃。
	46	弹力带摆臂摆腿	1. 每人两根弹力带，将一端固定住，另一端固定在摆动腿和摆动手臂上，各拉住弹力带。 2. 连续快速做原地摆动练习。	1. 抗阻练习注意技术正确。 2. 连续进行摆动练习。

续表

体能要素	序号	练习内容	练习方法	练习要求
肌肉力量（肢体力量和核心力量）、肌肉耐力	47	负重单足跳传递赛	1. 每人相距 15 米，听到指令后，第一人手持重物进行单足跳到下一人进行传递。 2. 每次单足跳跃统一着地脚，跳跃过程另一脚不能着地，最先完成者胜。	1. 连续向前跳跃，另一只脚不能着地。 2. 保持身体稳定，单脚蹬地充分，摆动腿协调发力。
	48	连续半蹲	1. 大重量，将杠铃架在颈部，双手握住杠铃。 2. 两脚自然开立，向下半蹲后快速向上站起，缓冲向下稳定后继续站起循环练习。	1. 身体保持稳定，向下蹲缓冲，速度不宜过快，向上蹬伸充分，快蹲快起。 2. 连续完成。
	49	负重弓步跳	1. 身穿沙背心，进行连续向上弓步跳。 2. 弓步时后腿膝盖接近地面，前脚全脚掌着地，后脚前脚掌着地，快速向上跳起换脚，落地稳定后再向上跳起。	1. 身体协调用力，手臂和腿配合发力。 2. 空中换脚速度快，落地时保持身体稳定，后腿膝盖不能触地。
	50	背人跑比赛	体重差距不大的两人一组，背人往返比赛，到达标志后换人背返回，先回来的为胜。	1. 在背人跑时腿微屈。 2. 控制好身体平衡，保持重心稳定。
	51	直腿跑比赛	身体保持正直，前脚掌着地，利用脚踝力量向前跑。	1. 保持身体稳定，不屈腿，后脚跟不着地。 2. 身体保持有弹性，有节奏。
	52	跳推杠铃	1. 两脚左右开立自然站立，双手持杠铃在胸前。 2. 跳起时双脚打开微屈膝缓冲，上推杠铃至手臂伸直后快速还原，还原后继续推杠。	1. 小重量，控制好杠铃。 2. 全力向前上推杠铃，动作连续，保持身体稳定。
速度	53	反复在杆前原地起跳摆臂	站在杆前，起跳脚快速蹬地，摆动腿积极上摆，手臂向上摆动，身体做原地转动。	1. 快速完成动作，摆动手与摆动腿协调配合，身体快速转动。 2. 向上摆臂，抬腿充分，保持身体稳定。
	54	反复在杆前做助跑起跳	1. 在距离横杆 5 米处站好，助跑起跳但不过杆，起跳时后脚跟快速过渡到前脚掌，摆动手迅速向上摆动。 2. 快速蹬地摆臂进行起跳。	1. 体会向前的力转化为向上的力，助跑后几步身体重心平稳。 2. 前脚掌快速向上蹬地，上下肢协调配合。

续表

体能要素	序号	练习内容	练习方法	练习要求
速度	55	弧线起跳	1. 在半径为 10 米的圆上，每人相距 3 米。 2. 听到指令后，在圆上进行跑弧线连续上步快速而有力的蹬摆起跳。	1. 速度不宜过快。 2. 体会摆腿用力蹬地后立即上收，小腿折叠，以髋带腿向前上方摆出。
	56	助跑起跳膝盖触球	1. 在起跳点处挂好标志球，距离起跳点 10 米处站好。 2. 听到指令后，一人进行加速，到达起跳点时，快速起跳后摆动腿向上膝关节触球。	1. 摆动腿位置准确。 2. 身体不要向前冲。
	57	转体放腿	1. 所有人在海绵包前侧向站立，然后起跳脚上一步做起跳状。 2. 不起跳，由两臂带动摆动腿向上摆，待转体背对横杆后摆腿积极下压，身体后倒落在海绵包上。	1. 两臂向上摆动快，摆动腿高抬。 2. 摆动腿积极下压，保持身体稳定。
	58	平躺挺髋	两脚站在地上，上体平躺于跳高垫上，屈膝手臂展开，腿部发力向上蹬，身体做连续挺髋收腹。	1. 挺髋时前脚掌充分蹬地，快速向上挺髋。 2. 反复练习体会髋部发力。
	59	两步踏板	站在距离踏板后两步位置，起跳脚踏板后前脚掌充分利用踏板反作用力蹬地起跳。	起跳时重心不要前移，踏板时充分向上蹬地，体会脚部作用力能量转化为向上作用力。
	60	腿负重一步起跳	1. 起跳腿绑上沙袋，进行一步起跳摆腿练习。 2. 摆动腿充分上蹬，同时配合摆臂。	身体从放松到紧张，提腿速度快。
	61	扶固定物摆腿	1. 手扶固定支撑物，摆动腿屈膝向异侧肩方向高摆。 2. 同时起跳腿充分蹬直。	最大速度摆动，支撑脚提踵不离地。
	62	起跳腿踏箱	放置高 40 厘米箱子，起跳腿踏箱，前脚掌快速向上蹬地，身体呈直立，单脚站在箱子上，完成后还原。	1. 踏箱后快速蹬伸，同时手臂向上摆动。 2. 摆动腿快速充分向上抬起。

续表

体能要素	序号	练习内容	练习方法	练习要求
速度	63	原地起跳接后滚翻	背向海绵垫站立，双脚向上蹬地，手臂从头上向后摆动，在身体着垫后快速进行后滚翻，中间没有停顿。	1. 起跳时双脚前脚掌快速蹬地，肩部着垫接后滚翻连贯完成。 2. 手臂快速摆动。
	64	三步起跳	在平坦的地面上，向前跑动，在倒数第二步摆动腿下压，重心降低，最后一步起跳时，起跳脚快速从后脚跟过渡到前脚掌，向上蹬地。	1. 重心前移。 2. 以髋部带动膝踝向前迈出。 3. 起跳时蹬地用力，摆动腿快速向上蹬地。
	65	20 米加速节奏跑	进行 20 米快速节奏加速跑。	1. 步频与步幅保持一致。 2. 充分摆臂，高抬大腿。
爆发力	66	助跑摸高	在距离篮筐 10 米处站好，快速向前跑，到达篮筐时单脚向上跳起，手臂向上伸展触篮筐。	1. 体会将向前的力转化为向上的力。 2. 起跳时蹬地充分，不要向前跳跃。
	67	负重上一步摆腿	1. 弹力带一端固定住，另一端拴在摆动腿上。 2. 起跳腿上一步，摆动腿大小腿折叠摆动，以髋和大腿发力，用力摆动至膝盖高抬到最高点位置时停止。	1. 起跳腿上步要小而快，顶髋制动。 2. 摆动臂配合摆动提肩提腰。
	68	上一步起跳触标志物	1. 固定好标志物高度，站在标志物后一步位置，起跳腿快速上步。 2. 起跳脚迅速蹬地跳起，同时摆动腿摆动向异侧肩的方向抬起。 3. 起跳后手触标志物。	1. 以髋和大腿发力。 2. 摆动臂配合摆动提肩提腰。
	69	三步助跑起跳提膝	向前做三步起跳，起跳后摆动腿膝关节尽力高抬。	1. 助跑节奏清晰（慢快快）。 2. 摆动腿高度尽量接近自身的肩高。
	70	上一步过杆	站在距离横杆一步位置，听到指令后起跳脚向前一步，快速向上蹬地跳起，摆动腿向异侧肩摆动，身体转动过杆。	1. 起跳上步要小而快。 2. 落地时注意收腿动作，不要用膝盖碰到面部，以免受伤。

续表

体能要素	序号	练习内容	练习方法	练习要求
爆发力	71	跪跳起	1. 在垫子上，呈跪姿，充分做预摆臂动作，上体配合做屈髋。 2. 在充分向上摆臂时，上体带动，脚踝发力，跳起。	1. 身体协调配合。 2. 靠反向下压后，充分向前上跳起。
	72	四肢负重展腹跳	1. 每人将小沙袋绑在四肢上。 2. 双脚左右开立，听到指令后进行原地向上跳起，在空中双手双脚向后，腹部向前挺，身体呈背弓状。 3. 落地缓冲后继续跳起，全程前脚掌蹬地跳起。	1. 向上跳起前脚掌充分蹬地，加快摆臂速度。 2. 落地缓冲后快速跳起。
	73	弧线助跑跳上垫子	1. 画出助跑路线，并设置标志点。 2. 面对垫子沿弧线助跑跳上垫子。	1. 匀速加速进入弧线后积极加速。 2. 弧线上应保持身体适当内倾。 3. 摆臂配合用力一致。
	74	弧线助跑起跳双手触高物	1. 在距离标志物 10 米处站好，做 5—7 步弧线助跑起跳。 2. 起跳时前脚掌充分蹬地，摆动腿向上摆动，双手触正上方吊球。	1. 助跑连贯，加速起跳，垂直向上。 2. 尽可能在快速助跑中完成起跳，身体充分向上腾起。
	75	摆动腿高摆	距离高跳箱 10 米处站好，沿弧线助跑 6—8 步起跳，起跳后摆动腿落在跳箱上。	1. 整个动作自然连贯，积极快速。 2. 蹬摆配合用力一致。
	76	弧线助跑头顶球	1. 在距离横杆 10 米处站好，做 5—7 步弧线助跑起跳。 2. 起跳时前脚掌蹬地，单脚起跳，腾起后身体边旋转边仰头顶球。	1. 起跳时充分蹬地向上，抬头顶球。 2. 手臂向上摆动速度快。
	77	原地踏板过杆	1. 每组一人背向海绵包站立，在踏板上蹬地起跳。 2. 顺势快速向后上方仰头倒肩挺髋，做出背弓越过横杆，背部继续下潜，顺势快速收腿，身体抱团，用肩背部落在海绵包上。	1. 蹬地充分，摆动腿快速向上，手臂向上摆动，全身协调发力。 2. 越过横杆下潜的同时，低头含胸，避免头、颈部落地。 3. 过杆后有后倒、背弓意识。

续表

体能要素	序号	练习内容	练习方法	练习要求
爆发力	78	摆动腿触高物	1. 站在标志物后 3—5 步位置，助跑起跳摆动腿触高物并沿纵轴转体 90—270 度，摆动腿用力内摆。	起跳时前脚掌蹬地，用力向上跳跃，摆腿速度快，增大摆动幅度。
	79	负重起跳	两手持杠铃架在后肩上，坐在垫子上一边，起跳腿高抬，快速起身，前摆踏跳。	髋关节发力，核心收紧，积极蹬摆。
	80	弹力带牵引起跳	弹力带一端固定，另一端弹力带拴在右腿，左腿做上步蹬地，右腿摆腿，摆臂跳起。	1. 大腿提拉充分。 2. 摆动手快速向上带动。
	81	助力纵跳	双手扶住围栏，双脚触地，然后迅速向上跳起。	向上起跳时手臂向上用力，加快蹬伸速度。
反应时	82	听令起跳	1. 背向海绵包站立，双脚蹬地起跳，顺势向后上方仰头倒肩与挺髋，做出背弓越过横杆。 2. 背部继续下潜，顺势甩小腿，用肩背部落在海绵包上。	1. 越过横杆下潜的同时，低头含胸，避免头、颈部落地。 2. 过杆后有后倒，肩触垫子，挺出背弓。
	83	侧身高抬腿接加速跑	1. 侧身进行高抬腿移动，大腿平行于地面，小腿垂直地面，始终保持侧向移动。 2. 当听到哨音时快速转体进行加速跑。	侧身高抬腿频率快，控制身体稳定，每次移动距离不宜过大，加速转体。
	84	连续后滚翻	1. 将小垫子拼成一个长 10 米的大垫子。 2. 一人蹲在垫子前背身对垫，连续向后翻滚，翻滚时肩部触垫后快速向后蹬腿，加快翻滚。	翻滚时收腹速度快，肩部着垫后马上收腿向后翻滚。
灵敏性	85	行进间摆腿	1. 在弯道上自然向前走动两步，起跳腿迅速迈步放脚支撑，摆动腿、手臂用力向上摆动。 2. 完成动作后继续向前行进。	向前连续完成动作，起跳脚蹬地充分，摆动腿积极送髋。
	86	弧线助跑起跳	1. 画好弧线后，沿弧线助跑。 2. 起跳脚沿切线放脚接起跳，摆动腿与手臂积极摆动，顺势向内转体 90 度，面对圆心，在腾空时髋部微微向前并保持一定的紧张落地。	起跳时摆动手与起跳腿协调配合。

续表

体能要素	序号	练习内容	练习方法	练习要求
灵敏性	87	直线走动中做放脚起跳	1. 沿直线助跑方向放脚，从脚跟外侧缘先着地，迅速滚动到全脚掌着地到脚掌前端的起跳动作。 2. 完成后继续向前做同样动作。	1. 肩和上体不要有意后仰。 2. 摆动腿脚跟要提起。 3. 完成动作后稍停一下。
	88	沿弧线跑 3—4 步起跳蹬摆配合	1. 以左脚为例，听到指令后，沿弧线助跑，跑动中左肩比右肩低，身体保持适度内倾。 2. 助跑 3—4 步时起跳，起跳时要充分向上跳起，依靠摆动腿摆动，使身体沿纵轴向上起跳腿一侧转体 90 度。	1. 蹬摆配合协调。 2. 体会用力顺序。
	89	跨矮栏节奏跑	1. 放置 6—8 个栏架，每个栏架之间距离要大于自身步幅距离。 2. 站在栏架后面，听到指令后，向前起跑进入栏架，连续进行跨越跑练习。	进入跨越跑后节奏保持一致，身体稳定。
	90	画线步点	1. 在平坦地面上，各自找出最适宜的助跑步点，画线，设置起跳点。 2. 听到指令后进行跑步点练习。	多做调整，找到最合适的快速跑步节奏。
	91	听节拍步点	1. 在平坦地面上，各自找出最适宜的助跑步点，画线，设置起跳点。 2. 按照播放的节拍进行跑步点练习。	节奏保持一致，发挥最大速度。
柔韧性	92	垫上送髋成桥	所有人仰卧在小垫子上，用双手抓住两个踝关节，听到指令后迅速向上做挺髋，肩部着垫。	垫上送髋挺身迅速，要高于肩。
	93	原地后倒挺髋	背对海绵包，听到指令后双脚蹬地，向后上方摆臂，顺势向后上方仰头，倒肩，挺髋，用肩背部落在海绵包上。	手臂快速后摆，后倒触垫后快速挺髋，增加背弓幅度。
	94	双人挺髋	两人一组练习同学背对辅助同学，头上反向拉手，跪姿展髋慢慢展体，过渡到站立展髋。	1. 先送髋后展体。 2. 两人配合好。

续表

体能要素	序号	练习内容	练习方法	练习要求
柔韧性	95	原地挺身展髋	原地挺身展髋，身体重心由高到低进行练习，开始做挺身展髋后停 3 秒，检查动作是否正确，还原后继续练习。	展体送髋充分。
	96	肋木或双杠挺身展髋	两脚开立与肩同宽，尽量靠近肋木，向前下方跪膝送髋成桥。	送髋充分。
	97	跳马挺身展髋	两脚开立同肩宽，向上蹬伸送髋展体向后引肩，下颌上顶，头后仰，两臂置于体侧。	展髋充分。
	98	原地起跳展体送髋	原地起跳时，两手触脚跟，下颌上顶头后仰。	1. 提肩拔腰充分向上。 2. 展体送髋充分。
	99	单臂支撑展髋	1. 臂和脚的支撑点尽量靠近，送髋后臀部要高于肩部。 2. 停留 2—3 秒。	展体送髋充分。
	100	双人压腿	两人均呈跨栏坐，分别用脚顶住同伴膝关节，两手拉住对方双手，一人后仰，使对方上体尽量前屈，持续数秒钟，两人进行交换。	最大限度进行拉伸，身体放松。
	101	弹板	两脚开立同肩宽站在弹板上，充分向上蹬起，肩背着垫落地。	不要倒体过早，以免影响送髋展体动作。
	102	鲤鱼打挺	1. 在海绵垫上，双手放在身体两侧，尽全力抬起双腿，此时腰部和背部为身体支撑点。 2. 双腿向下摆动，迅速摆下双腿，双脚着地位置尽量接近臀部，落地后快速成蹲姿。	动作连贯速度快。
	103	跪地挺髋	1. 单腿跪在垫子上，另一条腿立在身体正前方，膝盖弯曲，大腿平行于地面。 2. 背部挺直腹部肌肉用力收紧，将髋部缓缓朝前顶出。	1. 保持身体稳定性。 2. 反复练习。

续表

体能要素	序号	练习内容	练习方法	练习要求
柔韧性	104	悬垂挺腹	1. 双手拉住单杠身体悬垂。 2. 向前快速挺腹并稍停，还原到悬垂状态。	腰部发力，挺身速度快。
	105	悬垂转腰	1. 双手拉住单杠身体悬垂。 2. 连续扭转腰部，规定时间内完成。	最大限度转体。
平衡	106	节奏“十”字跳	1. 播放有节奏的音乐。 2. 跟随音乐的节奏，双腿微屈，双脚并拢，前—后—左—右进行“十”字跳练习。	1. 随音乐节奏的变化改变跳的速度。 2. 双腿始终保持微屈，上体摆动幅度小。
	107	倒退跑竞赛	1. 听到口令后，15 米倒退跑，重心稍向前倾，步幅不宜过大。 2. 前脚掌蹬地。	保持身体稳定，防止向后摔倒。
	108	双人快速跳绳	1. 一人手持绳，另一人站在身后，双手扶在前面人腰间。 2. 进行计时跳，规定的时间内越多越好。	节奏保持一致，同时进行跳绳，减少失误，尽量前脚掌着地。
	109	仰卧举腿左右摆	仰卧在地上，把脚抬起举到空中，和上体呈 90 度，左右摆动双腿，当双脚触到地面后立刻反向摆动。	双手和身体呈 45 度，张开放在地上，抬起时腿要伸直。
	110	双人对峙比赛	1. 双人面对面单脚站立，距离为双手伸直后正好可以触到对方。 2. 双手抬起进行推掌，脚下先移动的一方为输。	1. 站立时保持身体稳定，不晃。 2. 只能是手推手进行。
	111	往返单脚跳竞赛	1. 两端相距 10 米，从一段开始，左脚单脚着地向前跳，另一脚在空中协调摆动，到达一端后换脚跳回。 2. 摆臂与起跳配合。	1. 移动速度快，手臂与腿协调配合。 2. 速度最快者为胜。
	112	双人正面瑜伽球移动	1. 两人面对面站立，将瑜伽球放置在两人之间。 2. 重心下降，双手弯曲扶住瑜伽球，两人同时向一侧进行侧滑步。	1. 在滑步过程中保持身体高度并平稳移动。 2. 始终保持球在两人身体中间。

续表

体能要素	序号	练习内容	练习方法	练习要求
协调	113	原地摆腿摆臂	一手扶支撑物，起跳腿原地支撑，摆动腿大小腿折叠摆动。	1. 髋和大腿发力。 2. 用力摆动至膝盖高抬位置制动。 3. 摆动臂配合摆动提肩提腰。
	114	行进间摆腿	在弯道上自然走动两步，摆动腿积极蹬伸送髋，起跳腿迅速迈步放脚支撑，摆动腿、臂用力向上摆动。	摆动腿快速蹬伸、摆动，垂直向上。
	115	原地迈步放脚	听到指令后，从脚跟外侧缘先着地，迅速滚动到全脚掌着地到脚掌前端的起跳动作。	1. 肩和上体不要有意后仰。 2. 摆动腿足跟要提起。 3. 完成动作后稍停一下。
	116	背抛实心球比赛	背对投掷方向，双脚开立，双手持球头上，持球下摆，之后双脚迅速蹬地，双手持球向上向后快速摆动，在最高点抛出。	全身协调发力，身体反弓明显，出手快。
	117	听音乐进行助跑起跳	播放有节奏音乐，进行助跑起跳练习。	节奏保持一致。
	118	原地跳起成肩背倒立	背对海绵垫站立，两脚开立同肩宽，重心稍低，向上跳起，到一定高度积极挺胸展体送髋，向后引肩屈小腿呈屈腿挺身倒立状着垫。	充分用力跳起。
	119	交叉跑	在平坦地面上，侧身双手平举，侧身进行前后交叉步连续移动。	1. 保持身体稳定，前脚掌发力，转髋充分。 2. 每次交叉步上体保持直立，下肢进行旋转。

第三章
体操类运动

第一节　单杠

体操——单杠（男）模块 “技能＋专项体能”教学方案

课时	项目学习内容	体能要素	专项体能练习内容	练习方式
1	双足蹬地翻身上	四肢力量＋心肺耐力	1. 宽距俯卧撑 2. 单杠直臂悬垂 3. 3 分钟单摇跳绳 4. 5 分钟计时跑	1. 内容 1—3 分组轮换，内容 4 同步进行： 内容 1：15 个 / 组，间歇 40 秒，3 组。 内容 2：40 秒 / 组，间歇 20 秒，3 组。 内容 3：练习 2 组，间歇 1 分钟。 2. 教学环节实施建议： 基本部分后面。
2	后摆挺身下	四肢力量＋协调	1. 窄距俯卧撑 2. 立卧撑跳起转体 270 度 3. 立卧撑跳起转体 360 度	1. 同步进行： 内容 1：15 个 / 组，间歇 40 秒，练习 3 组。 内容 2—3：10 个 / 组，间歇 1 分钟，3 组。 2. 教学环节实施建议： 准备部分后程。
3	双足蹬地翻身上＋后摆挺身下	平衡＋心肺耐力	1. 平衡垫上燕式平衡 2. 平衡垫上蹬摆腿 3. 原地高抬腿 4. 穿越单杠追逐跑	1. 分组进行： 内容 1：5 秒 / 组，交换腿进行，间歇 20 秒，3 组。 内容 2：10 个 / 组，交换腿进行，间歇 30 秒，练习 3 组。 内容 3：40 秒 / 组，间歇 30 秒，3 组。 内容 4：练习 3 组，间歇 1 分钟。 2. 教学环节实施建议： 基本部分后面。

续表

课时	项目学习内容	体能要素	专项体能练习内容	练习方式
4	双足蹬地翻身上＋后摆挺身下挑战赛	四肢力量＋心肺耐力	1. 直臂悬垂小组锦标赛 2. 屈臂悬垂小组锦标赛 3. 行进间后蹬跑 4. 负重障碍跑接力	1. 分组进行： 内容 1—2：练习 2 组，间歇 1 分钟。 内容 3：往返 60 米 / 组，间歇 1 分钟，3 组。 内容 4：练习 3 组，间歇 90 秒。 2. 教学环节实施建议： 基本部分后面。
5	辅助支撑后回环	平衡＋协调	1. 平衡垫上哑铃上举 2. 平衡垫上哑铃扩胸 3. 平衡垫上负重蹲起 4. 侧摆腿摆臂跳	1. 分组轮换： 内容 1—3：15 个 / 组，间歇 1 分钟，3 组。 内容 4：12 次 / 组，间歇 1 分钟，3 组。 2. 教学环节实施建议： 基本部分后面。
6	支撑后回环	核心力量＋平衡	1.“V”字交叉腿 2. 双人屈腿挺髋 3. Bosu 球转体跳下 4. 平地跳上 Bosu 球	1. 分组进行： 内容 1—2：15 个 / 组，间歇 40 秒，3 组。 内容 3—4：10 次 / 组，间歇 40 秒，4 组。 2. 教学环节实施建议： 准备部分后程。
7	完整技术内容	协调＋速度	1. 异侧脚触手 2. 游戏：穿越人潮 3. 行进间后蹬跑 4. 行进间车轮跑	1. 同步进行： 内容 1：12 个 / 组，间歇 40 秒，3 组。 内容 2：练习 2 组，间歇 1 分钟。 内容 3—4：60 米往返 / 组，间歇 90 秒，4 组。 2. 教学环节实施建议： 基本部分后面。
8	完整内容技术个人挑战赛	平衡＋肌肉耐力	1. 单脚 Bosu 球站立俯身前触标志物 2. Bosu 球上踢腿 3. 连续跑台阶 4. 连续换腿跳平台	1. 分组进行： 内容 1—2：10 个 / 组，间歇 40 秒，3 组。 内容 3：3 分钟 / 组，间歇 1 分钟，3 组。 内容 4：30 个 / 组，间歇 1 分钟，练习 4 组。 2. 教学环节实施建议： 基本部分后面。
9	辅助骑撑转体 180 度	四肢力量＋协调	1. 引体向上（正握） 2. 引体向上（反握） 3. 站蹲撑立 4. 行进间单腿跳	1. 分组进行： 内容 1—2：8—10 个 / 组，间歇 1 分钟，3 组。 内容 3—4：12 次 / 组，间歇 1 分钟，4 组。 2. 教学环节实施建议： 基本部分后面。

续表

课时	项目学习内容	体能要素	专项体能练习内容	练习方式
10	骑撑转体180度	四肢力量+肌肉耐力	1. 负重单腿蹬摆 2. 负重双腿蹬摆 3. 连续半蹲跑 4. 连续蹲跳起	1. 同步进行： 内容1—2：12个/组，间歇1分钟，3组。 内容3：60米/组，间歇1分钟，4组。 内容4：15个/组，间歇40秒，4组。 2. 教学环节实施建议： 基本部分后面。
11	单个技术内容熟练运用	四肢力量+平衡	1. 击掌俯卧撑 2. 负重单足、双足蹬地翻身 3. 平衡垫上转体 4. 平衡垫上负重转体	1. 同步进行： 内容1—2：10个/组，间歇1分钟，3组。 内容3—4：10次/组，间歇40秒，4组。 2. 教学环节实施建议： 基本部分后面。
12	成套技术内容熟练运用	平衡+速度	1. 瑞士球弓箭步 2. 瑞士球平衡跪立 3. 连续弓箭步交换腿跳 4. 连续纵跳摸单杠	1. 分组轮换： 内容1—2：10个/组，间歇40秒，3组。 内容3—4：20次/组，间歇30秒，4组。 2. 教学环节实施建议： 基本部分后面。
13	小组创编组合内容	协调+肌肉耐力	1. 绳梯分合脚跳 2. 节奏感跑 3. 背人跑接力	1. 分组进行： 内容1：1个来回/组，间歇40秒，3组。 内容2：往返30米/组，间歇1分钟，4组。 内容3：练习3组，间歇1分钟。 2. 教学环节实施建议： 基本部分后面。
14	辅助单杠成套技术内容实战运用	四肢力量+心肺耐力	1. 负重上举 2. 负重侧举 3. 单杠悬垂摆动 4. 间歇跑	1. 分组进行： 内容1—2：15个/组，间歇40秒，3组。 内容3：10个/组，间歇50秒，3组。 内容4：300米/组，间歇90秒，2组。 2. 教学环节实施建议： 基本部分后面。
15	单杠成套技术内容实战运用	四肢力量+协调	1. 单杠支撑横向移行 2. 单杠支撑纵向移行 3. 全身波浪起 4. 身体不协调内容组合	1. 分组进行： 内容1—2：练习3组，间歇50秒。 内容3：10个/组，间歇30秒，3组。 内容4：练习4组，间歇30秒。 2. 教学环节实施建议： 准备部分后程。

续表

课时	项目学习内容	体能要素	专项体能练习内容	练习方式
16	小组单杠团体赛	四肢力量 + 平衡	1. Tabata 哑铃负重组合 2. 负重弓箭步交换腿跳 3. 瑞士球上单腿坐 4. 瑞士球上单腿蹲起	1. 分组轮换： 内容 1：练习 2 组，间歇 40 秒。 内容 2：12 个 / 组，间歇 1 分钟，3 组。 内容 3—4：10 次 / 组，间歇 30 秒，4 组。 2. 教学环节实施建议： 基本部分后面。
17	小组个人单杠选拔赛	核心力量 + 心肺耐力	1. 单杠悬垂举腿 2. 单臂俯撑控腹 3. Tabata 有氧综合 4. 间歇接力跑	1. 分组进行： 内容 1—2：12 个 / 组，间歇 40 秒，3 组。 内容 3：练习 2 组，间歇 30 秒。 内容 4：练习 3 组，间歇 1 分钟。 2. 教学环节实施建议： 基本部分后面。
18	班级个人单杠锦标赛	核心力量 + 心肺耐力	1. 俯撑登山跑 2. 双人踩单车 3. 屈腿仰卧两头起 4. 多人反复领先跑	1. 分组进行： 内容 1—3：15 个 / 组，间歇 40 秒，3 组。 内容 4：练习 3 组，间歇 1 分钟。 2. 教学环节实施建议： 基本部分后面。

体操——单杠（女）模块 “技能 + 专项体能”教学方案

课时	项目学习内容	体能要素	专项体能练习内容	练习方式
1	辅助跳上呈正撑—前翻下	四肢力量 + 速度	1. 单杠直臂悬垂 2. 单杠屈臂悬垂 3. 连续半蹲跑 4. 连续蹲跳起	1. 分组进行： 内容 1—2：30 秒 / 组，间歇 20 秒，3 组。 内容 3：60 米 / 组，间歇 1 分钟，4 组。 内容 4：15 个 / 组，间歇 40 秒，4 组。 2. 教学环节实施建议： 基本部分后面。
2	跳上呈正撑—前翻下	平衡 + 协调	1. 平衡垫上哑铃上举 2. 平衡垫上哑铃扩胸 3. 平衡垫上负重蹲起 4. 侧摆腿摆臂跳	1. 分组进行： 内容 1—3：15 个 / 组，间歇 1 分钟，3 组。 内容 4：12 次 / 组，间歇 1 分钟，3 组。 2. 教学环节实施建议： 准备部分后程。

续表

课时	项目学习内容	体能要素	专项体能练习内容	练习方式
3	辅助单足蹬地翻身上	四肢力量+速度	1. 负重摆腿 2. 单杠支撑横向移行 3. 单杠支撑纵向移行 4. 间歇跑	1. 分组轮换： 内容1：12个/组，间歇40秒，3组。 内容2—3：练习3组，间歇50秒。 内容4：300米/组，间歇90秒，2组。 2. 教学环节实施建议： 基本部分后面。
4	单足蹬地翻身上	协调+肌肉耐力	1. 绳梯分合脚跳 2. 节奏感跑 3. 背人跑接力	1. 分组进行： 内容1：1个来回/组，间歇40秒，3组。 内容2：往返30米/组，间歇1分钟，4组。 内容3：练习3组，间歇1分钟。 2. 教学环节实施建议： 基本部分后面。
5	辅助摆越呈骑撑	平衡+肌肉耐力	1. 瑞士球上单腿坐 2. 瑞士球上单腿蹲起 3. 连续跑台阶 4. 连续换腿跳平台	1. 分组进行： 内容1—2：10次/组，间歇30秒，4组。 内容3：3分钟/组，间歇1分钟，3组。 内容4：30个/组，间歇1分钟，4组。 2. 教学环节实施建议： 基本部分后面。
6	摆越呈骑撑	协调+速度	1. 全身波浪起 2. 身体不协调内容组合 3. 行进间后蹬跑 4. 行进间车轮跑	1. 分组进行： 内容1：10个/组，间歇30秒，3组。 内容2：练习4组，间歇30秒。 内容3—4：50米往返/组，间歇90秒，4组。 2. 教学环节实施建议： 基本部分后面。
7	单足蹬地翻身上——摆越呈骑撑挑战赛	四肢力量+平衡	1. Tabata哑铃负重组合 2. 负重弓箭步交换腿跳 3. 负重单足、双足蹬地翻身 4. 平地跳上Bosu球	1. 分组进行： 内容1：练习2组，间歇40秒。 内容2—3：12个/组，间歇1分钟，3组。 内容4：10个/组，间歇40秒，3组。 2. 教学环节实施建议： 基本部分后面。
8	辅助单挂膝摆动上	核心力量+心肺耐力	1. 单杠悬垂举腿 2. 单臂俯撑控腹 3. 3分钟单摇跳绳 4. 5分钟计时跑	1. 分组进行： 内容1—2：12个/组，间歇40秒，3组。 内容3—4：练习2组，间歇1分钟。 2. 教学环节实施建议： 基本部分后面。

续表

课时	项目学习内容	体能要素	专项体能练习内容	练习方式
9	单挂膝摆动上	四肢力量＋协调	1. 直臂悬垂小组锦标赛 2. 屈臂悬垂小组锦标赛 3. 异侧脚够手 4. 游戏：穿越人潮	1. 分组进行： 内容 1—2：练习 2 组，组间间歇 1 分钟。 内容 3：12 个 / 组，间歇 40 秒，3 组。 内容 4：练习 2 组，间歇 1 分钟。 2. 教学环节实施建议： 准备部分后程。
10	单挂膝摆动上挑战赛	平衡＋协调	1. 平衡垫上转体 2. 平衡垫上负重转体 3. 站蹲撑立 4. 行进间单腿跳	1. 分组进行： 内容 1—2：10 次 / 组，间歇 40 秒，4 组。 内容 3—4：10 次 / 组，间歇 1 分钟，4 组。 2. 教学环节实施建议： 准备部分后程。
11	单个技术动作	平衡＋肌肉耐力	1. 单脚 Bosu 球站立俯身前触标志物 2. Bosu 球上踢腿 3. 背人跑接力	1. 分组轮换： 内容 1—2：10 次 / 组，间歇 40 秒，4 组。 内容 3：练习 3 组，间歇 30 秒。 2. 教学环节实施建议： 基本部分后面。
12	单杠成套技术动作熟练运用	核心力量＋平衡	1. 俯撑登山跑 2. 双人踩单车 3. 屈腿仰卧两头起 4. 平衡垫上传接球	1. 分组轮换： 内容 1—3：12 个 / 组，间歇 40 秒，3 组。 内容 4：10 次 / 组，间歇 30 秒，3 组。 2. 教学环节实施建议： 准备部分后程。
13	单杠成套技术动作实战运用	四肢力量＋心肺耐力	1. 负重上举 2. 负重侧举 3. 连续高抬腿 4. 小组变速跑	1. 分组进行： 内容 1—2：15 个 / 组，间歇 40 秒，3 组。 内容 3：40 秒 / 组，间歇 30 秒，4 组。 内容 4：600 米 / 组，间歇 90 秒，2 组。 2. 教学环节实施建议： 基本部分后面。
14	小组创编组合技术动作	平衡＋心肺耐力	1. 平衡垫上弓箭步 2. 平衡垫上燕式平衡 3. Tabata 有氧综合 4. 间歇接力跑	1. 分组进行： 内容 1—2：10 次 / 组，间歇 40 秒，4 组。 内容 3：练习 2 组，间歇 30 秒。 内容 4：300 米间歇跑，间歇 90 秒，2 组。 2. 教学环节实施建议： 基本部分后面。
15	小组创编组合技术动作展示赛	四肢力量＋平衡	1. 宽距俯卧撑 2. 窄距俯卧撑 3. 两人推小车 4. 原地纵跳 180 度、360 度转体	1. 分组进行： 内容 1—2：10 个 / 组，间歇 40 秒，3 组。 内容 3：10 米往返 / 组，间歇 30 秒，3 组。 内容 4：练习 3 组，间歇 40 秒。 2. 教学环节实施建议： 准备部分后程。

续表

课时	项目学习内容	体能要素	专项体能练习内容	练习方式
16	小组单杠团体赛	平衡 + 协调	1. 瑞士球跪立 2. 瑞士球弓箭步 3. 瑞士球俯卧撑 4. 单双脚交替跳	1. 同步进行： 内容 1：10 秒 / 组，间歇 20 秒，3 组。 内容 2：6 个 / 组，交换腿进行，间歇 20 秒，3 组。 内容 3：6 个 / 组，间歇 30 秒，3 组。 内容 4：12 个 / 组，间歇 40 秒，3 组。 2. 教学环节实施建议： 准备部分后程。
17	小组个人单杠选拔赛	核心力量 + 心肺耐力	1. 负重蹬摆练习 2. 负重悬垂举腿 3. 蹲跳起 4. 法特莱克跑	1. 分组进行： 内容 1—3：12 个 / 组，间歇 40 秒，3 组。 内容 4：练习 2 组，间歇 1 分钟。 2. 教学环节实施建议： 基本部分后面。
18	班级个人单杠锦标赛	平衡 + 心肺耐力	1. 立卧撑跳起转体 270 度 2. 立卧撑跳起转体 360 度 3. 行进间后蹬跑 4. 莱格尔折返跑	1. 分组进行： 内容 1—2：10 次 / 组，间歇 20 秒，3 组。 内容 3：往返 50 米 / 组，间歇 40 秒，3 组。 内容 4：练习 2 组，间歇 90 秒。 2. 教学环节实施建议： 基本部分后面。

第二节　技巧

体操——技巧（男）模块　“技能 + 专项体能”教学方案

课时	项目学习内容	体能要素	专项体能练习内容	练习方式
1	辅助手倒立	四肢力量 + 心肺耐力	1. 高阶俯卧撑 2. 靠墙手倒立 3. 原地间歇高抬腿 4. 原地间歇车轮跑	1. 分组进行： 内容 1：10 个 / 组，间歇 1 分钟，3 组。 内容 2：50 秒 / 组，间歇 30 秒，3 组。 内容 3—4：50 秒 / 组，间歇 20 秒，3 组。 2. 教学环节实施建议： 基本部分后面。

续表

课时	项目学习内容	体能要素	专项体能练习内容	练习方式
2	手倒立	四肢力量＋心肺耐力	1. 挑战手倒立俯卧撑 2. 游戏：双人探戈 3. 计时重复跑	1. 分组进行： 内容 1：10 个 / 组，间歇 30 秒，3 组。 内容 2：30 米往返 / 组，间歇 1 分钟，3 组。 内容 3：5 分钟 / 组，1 组。 2. 教学环节实施建议： 基本部分后面。
3	辅助直腿后滚翻	四肢力量＋平衡	1. 挑战击掌俯卧撑 2. 负重前滚翻加后滚翻组合 3. 靠墙—离墙手倒立 4. 游戏：倒立石头剪刀布	1. 分组进行： 内容 1：10 个 / 组，间歇 1 分钟，2 组。 内容 2：6 个 / 组，间歇 30 秒，4 组。 内容 3：1 分钟 / 组，间歇 30 秒，3 组。 内容 4：30 秒 / 组，间歇 20 秒，3 组。 2. 教学环节实施建议： 基本部分后面。
4	直腿后滚翻	四肢力量＋灵敏性	1. 负重仰卧举腿 2. 两人仰卧举腿 3. 游戏：你追我赶	1. 分组进行： 内容 1—2：15 个 / 组，间歇 40 秒，3 组。 内容 3：练习 3 次，间歇 40 秒。 2. 教学环节实施建议： 基本部分后面。
5	辅助手倒立接前滚翻	四肢力量＋柔韧性	1. 负重跪跳起 2. 侧卧剪刀腿 3. 坐位体前屈 4. 站立体前屈	1. 同步进行： 内容 1—2：15 个 / 组，间歇 40 秒，3 组。 内容 3—4：练习 3 次，间歇 30 秒。 2. 教学环节实施建议： 准备部分后程。
6	手倒立接前滚翻	四肢力量＋平衡	1. 负重蹲跳起 2. 游戏：直腿后倒接力 3. 单腿支撑脚尖点地 4. 平衡垫跪坐平衡	1. 分组进行： 内容 1：12 个 / 组，间歇 1 分钟，3 组。 内容 2：练习 2 组，间歇 40 秒。 内容 3：10 次 / 组，练习 2 组后交换脚进行。 内容 4：30 秒 / 组，间歇 20 秒，3 组。 2. 教学环节实施建议： 准备部分后程。
7	侧手翻	核心力量＋灵敏性	1.“十”字交叉 2. 仰卧双腿夹瑞士球举腿 3.“十”字开合跳 4.“Z”形跑	1. 分组进行： 内容 1—2：10 个 / 组，间歇 40 秒，3 组。 内容 3：20 秒 / 组，间歇 40 秒，4 组。 内容 4：练习 3 次，间歇 40 秒。 2. 教学环节实施建议： 基本部分后面。

续表

课时	项目学习内容	体能要素	专项体能练习内容	练习方式
8	侧手翻熟练运用	平衡 + 心肺耐力	1. 游戏：人体拱桥 2. 莱格尔折返跑	1. 分组进行： 内容 1：练习 4 组，间歇 40 秒。 内容 2：练习 3 组，间歇 90 秒。 2. 教学环节实施建议： 基本部分后面。
9	侧手翻挑战赛	平衡 + 心肺耐力	1. 游戏：双人单腿支撑抛接球 2. 间歇跑	1. 同步进行： 内容 1：12 次 / 组，间歇 40 秒，3 组。 内容 2：300 米 / 组，间歇 90 秒，2 组。 2. 教学环节实施建议： 基本部分后面。
10	成套衔接技术内容熟练运用	四肢力量 + 灵敏性	1. 负重侧摆腿 2. 负重弓箭步交换腿跳 3. 游戏：六角球 21 分	1. 分组进行： 内容 1—2：15 个 / 组，间歇 1 分钟，3 组。 内容 3：练习 4 次，间歇 40 秒。 2. 教学环节实施建议： 基本部分后面。
11	单个技术内容熟练运用	四肢力量 + 心肺耐力	1. 负重肩肘倒立 2. 负重肩肘倒立接负重滚翻组合 3. 游戏：间歇接力跑	1. 分组进行： 内容 1—2：12 个 / 组，间歇 1 分钟，3 组。 内容 3：练习 4 次，间歇 90 秒。 2. 教学环节实施建议： 基本部分后面。
12	成套技术内容熟练运用	核心力量 + 平衡	1. 核心力量 Tabata 组合 2. 游戏：凌空飞射 3. 平衡垫单腿支撑平衡	1. 同步进行： 内容 1：练习 2 组，间歇 40 秒。 内容 2：练习 3 组，间歇 40 秒。 内容 3：30 秒 / 组，间歇 30 秒，4 组。 2. 教学环节实施建议： 基本部分后面。
13	小组创编组合技术内容	四肢力量 + 灵敏性	1. 宽距俯卧撑 2. 窄距俯卧撑 3. 平衡半球上俄罗斯回转 4. 游戏：同舟共济	1. 分组进行： 内容 1—3：12 个 / 组，间歇 40 秒，3 组。 内容 4：练习 3 次，间歇 1 分钟。 2. 教学环节实施建议： 基本部分后面。
14	技巧完整技术内容辅助熟练运用	平衡 + 心肺耐力	1. Bosu 球双人燕式平衡 2. Bosu 球双人深蹲击掌 3. 背人跑接力 4. 多人交替领先跑	1. 分组进行： 内容 1—2：15 个 / 组，间歇 40 秒，3 组。 内容 3—4：练习 2 组，间歇 90 秒。 2. 教学环节实施建议： 基本部分后面。

续表

课时	项目学习内容	体能要素	专项体能练习内容	练习方式
15	技巧完整技术内容熟练运用	平衡 + 心肺耐力	1. 负重燕式平衡 2. 单脚 Bosu 球站立抛接实心球 3. 高抬腿跑接加速跑 4. 行进间间歇车轮跑	1. 分组进行： 内容 1—2：12 次 / 组，间歇 1 分钟，3 组。 内容 3—4：练习 4 组，间歇 90 秒。 2. 教学环节实施建议： 基本部分后面。
16	小组技巧团体赛	核心力量 + 心肺耐力	1. 负重仰卧两头起 2. 双人转体击掌 3. 多人变速跑	1. 同步进行： 内容 1—2：15 个 / 组，间歇 1 分钟，3 组。 内容 3：练习 2 组，间歇 2 分钟。 2. 教学环节实施建议： 准备部分后程。
17	小组个人技巧选拔赛	灵敏性 + 心肺耐力	1. 绳梯步伐 2. 60 米前进、后退跑 3. 间歇后蹬跑 4. 反复变向跑	1. 分组进行： 内容 1—2：练习 3 次，间歇 1 分钟。 内容 3—4：练习 2 次，间歇 90 秒。 2. 教学环节实施建议： 基本部分后面。
18	班级个人技巧锦标赛	灵敏性 + 心肺耐力	1. 四角灵敏性练习 2. 游戏：荆轲刺秦 3. Tabata 有氧综合	1. 分组进行： 内容 1—2：练习 3 次，间歇 1 分钟。 内容 3：练习 2 组，间歇 90 秒。 2. 教学环节实施建议： 基本部分后面。

体操——技巧（女）模块 “技能 + 专项体能”教学方案

课时	项目学习内容	体能要素	专项体能练习内容	练习方式
1	辅助肩肘倒立	核心力量 + 心肺耐力	1. 仰卧两头起 2. 俯卧两头起 3. 负重肩肘倒立 4. 间歇接力跑	1. 分组进行： 内容 1—3：12 个 / 组，间歇 1 分钟，3 组。 内容 4：练习 4 次，间歇 90 秒。 2. 教学环节实施建议： 基本部分后面。

续表

课时	项目学习内容	体能要素	专项体能练习内容	练习方式
2	肩肘倒立	核心力量＋心肺耐力	1. 仰卧挺髋 2. 负重仰卧挺髋 3. 间歇后蹬跑 4. 反复变向跑	1. 同步进行： 内容 1—2：12 个 / 组，间歇 1 分钟，3 组。 内容 3—4：练习 2 次，间歇 90 秒。 2. 教学环节实施建议： 基本部分后面。
3	前滚翻	四肢力量＋柔韧性	1. 负重滚翻 2. 负重肩肘倒立接负重滚翻组合 3. 双人压肩	1. 分组进行： 内容 1—2：10 个 / 组，间歇 1 分钟，3 组。 内容 3：练习 4 组，间歇 40 秒。 2. 教学环节实施建议： 准备部分后程。
4	辅助单肩后滚翻呈单膝跪撑平衡	四肢力量＋平衡	1. 负重蹲跳起 2. 游戏：直腿后倒接力 3. 单腿支撑脚尖点地 4. 平衡垫跪坐平衡	1. 分组进行： 内容 1：12 个 / 组，间歇 1 分钟，3 组。 内容 2：练习 2 组，间歇 40 秒。 内容 3：10 次 / 组，练习 2 组后交换脚进行。 内容 4：30 秒 / 组，间歇 20 秒，3 组。 2. 教学环节实施建议： 准备部分后程。
5	单肩后滚翻呈单膝跪撑平衡	平衡＋心肺耐力	1. 游戏：双人单腿支撑抛接球 2. 莱格尔折返跑	1. 分组进行： 内容 1：练习 4 组，间歇 40 秒。 内容 2：练习 3 组，间歇 90 秒。 2. 教学环节实施建议： 基本部分后面。
6	单肩后滚翻呈单膝跪撑平衡展示赛	平衡＋灵敏性	1. 平衡垫跪坐平衡 2. 平衡垫单腿支撑平衡 3. “十”字开合跳 4. “Z”形跑	1. 分组进行： 内容 1—2：30 秒 / 组，间歇 20 秒，3 组。 内容 3：30 秒 / 组，间歇 40 秒，4 组。 内容 4：练习 3 次，间歇 40 秒。 2. 教学环节实施建议： 基本部分后面。
7	肩肘倒立—经单肩后滚翻呈单膝跪撑平衡	平衡＋灵敏性	1. Bosu 球双人燕式平衡 2. Bosu 球双人深蹲击掌 3. 游戏：疯狂追逐	1. 分组进行： 内容 1—2：15 个 / 组，间歇 40 秒，3 组。 内容 3：练习 3 次，间歇 90 秒。 2. 教学环节实施建议： 准备部分后程。

续表

课时	项目学习内容	体能要素	专项体能练习内容	练习方式
8	教学比赛：肩肘倒立——经单肩后滚翻呈单膝跪撑平衡	平衡 + 心肺耐力	1. 负重燕式平衡 2. 单脚 Bosu 球站立抛接实心球 3. 高抬腿跑接加速跑 4. 行进间间歇车轮跑	1. 分组轮换： 内容 1—2：12 次 / 组，间歇 1 分钟，3 组。 内容 3—4：练习 4 组，间歇 90 秒。 2. 教学环节实施建议： 基本部分后面。
9	辅助单膝跪撑，一腿上摆，呈蹲撑	四肢力量 + 灵敏性	1. 负重跪跳起 2. 侧卧剪刀腿 3. 游戏：荆轲刺秦	1. 分组进行： 内容 1—2：15 个 / 组，间歇 40 秒，3 组。 内容 3：练习 3 次，间歇 1 分钟。 2. 教学环节实施建议： 基本部分后面。
10	单膝跪撑，一腿上摆，呈蹲撑	四肢力量 + 心肺耐力	1. 宽距俯卧撑 2. 窄距俯卧撑 3. 间歇后蹬跑 4. 反复变向跑	1. 分组轮换： 内容 1—2：12 个 / 组，间歇 40 秒，3 组。 内容 3—4：练习 3 次，间歇 90 秒。 2. 教学环节实施建议： 基本部分后面。
11	成套技术内容辅助熟练运用	核心力量 + 平衡	1. 核心力量 Tabata 组合 2. 游戏：凌空飞射 3. 平衡垫单腿支撑平衡	1. 同步进行： 内容 1：练习 2 组，间歇 40 秒。 内容 2：练习 3 组，间歇 40 秒。 内容 3：30 秒 / 组，间歇 30 秒，4 组。 2. 教学环节实施建议： 准备部分后程。
12	成套技术内容熟练运用	平衡 + 灵敏性	1. 负重燕式平衡 2. 单脚 Bosu 球站立抛接实心球 3. 游戏：同舟共济	1. 同步进行： 内容 1—2：12 次 / 组，间歇 1 分钟，3 组。 内容 3：练习 2 次，间歇 1 分钟。 2. 教学环节实施建议： 基本部分后面。
13	成套技术内容个人展示赛	四肢力量 + 灵敏性	1. 负重侧摆腿 2. 负重弓箭步交换腿跳 3. 游戏：六角球 21 分	1. 分组进行： 内容 1—2：15 个 / 组，间歇 1 分钟，3 组。 内容 3：练习 4 次，间歇 40 秒。 2. 教学环节实施建议： 基本部分后面。
14	小组创编组合技术内容	四肢力量 + 心肺耐力	1. 哑铃上举 2. 哑铃侧举 3. 哑铃扩胸 4. 间歇跑	1. 分组轮换： 内容 1—3：10 个 / 组，间歇 20 秒，4 组。 内容 4：300 米 / 组，间歇 90 秒，2 组。 2. 教学环节实施建议： 基本部分后面。

续表

课时	项目学习内容	体能要素	专项体能练习内容	练习方式
15	技巧完整成套技术内容	灵敏性+心肺耐力	1. 绳梯步伐 2. 60米前进、后退跑 3. 间歇后蹬跑 4. 反复变向跑	1. 分组轮换： 内容1—2：练习3次，间歇50秒。 内容3—4：练习3次，间歇90秒。 2. 教学环节实施建议： 基本部分后面。
16	小组技巧团体赛	灵敏性+心肺耐力	1. 四角灵敏性练习 2. 游戏：荆轲刺秦 3. Tabata有氧综合	1. 分组进行： 内容1：练习4次，间歇1分钟。 内容2：练习2次，间歇1分钟。 内容3：练习2组，间歇90秒。 2. 教学环节实施建议： 基本部分后面。
17	小组个人技巧选拔赛	核心力量+心肺耐力	1. 负重仰卧两头起 2. 双人转体击掌 3. 多人变速跑	1. 分组进行： 内容1—2：15个/组，间歇1分钟，3组。 内容3：练习2组，间歇2分钟。 2. 教学环节实施建议： 基本部分后面。
18	班级个人技巧锦标赛	四肢力量+心肺耐力	1. 两人击掌俯卧撑 2. 哑铃蹲跳起 3. 反复加速跑 4. 多人反复赶超跑	1. 分组轮换： 内容1—2：12个/组，间歇40秒，3组。 内容3—4：练习3组，间歇90秒。 2. 教学环节实施建议： 基本部分后面。

第三节　支撑跳跃

体操——支撑跳跃（男）模块　“技能+专项体能”教学方案

课时	项目学习内容	体能要素	专项体能练习内容	练习方式
1	助跑踏跳	力量+心肺耐力	1. 两人推小车 2. 宽距俯卧撑 3. 仰卧两头起 4. 多人交替领先跑	1. 分组进行： 内容1：20米往返/组，间歇1分钟，3组。 内容2—3：15个/组，间歇1分钟，3组。 内容4：600米/组，间歇120秒，2组。 2. 教学环节实施建议： 基本部分后面。

续表

课时	项目学习内容	体能要素	专项体能练习内容	练习方式
2	助跑踏跳支撑提臀	力量＋柔韧性	1. 窄距俯卧撑 2. 游戏：两人直臂推掌 3. 分腿跳坐 4. 垫上压叉	1. 分组进行： 内容 1：15 个 / 组，间歇 1 分钟，3 组。 内容 2：20 米往返 / 组，间歇 1 分钟，3 组。 内容 3：10 个 / 组，间歇 1 分钟，3 组。 内容 4：40 秒 / 组，间歇 20 秒，3 组。 2. 教学环节实施建议： 准备部分后程。
3	分腿腾跃组合接力	平衡＋心肺耐力	1. 燕式平衡 2. 变式燕式平衡 3. 原地高抬腿 4. 1 分钟立卧撑	1. 同步进行： 内容 1—2：10 个 / 组，间歇 40 秒，3 组。 内容 3：40 秒 / 组，间歇 1 分钟，3 组。 内容 4：练习 3 组，间歇 90 秒。 2. 教学环节实施建议： 准备部分后程内容 1—2；基本部分后面内容 3—4。
4	辅助第一腾空技术	四肢力量＋平衡	1. 连续分腿跳 2. 负重提臀分腿 3. 平衡游戏：你来我往	1. 分组轮换： 内容 1—2：10 个 / 组，间歇 1 分钟，3 组。 内容 3：练习 3 组，间歇 40 秒。 2. 教学环节实施建议： 准备部分后程。
5	第一腾空技术	柔韧性＋心肺耐力	1. 垫上分腿下压 2. 空中“一字马” 3. 行进间车轮跑 4. 行进间后蹬跑	1. 分组进行： 内容 1—2：10 次 / 组，间歇 1 分钟，3 组。 内容 3—4：往返 60 米 / 组，间歇 90 秒，3 组。 2. 教学环节实施建议： 基本部分后面。
6	低层纵箱分腿腾越比赛	核心力量＋心肺耐力	1. 俯卧两头起 2. 双人卷腹 3. 挺身跳 4. 3 分钟单摇跳绳	1. 分组轮换： 内容 1—2：15 个 / 组，间歇 40 秒，3 组。 内容 3：10 个 / 组，间歇 1 分钟，3 组。 内容 4：练习 3 组，间歇 1 分钟。 2. 教学环节实施建议： 基本部分后面。
7	第二腾空技术	上肢＋核心力量	1. 游戏：你来我往 2. 分腿跳坐 3. 1 分钟立卧撑	1. 分组进行： 内容 1：练习 3 组，间歇 50 秒。 内容 2：10 个 / 组，间歇 1 分钟，3 组。 内容 3：练习 3 组，间歇 1 分钟。 2. 教学环节实施建议： 基本部分后面。

续表

课时	项目学习内容	体能要素	专项体能练习内容	练习方式
8	第二腾空及落地技术	四肢力量+柔韧性	1. 高阶俯卧撑 2. 跳箱负重分腿跳下 3. 负重挺身跳 4. 垫上压叉	1. 分组轮换： 内容1—3：10个/组，间歇50秒，3组。 内容4：40秒/组，间歇20秒，3组。 2. 教学环节实施建议： 基本部分后面。
9	纵箱分腿腾越	四肢力量+心肺耐力	1. 原地挺身跳 2. 屈体分腿跳 3. 交换腿跳台阶 4. 连续半蹲跑	1. 分组轮换： 内容1—2：10个/组，间歇1分钟，3组。 内容3：30个/组，间歇1分钟，3组。 内容4：往返30米/组，间歇1分钟，4组。 2. 教学环节实施建议： 基本部分后面。
10	辅助横箱屈腿腾越	核心力量+柔韧性	1. 双人脚踏风火轮 2. 双人平板支撑击掌 3. 弓步侧压腿 4. 弓步正压腿	1. 分组进行： 内容1—2：15个/组，间歇50秒，3组。 内容3—4：4×8拍/组，间歇20秒，3组。 2. 教学环节实施建议： 准备部分后程。
11	横箱屈腿腾越	四肢力量+心肺耐力	1. 负重屈腿腾跃 2. 小跳蛙 3. 5分钟计时跑	1. 分组进行： 内容1—2：12个/组，间歇1分钟，3组。 内容3：练习2组，间歇90秒。 2. 教学环节实施建议： 基本部分后面。
12	辅助侧腾跃	核心力量+柔韧性	1. 屈腿仰卧两头起 2. 游戏：翻越封锁线 3. 踢腿（前、侧、后） 4. 把杆上压腿（前、侧、后）	1. 分组进行： 内容1：15个/组，间歇40秒，3组。 内容2：练习3组，间歇1分钟。 内容3—4：15次/组，间歇30秒，4组。 2. 教学环节实施建议： 基本部分后面。
13	侧腾跃	核心力量+心肺耐力	1. Tabata核心力量组合 2. 游戏：移形换位 3. 反复加速跑	1. 分组进行： 内容1：练习2组，间歇40秒。 内容2：练习3组，间歇1分钟。 内容3：400米/组，间歇90秒，3组。 2. 教学环节实施建议： 基本部分后面。

续表

课时	项目学习内容	体能要素	专项体能练习内容	练习方式
14	小组屈腿腾跃及侧腾跃比赛	四肢力量 + 平衡	1. 负重提臀分腿 2. 游戏：翻越封锁线 3. 平衡垫上单脚独立 4. 平衡垫上抛接篮球	1. 分组进行： 内容 1：12 个 / 组，间歇 40 秒，3 组。 内容 2：练习 3 组，间歇 1 分钟。 内容 3—4：30 秒 / 组，间歇 1 分钟，4 组。 2. 教学环节实施建议： 基本部分后面。
15	完整纵箱分腿腾越	平衡 + 心肺耐力	1. 平衡垫上半蹲 2. 平衡垫上分腿跳下 3. 行进间车轮跑 4. 莱格尔折返跑	1. 分组进行： 内容 1—2：10 个 / 组，间歇 40 秒，3 组。 内容 3：60 米往返 / 组，间歇 1 分钟，3 组。 内容 4：练习 3 组，间歇 90 秒。 2. 教学环节实施建议： 基本部分后面。
16	纵箱分腿腾越小组赛	核心力量 + 柔韧性	1. 俯撑登山跑 2. 游戏：极速逃脱 3. 分腿下压 4. 盘坐压腿	1. 分组进行： 内容 1：15 个 / 组，间歇 40 秒，3 组。 内容 2：练习 3 组，间歇 1 分钟。 内容 3—4：40 秒 / 组，间歇 20 秒，4 组。 2. 教学环节实施建议： 基本部分后面。
17	横箱屈腿腾越小组赛	核心力量 + 平衡	1. 游戏：移形换位 2 游戏：海阔凭鱼跃 3. 瑞士球上单腿坐 4. 瑞士球上单腿蹲起	1. 分组进行： 内容 1—2：练习 2 组，间歇 1 分钟。 内容 3—4：10 个 / 组，间歇 30 秒，4 组。 2. 教学环节实施建议： 基本部分后面。
18	班级个人三种规定支撑跳跃内容锦标赛	平衡 + 心肺耐力	1. Bosu 球提踵 2. 分腿跳上 Bosu 球 3. Tabata 有氧综合	1. 分组轮换： 内容 1—2：10 个 / 组，间歇 30 秒，3 组。 内容 3：练习 2 组，间歇 40 秒。 2. 教学环节实施建议： 基本部分后面。

体操——支撑跳跃（女）模块 “技能 + 专项体能”教学方案

课时	项目学习内容	体能要素	专项体能练习内容	练习方式
1	助跑踏跳	四肢力量 + 心肺耐力	1. 宽距俯卧撑 2. 两人推小车 3. 游戏：两人直臂推掌 4. 多人反复赶超跑	1. 分组进行： 内容 1：12 个 / 组，间歇 40 秒，3 组。 内容 2：15 米往返 / 组，间歇 1 分钟，3 组。 内容 3—4：练习 4 组，间歇 60 秒。 2. 教学环节实施建议： 准备部分后程内容 1—2；基本部分后面内容 3—4。
2	连续越过山羊、三层跳箱接力比赛	四肢力量 + 平衡	1. 小跳蛙 2. 游戏：翻越封锁线 3. 瑞士球上单腿坐 4. 瑞士球上单腿蹲起	1. 分组进行： 内容 1：10 个 / 组，间歇 40 秒，3 组。 内容 2：练习 2 组，间歇 1 分钟。 内容 3—4：10 个 / 组，间歇 40 秒，4 组。 2. 教学环节实施建议： 准备部分后程。
3	助跑踏跳、支撑、侧摆腿	四肢力量 + 柔韧性	1. 游戏：高空追逐 2. 负重侧摆腿 3. 踢腿（前、侧、后） 4. 把杆上压腿（前、侧、后）	1. 分组进行： 内容 1：练习 3 组，间歇 40 秒。 内容 2—4：12 个 / 组，间歇 40 秒，4 组。 2. 教学环节实施建议： 准备部分后程。
4	山羊侧腾越及横箱分腿腾越组合接力赛	平衡 + 心肺耐力	1. 燕式平衡 2. 变式燕式平衡 3. 原地高抬腿 4. 1 分钟立卧撑	1. 同步进行： 内容 1—2：10 个 / 组，间歇 40 秒，3 组。 内容 3：40 秒 / 组，间歇 1 分钟，3 组。 内容 4：练习 3 组，间歇 90 秒。 2. 教学环节实施建议： 准备部分后程内容 1—2；基本部分后面内容 3—4。
5	助跑踏跳、支撑	四肢力量 + 平衡	1. 靠墙手倒立 2. 游戏：翻越封锁线 3. Bosu 球提踵 4. 分腿跳上 Bosu 球	1. 分组进行： 内容 1：40 秒 / 组，间歇 40 秒，3 组。 内容 2：40 秒 / 组，间歇 1 分钟，2 组。 内容 3—4：10 个 / 组，间歇 30 秒，3 组。 2. 教学环节实施建议： 准备部分后程内容 1—2；基本部分后面内容 3—4。

续表

课时	项目学习内容	体能要素	专项体能练习内容	练习方式
6	侧摆腾空、落地	平衡＋心肺耐力	1. 平衡垫上半蹲 2. 平衡垫上分腿跳下 3. 行进间车轮跑 4. 莱格尔折返跑	1. 分组进行： 内容 1—2：10 个 / 组，间歇 40 秒，3 组。 内容 3：60 米往返 / 组，间歇 1 分钟，3 组。 内容 4：练习 3 组，间歇 90 秒。 2. 教学环节实施建议： 准备部分后程内容 1—2；基本部分后面内容 3—4。
7	低层横箱侧腾越比赛	四肢力量＋柔韧性	1. 哑铃上举、扩胸 2. 负重挺身跳 3. 游戏：跑酷运动 4. 垫上压叉	1. 分组进行： 内容 1—2：10 个 / 组，间歇 40 秒，3 组。 内容 3：练习 2 组，间歇 1 分钟。 内容 4：40 秒 / 组，间歇 30 秒，4 组。 2. 教学环节实施建议： 基本部分后面。
8	侧摆腾空、落地	平衡＋心肺耐力	1. 平衡垫上单脚独立 2. 平衡垫上抛接篮球 3. 交换腿跳台阶 4. 连续半蹲跑	1. 分组进行： 内容 1—2：10 个 / 组，间歇 40 秒，3 组。 内容 3：20 个 / 组，间歇 1 分钟，3 组。 内容 4：往返 20 米 / 组，间歇 90 秒，4 组。 2. 教学环节实施建议： 准备部分后程内容 1—2；基本部分后面内容 3—4。
9	侧腾越	四肢力量＋心肺耐力	1. 负重支撑提臀 2. 负重侧摆腿 3. 行进间车轮跑 4. 行进间后蹬跑	1. 分组进行： 内容 1—2：12 个 / 组，间歇 1 分钟，3 组。 内容 3—4：往返 50 米 / 组，间歇 90 秒，4 组。 2. 教学环节实施建议： 基本部分后面。
10	辅助横箱屈腿腾越	四肢力量＋平衡	1. 负重屈腿腾跃 2. 游戏：过独木桥 3. 平衡游戏：你来我往	1. 分组进行： 内容 1：10 个 / 组，间歇 40 秒，3 组。 内容 2—3：练习 2 组，间歇 1 分钟。 2. 教学环节实施建议： 基本部分后面。
11	横箱屈腿腾越	平衡＋柔韧性	1. 原地纵跳 180 度转体 2. 原地纵跳 360 度转体 3. 分腿下压 4. 跨栏步压腿	分组进行： 内容 1—2：8 个 / 组，练习 3—4 组，组间间歇 1 分钟。 内容 3—4：40 秒 / 组，练习 2—3 组，组间间歇 30 秒。

续表

课时	项目学习内容	体能要素	专项体能练习内容	练习方式
12	辅助低层纵箱分腿腾越	四肢力量+心肺耐力	1. 原地分腿跳 2. 负重分腿跳 3. 反复变向跑 4. HIIT 间歇训练	1. 分组进行： 内容 1—2：8 个 / 组，间歇 50 秒，3 组。 内容 3：2 分钟 / 组，间歇 1 分钟，3 组。 内容 4：练习 2 组，间歇 40 秒。 2. 教学环节实施建议： 基本部分后面。
13	低层纵箱分腿腾越	核心力量+柔韧性	1. 俯撑登山跑 2. 游戏：极速逃脱 3. 分腿下压 4. 盘坐压腿	1. 同步进行： 内容 1：15 个 / 组，间歇 40 秒，3 组。 内容 2：练习 3 组，间歇 1 分钟。 内容 3—4：40 秒 / 组，间歇 20 秒，4 组。 2. 教学环节实施建议： 准备部分后程。
14	侧腾跃、屈腿腾跃、分腿腾跃组合接力赛	核心力量+平衡	1. 瑞士球俯卧撑 2. 瑞士球顶髋 3. 瑞士球弓箭步 4. 瑞士球平衡跪立	1. 分组轮换： 内容 1—3：10 个 / 组，间歇 40 秒，3 组。 内容 4：30 秒 / 组，间歇 30 秒，4 组。 2. 教学环节实施建议： 基本部分后面。
15	进阶侧腾跃、屈腿腾跃、分腿腾跃组合接力赛	平衡+心肺耐力	1. Bosu 球双人燕式平衡 2. Bosu 球双人深蹲击掌 3. 40 秒连续高抬腿 4. Tabata 有氧综合	1. 分组轮换： 内容 1—2：10 个 / 组，间歇 40 秒，3 组。 内容 3：40 秒 / 组，间歇 1 分钟，3 组。 内容 4：练习 2 组，间歇 30 秒。 2. 教学环节实施建议： 基本部分后面。
16	纵箱分腿腾越小组赛	平衡+柔韧性	1. 平衡垫上负重深蹲起 2. 平衡垫上转体 3. 弓步侧压腿 4. 弓步正压腿	1. 分组轮换： 内容 1—2：10 个 / 组，间歇 1 分钟，3 组。 内容 3—4：4×8 拍 / 组，间歇 30 秒，4 组。 2. 教学环节实施建议： 准备部分后程。
17	横箱屈腿腾越小组赛	四肢力量+心肺耐力	1. 挺身跳 2. 游戏：移形换位 3. 高抬腿跑接加速跑 4. 行进间间歇车轮跑	1. 分组进行： 内容 1：10 个 / 组，间歇 40 秒，3 组。 内容 2：练习 2 组，间歇 1 分钟。 内容 3—4：往返 50 米 / 组，间歇 1 分钟，2 组。 2. 教学环节实施建议： 准备部分后程。
18	班级个人三种规定支撑跳跃内容锦标赛	四肢力量+心肺耐力	1. 收腹跳 2. 弓箭步交换腿跳 3. 4 分钟计时跑	1. 分组进行： 内容 1—2：10 个 / 组，间歇 1 分钟，3 组。 内容 3：4 分钟 / 组，间歇 90 秒，2 组。 2. 教学环节实施建议： 基本部分后面。

体操模块　专项体能处方资源库

体能要素	序号	练习内容	练习方法	练习要求
心肺耐力	1	1 分钟立卧撑	由直立姿势开始，下蹲两手撑地，腿伸直呈俯撑，然后收腿呈蹲撑，还原成直立，连续练习 1 分钟。	1. 核心收紧，不塌腰。 2. 动作不间断。
	2	3 分钟单摇跳绳	采用单摇跳绳方法，可以双脚起跳，也可以两脚交换起跳完成，连续跳 3 分钟。	1. 手脚配合协调，前脚掌起跳。 2. 中等速度，不间断。
	3	连续跑台阶	1. 连续跑 50—60 级台阶。 2. 采用高抬腿跑步动作。	1. 动作不间断，中速完成。 2. 返回时，向下走尽量放松。
	4	连续半蹲跑	呈半蹲姿势（大小腿呈 100 度角左右），向前跑进 50—70 米。	1. 中等速度跑完。 2. 步行返回时尽量放松。
	5	原地间歇高抬腿	1. 上体正直或稍前倾，两臂前后摆动。 2. 大腿积极向前上摆到水平，稍带动同侧髋部向前，大小腿尽量折叠，脚跟接近臀部，连续做 2 分钟，间歇 3 分钟，继续下一组。	1. 动作规范。 2. 中等速度完成。
	6	连续换腿跳平台	平台高度 30—45 厘米，单脚放在平台上，另一脚在地上支撑，两脚交替跳上平台各 30—50 次。	两臂协调配合，上体正直。
	7	重复爬坡跑	在 15—20 度的斜坡上进行上坡跑，距离 100 米左右，重复跑，间歇 3—5 分钟。	1. 动作规范，中速跑完。 2. 走回来时尽量放松。
	8	原地间歇车轮跑	原地做车轮跑，每组 50—70 次，每组间歇 2—4 分钟，也可扶支撑物完成练习。	大腿高抬，动作幅度大。
	9	重复跑	1000 米，采用中长跑动作，重复 2—3 次。	1. 呼吸节奏：2—3 步一呼、一吸。 2. 动作协调，中等速度完成。
	10	计时重复跑	采用中长跑动作进行 5 分钟持续跑步练习，重复 2—3 次。	1. 呼吸节奏：2—3 步一呼、一吸。 2. 动作协调，中等速度完成。

续表

体能要素	序号	练习内容	练习方法	练习要求
心肺耐力	11	连续纵跳摸单杠	在高度合适的单杠底下站立，连续助跑起跳双手触摸单杠横杠，每组做 30 次。	1. 助跑起跳衔接良好。 2. 尽量每次摸到横杠。
	12	游戏：5 分钟“8”字跳绳比赛	小组为单位进行“8”字跳绳，持续 5 分钟	1. 起跳时机合理，节奏把握好。 2. 衔接紧密，减少失误。
	13	游戏：背人跑接力	1. 两人一组，背人跑 100 米，折返时换人。 2. 以小组为单位进行接力赛。	1. 选择合适的伙伴。 2. 遵守比赛规则。
	14	多人交替领先跑	1. 一路纵队慢跑，队尾迅速从右边加速超越至最前方。 2. 超越完成后减速，新的队尾再完成超越。	1. 只能从右边超越。 2. 加速尽快完成超越。
	15	游戏：两人追逐跑	1. 跑道上两人一组相距 10—20 米（根据水平不同）。 2. 听口令后起跑，后面人追赶前面人，300 米内追上有效，下一次交换位置。	1. 反应迅速，加速快。 2. 全力以赴。
	16	游戏：间歇接力跑	跑道上，四人成两组，相距 200 米站立，听口令起跑，每人跑 200 米交接棒，每人重复 4—6 次。	1. 交接棒流畅。 2. 速度要快。
	17	高抬腿跑、后踢腿跑、开合跳、弓箭步交换腿跳——Tabata 有氧综合	1. 在音乐伴奏下，练习 20 秒，休息 10 秒。 2. 一共 4 个动作：高抬腿跑、后踢腿跑、开合跳、弓箭步交换腿跳，每个动作重复做 2 次。	1. 动作规范。 2. 跟随音乐节奏完成。
	18	反复加速跑	跑道上加速跑 100 米，跑完后放松走回，再继续跑，反复跑 8—10 次。	以最快速度完成每组加速跑。
	19	多人反复赶超跑	在跑道上，8 人左右成纵队中等速度跑，听口令后排尾加速跑至排头，每人重复循环 6—8 次。	1. 从队伍右侧加速超越。 2. 加速一定要快，6 秒内完成超越。

续表

体能要素	序号	练习内容	练习方法	练习要求
心肺耐力	20	高抬腿跑接加速跑	行进间高抬腿跑 20 米转加速跑 80 米，重复 5—8 次。	高抬腿动作标准，接加速要快。
	21	行进间间歇车轮跑	行进间做车轮跑 100 米，间歇 2—3 分钟，重复练习。	动作规范，中等以上速度完成 100 米。
	22	间歇后蹬跑	行进间做后蹬跑 60—80 米，间歇 2—3 分钟，重复练习。	动作规范，较快速度完成。
	23	反复变向跑	在操场上听口令或看信号做向前、后、左、右的变向跑 30 米再折返回到起点，准备下一次出发，每次进行 2 分钟，重复 3—4 组。	1. 反应要快。 2. 一定要触摸到终点标志桶后，再折返。
	24	综合跑	在跑道上，做向前跑、倒退跑及左右滑步跑，每种方式跑 50 米，每次跑 200 米，重复 3—5 组。	1. 速度要快。 2. 每次跑完都要回到起点。
	25	多人变速跑	小组为单位，进行 600—800 米变速跑，跑 2—3 次。	1. 弯道冲刺跑，直道慢跑，下一组交换。 2. 注意弯道和直道跑动作的切换。
	26	多人间歇跑	小组为单位，进行 300 米间歇跑，每组最后一名完成的时间不低于 80 秒，否则该组重跑一次。	团队协调配合。
	27	法特莱克跑	用不同的速度跑 1000 米，可以采用阶梯式变速方法，如 50 米快、100 米慢、100 米快、150 米慢渐加速等。	1. 快跑和慢跑分布合理。 2. 要有明显的节奏变化。
	28	HIIT 间歇训练	4 分钟时间，跟随音乐做 4 个动作，分别是高抬腿、开合跳、俯卧撑、深蹲跳起，每个动作重复做 2 次。	1. 动作规范。 2. 跟随音乐节奏完成。
	29	莱格尔折返跑	在音乐的节奏下进行 20 米往返跑，由慢到快重复跑。	跟随音乐节奏进行奔跑。

续表

体能要素	序号	练习内容	练习方法	练习要求
肌肉力量（肢体力量和核心力量）、肌肉耐力	30	单杠直臂悬垂	1. 两手打开，比肩稍宽正握杠。 2. 直臂悬垂，保持静止。	1. 动作规范。 2. 每组坚持到力竭。
	31	单杠屈臂悬垂	1. 两手打开，比肩稍宽正握杠。 2. 屈臂悬垂，大小臂呈 90 度角，身体保持静止。	1. 动作规范。 2. 尽量坚持最长时间。
	32	小组直臂悬垂、屈臂悬垂锦标赛	以小组为单位进行，计算每个小组直臂、屈臂悬垂的总时间，以秒为单位，最后决出小组冠军。	1. 各组成员全力以赴。 2. 遵守比赛规则。
	33	引体向上（正握）	1. 正握单杠，略宽于肩，手臂自然下垂伸直。 2. 用肩背部力量将身体往上拉起，当下颌超过单杠时，身体下垂还原，重复练习。	1. 往下还原时手臂充分伸直。 2. 允许摆动完成。
	34	引体向上（反握）	反握单杠，方法同上。	动作规范、到位。
	35	小组单杠引体向上（正握、反握）锦标赛	以小组为单位进行，计算每个小组引体向上（正握、反握）的总个数，最后决出小组冠军。	1. 各组成员全力以赴。 2. 遵守比赛规则。
	36	双杠臂屈伸	1. 杠端双手握杠，屈膝两脚保持腾空，腰背挺直。 2. 以肩为轴，手臂做屈伸运动。	1. 握紧双杠，保持稳定。 2. 尽量做到屈臂 90 度，可以独立完成，也可以在同伴帮助下完成练习。
	37	双杠支撑连续摆动	双杠上直臂支撑，以肩为轴做摆动，前摆两腿要摆出杠面水平，两腿并拢、伸展。	1. 可以在保护帮助下进行。 2. 直臂顶肩，注意安全。
	38	双杠支撑前进	双杠上直臂支撑，两臂交替前移，两臂各前移 5—6 次再折返。	直臂顶肩，注意安全。
	39	单杠悬垂摆体	双手握单杠呈悬垂，做向前向后的悬垂摆体，摆动时身体保持直立，逐渐加大摆动幅度，每组做 15—20 次。	1. 双手紧握单杠。 2. 地面有体操垫保护措施。 3. 注意安全。

续表

体能要素	序号	练习内容	练习方法	练习要求
肌肉力量（肢体力量和核心力量）、肌肉耐力	40	负重侧举	分腿直立，手握哑铃做直臂外展呈侧平举，保持2—3秒，重复练习。	1. 躯干保持正直。 2. 直臂快起慢下。
	41	负重上举	分腿直立，手握哑铃从侧面上举至头顶呈直臂且垂直于地面，举保持2—3秒，重复练习。	1. 躯干保持正直。 2. 快起慢下。
	42	负重直臂扩胸	分腿直立，手握哑铃呈前平举动作，向两侧做直臂扩胸运动，再回到前平举，重复练习。	1. 躯干保持正直。 2 手臂不能弯曲。
	43	哑铃侧举、哑铃上举、哑铃前平举、哑铃直臂扩胸——Tabata 哑铃负重组合动作	在音乐伴奏下，练习20秒，休息10秒，一共4个动作：哑铃侧举、哑铃上举、哑铃前平举、哑铃直臂扩胸，每个动作重复做2次。	1. 动作规范。 2. 跟随音乐节奏完成。
	44	宽距（窄距）俯卧撑	双臂垂直于地面，两腿向身体后方伸展，依靠双手和两个脚的脚尖保持平衡，保持头、后背、臀部以及双腿在一条直线上，平起平落。	1. 尽量做到胸部贴地。 2. 收腹、直膝、抬头。
	45	两人击掌俯卧撑	两人俯撑，头对头，做一次俯卧撑，同侧或异侧手互相击掌一次。	1. 动作规范。 2. 配合默契。
	46	靠墙手倒立	直立，两臂前上举，上体前屈，两手向前撑地，一脚蹬地，另一腿后摆，当摆动腿至墙面时，两脚并拢呈靠墙手倒立，并坚持1—2分钟。	1. 匀速摆腿，控制好平衡。 2. 立腰夹臀，两手撑紧。
	47	游戏：两人推小车	练习者直臂顶肩支撑，帮助者握住其双脚脚踝一同前行。	1. 练习者身体保持呈一条直线，不能松懈。 2. 直臂顶肩。

续表

体能要素	序号	练习内容	练习方法	练习要求
肌肉力量（肢体力量和核心力量）、肌肉耐力	48	半蹲静力	躯干伸直，屈膝约 90 度，呈半蹲姿势后静止 30 秒至 1 分钟，反复练习。	1. 保持核心稳定。 2. 膝关节尽量不超过脚尖。
	49	游戏：两人负重深蹲起	两人一组，帮助者手握单杠悬垂，练习者半蹲，帮助者坐于练习者肩膀，练习者做深蹲起练习。	1. 练习者腰背部挺直，匀速做深蹲起。 2. 两人交换进行，注意安全。
	50	单腿半蹲	一条腿站立，另一条腿向前抬起，伸直或略微弯曲，双手向胸前伸出，弯曲髋部和支撑腿的膝盖，直到膝关节几乎弯曲呈约 120 度，做半蹲起。	腰背部挺直，尽量保持平衡。
	51	游戏：两人单腿半蹲	两人一组，手拉手，一条腿站立，另一条腿向前抬起，伸直或略微弯曲，双手向胸前伸出，弯曲髋部和支撑腿的膝盖，直到膝关节几乎弯曲呈约 120 度，两人同时做半蹲起。	1. 腰背部挺直，尽量保持平衡。 2. 两人协调配合。
	52	游戏：两人单腿深蹲	两人一组，练习者一条腿站立，另一条腿向前抬起，伸直或略微弯曲，双手向胸前伸出，弯曲髋部和支撑腿的膝盖，直到膝关节几乎弯曲呈约 90 度，帮助者握住练习者的双手帮助其保持平衡，给予一定助力，帮助练习者完成深蹲起。	1. 核心收紧，匀速慢起。 2. 两人交换进行。
	53	蹲小跳	深蹲，两手放背后，腰背部挺直，前脚掌着地，小步幅向前跳出 20 米，再折返。	1. 跳跃过程中保持低重心。 2. 小步幅，中速前进。
	54	原地纵跳	直立，屈膝半蹲，前脚掌迅速蹬地，同时两手臂向前上方摆动，向上跳起，小腿伸直，落地缓冲。	1. 全力，跳到最高处。 2. 落地屈膝缓冲。
	55	弓箭步交换腿跳	两脚前后开立呈弓箭步，用力蹬地起跳，然后两腿在空中交换，落地时，变换成另一腿在前的弓箭步。	1. 背部保持挺直。 2. 中速完成。

续表

体能要素	序号	练习内容	练习方法	练习要求
肌肉力量（肢体力量和核心力量）、肌肉耐力	56	负重弓箭步交换腿跳	手持哑铃，直立，两脚前后开立呈弓箭步，用力蹬地起跳，然后两腿在空中交换，落地时，变换成另一腿在前的弓箭步。	1. 腰背部挺直。 2. 落地要稳，控制好平衡。
	57	游戏：背人跑	两人一组，互相背着跑 30 米往返。	1. 选择合适的同伴。 2. 中速完成。
	58	游戏：多人拉手单脚跳	小组成员呈一列横队站立，互相手拉手，单脚跳 30 米，折返时换脚进行。	1. 手拉手不能松开。 2. 配合默契。 3. 最后一名到达终点才算完成。
	59	游戏：多人拉手蹲小跳（侧向）	小组成员手拉手呈一个圆，深蹲，同时向左侧或者右侧蹲小跳，连续跳 3—4 圈。	1. 手拉手不能松开。 2. 配合默契。 3. 跳跃过程中保持低重心。
	60	深蹲起、弓箭步交换腿跳、纵跳、深蹲跳起——Tabata 下肢力量组合	在音乐伴奏下，练习 20 秒，休息 10 秒，一共 4 个动作：深蹲起、弓箭步交换腿跳、纵跳、深蹲跳起，每个动作重复做 2 次。	1. 动作规范。 2. 跟随音乐节奏完成。
	61	单杠悬垂举腿	1. 直臂悬垂于单杠上，腰背挺直。 2. 两脚并拢，匀速向上举腿至 90 度。	1. 动作规范。 2. 快起慢下，控制好平衡。
	62	双杠收腹举腿静力	在双杠上做收腹举腿至躯干与大腿呈直角时，保持静止，静止时间由 30 秒开始，逐渐增加。	1. 动作规范。 2. 坚持到力竭。
	63	俄罗斯转体	坐姿，手交叉，提膝，脚离地，空中回转，左肘部接触右膝，右肘部接触左膝，反复练习。	练习过程中，一直保持脚面离地。
	64	仰卧举腿	仰卧，手放到背后，头稍微离地，腿、脚踝伸直，脚跟离地约 15 厘米，缓慢将腿提高，与地面约 90 度，保持 2 秒后，将腿放下，重复练习。	1. 匀速完成。 2. 放下时脚不能落地。

续表

体能要素	序号	练习内容	练习方法	练习要求
肌肉力量（肢体力量和核心力量）、肌肉耐力	65	平板支撑	俯卧，双肘弯曲支撑在地面上，肩膀和肘关节垂直于地面，脚尖撑地，躯干伸直，头部、肩部、臀部和踝部保持在同一平面，腹肌收紧，保持均匀呼吸。	1. 收紧腹部，身体保持一条直线。 2. 做到力竭为止。
	66	动态臀桥	仰卧，手放两侧，头稍微离地，举腿至 90 度，稍屈膝，提臀顶髋，腿伸直，脚尖往上提，反复练习。	1. 匀速完成。 2. 保持平衡。
	67	侧桥	以右侧为例，右侧卧，右肘支地，左手叉腰，躯干与腿在一个平面，左腿叠加在右腿上，提高髋部，保持身体平直，坚持 30—60 秒，反复练习。	1. 核心收紧不塌腰，身体保持一条直线。 2. 左右两侧交换练习。 3. 每组做到力竭为止。
	68	臀桥	仰卧，双腿屈曲略宽于肩，脚跟着地，将臀部抬起至大腿与身体呈一条直线，提臀顶髋至最高点，静力保持。	1. 核心收紧。 2. 臀部始终离开地面。
	69	俯撑登山跑	1. 俯撑，身体呈一条直线。 2. 右脚蹬地向胸前迈出，左腿同时用力在空中互相变换位置，落地后右腿向后蹬伸，左腿向胸前迈出并屈膝，依次循环练习。	1. 腰背部挺直，核心收紧。 2. 动作幅度尽量大。
	70	直腿仰卧两头起	1. 仰卧，腿伸直。 2. 抬起双臂并向前伸出，肩部也随之离开地面，同时双腿向上抬起，双手触摸小腿，停留 1—2 秒，然后向下还原到起始姿势。	1. 核心收紧。 2. 两腿始终伸直。 3. 手脚协调配合。
	71	屈腿仰卧两头起	1. 仰卧，双手交叉置于胸前。 2. 收缩腹部，双腿和头部同时向腹部靠拢，用力收缩，在双腿和头部靠得最近时停留 1 秒，然后向下还原到起始姿势。	1. 核心收紧。 2. 快起慢落。
	72	俯卧两头起	俯卧于垫上，腰背部肌肉收缩，腹部支撑，手臂和两脚匀速抬起，持续 2—3 秒，落下，反复练习。	1. 匀速练习，不能过快。 2. 头部不后仰，跟随上身同时抬起。

续表

体能要素	序号	练习内容	练习方法	练习要求
肌肉力量（肢体力量和核心力量）、肌肉耐力	73	双人卷腹	1. 两人一组，仰卧，两脚锁紧，双手置于头后，保持不动。 2. 用力收腹抬起上身，两人击掌一次，再往下，循环练习。	1. 快起慢下。 2. 协调配合。
	74	双人脚踏风火轮	1. 两人一组，坐垫上，两手撑地，两脚并拢，腿伸直，保持离地 20 厘米，臀部着地。 2. 两人同时收腹抬腿，脚对脚做蹬自行车的动作。	1. 核心收紧。 2. 脚不落地。 3. 协调配合。
	75	双人平板支撑击掌	1. 两人一组，头对头，距离 30—40 厘米，做平板支撑。 2. 两人同时伸出同侧手或异侧手，互相击掌，循环练习。	1. 核心收紧。 2. 身体始终保持一条直线。 3. 协调配合。
	76	双人平板支撑击掌	1. 在音乐伴奏下，练习 20 秒，休息 10 秒。 2. 一共 4 个动作：伏地登山跑、平板支撑、直腿仰卧两头起、俯卧两头起，每个动作重复做 2 次，两人一组，面面相对，距离 30—40 厘米，做平板支撑。	1. 动作规范。 2. 紧跟音乐节奏。
速度	77	负重摆臂	1. 手持哑铃，前后站立，稍前倾。 2. 以肩为轴，前后摆臂，肘关节保持 90 度角，前摆不露肘，后摆不露手。	1. 保持躯干稳定。 2. 速度由慢加快。
	78	弹力带上肢阻力	直立，手持阻力合适的短款弹力带，分别做扩胸、双臂提拉、小臂屈伸、外展等练习。	1. 腰背部挺直。 2. 快拉起，慢收回。
	79	壶铃摆动	1. 双手持壶铃，使壶铃处于双腿之间，上体及髋部前倾，背部保持平直。 2. 直立，手持阻力合适的短款弹力带摆动壶铃，直至与胸部同高。 3. 手臂保持直立，向后摆动壶铃，然后利用爆发力向前伸直，充满爆发力地伸展髋、膝、踝。	1. 腰背部挺直。 2. 全身协调用力快拉起。

续表

体能要素	序号	练习内容	练习方法	练习要求
速度	80	双臂壶铃划船	1. 直立，双脚与髋同宽，双膝微屈。上体自髋部前倾，背部保持平直，双膝保持弯曲。 2. 双手各手持一个壶铃，对握，手臂伸直下垂（与地面垂直）。 3. 使双肘保持靠近身体，向上拉动壶铃，在动作顶点，感受肩胛骨相互挤压。	1. 腰背部挺直。 2. 匀速拉起、返回。
	81	壶铃推举	1. 双手握住把手两侧，手肘尽量内收，将壶铃放在胸前。 2. 抬头挺胸，两肩控制力量把壶铃往上送超过头顶，再慢慢落下，收回到胸前。	保持快速肩推、慢速落下的节奏。
	82	壶铃俯卧撑	1. 身体呈俯卧撑起始姿势，双手握住壶铃把手。 2. 慢慢下落身体，快触到壶铃为止，然后撑起身体，还原到初始位置。	1. 握紧壶铃。 2. 俯卧撑速度要快。
	83	壶铃硬拉	1. 膝盖微弯、两手伸直握住壶铃、躯干前倾，腰背挺直。 2. 髋部用力往前送，回到正常站立位置，再用髋部后推，回到硬拉预备姿势。	1. 核心收紧。 2. 匀速完成。
	84	角力游戏	1. 两人一组分别站在横线后。 2. 双方握手推拉，迫使对方失去平衡，如有一方有一只脚离地，就算失败，两手交换进行。	1. 全身用力。 2. 保持平衡。
	85	单杠—快速蹬摆腿	两手正握低单杠，两脚前后站立，拉杠，同时，一脚蹬地，一脚摆腿练习。	1. 蹬摆时腹部贴杠。 2. 速度由慢逐渐加快。
	86	双杠—加速支撑摆动	直臂顶肩，两手握杠，脚并拢，做支撑摆动练习，速度由慢加快，反复练习。	1. 在保护帮助下进行。 2. 前摆出杠面，控制好后摆幅度。

续表

体能要素	序号	练习内容	练习方法	练习要求
速度	87	低双杠—快速前摆、后摆下	直臂顶肩，两手握杠，脚并拢，支撑摆动过杠面后，迅速前摆、后摆挺身下，反复练习。	1. 在保护帮助下进行。 2. 落地屈膝缓冲。
	88	不同距离的直线冲刺跑	平地上进行 30—60 米的快速冲刺跑。	蹬地充分、步频快，摆臂协调配合。
	89	跑的专项练习：小步跑、后蹬跑、高抬腿跑	以小步跑为例：身体稍前倾，大腿抬起与水平线呈 35—45 度角，膝关节放松，然后大腿下压小腿顺下压的惯性前伸，并很快以前脚掌积极着地，脚趾完成最后“扒地”动作。	动作规范，频率尽可能快。
	90	原地快慢、变速高抬腿	原地上进行正常节奏的高抬腿练习，加快速度坚持 10 秒，再放慢速度坚持 10 秒，反复练习。	1. 要求上身竖直或稍前倾，大腿抬平，前脚掌着地。 2. 要有明显的节奏变化。
	91	弹力带阻力跑	两人一组，帮助者用弹力带拉住练习者的腰部，练习者做加速跑动作，克服阻力完成 50 米加速跑。	1. 弹力带始终拉紧，不能松。 2. 两人交换进行。
	92	连续跳过小栏架	分别用双脚、单脚，从正面、侧面依次跳过一排小栏架。	1. 起跳速度要快，落地即跳起。 2. 不碰倒小栏架。
	93	上坡跑、下坡跑	10—15 度、30 米左右的坡道进行快速的上坡、下坡跑。	1. 上坡跑时减小步幅、加快步频。 2. 下坡跑时加大步幅、保持稳定。
	94	反复跑	反复练习 10 米冲刺跑、30 米加速跑、60 米途中跑，以最快速度完成。	以最快速度完成。
	95	负重深蹲跳	手持哑铃，直立两脚与肩同宽，腰背挺直，屈膝深蹲跳起，落地缓冲，连续做 20 次。	1. 动作规范，尽可能跳得更高。 2. 膝关节尽量不超过脚尖。
爆发力	96	坐姿摆臂	坐在垫上，两腿伸直在前面，手臂在两侧呈 90 度角，摆动双臂，手在身体的前面向上摆到大约与肩同高，并在身体后面经过臀部，快速摆臂 20 秒。	1. 以肩为轴。 2. 较快速度完成。

续表

体能要素	序号	练习内容	练习方法	练习要求
爆发力	97	反蹲臂屈伸	1. 先放一张凳子或者横杆在背后，抓住凳子的边缘，双手与肩同宽，脚后跟着地，弯曲肘部，臀部腾空。 2. 手臂屈伸，向上撑起身体，再往下回到起始位置，连续练习12次。	1. 腰背部挺直。 2. 快起慢下。
	98	俯身划船	1. 双脚开立与肩同宽，略微弯曲双膝，上身前倾，头部向上抬起，背部保持挺直，双手持哑铃自然下垂。 2. 将上臂拉起使肘关节超过背部，连续做20次。	
	99	击掌俯卧撑	俯撑，屈肘，用爆发力用力推地，使身体在地面的反作用力下腾空，在最高点击掌，回落后，屈肘缓冲，完成6—7次。	1. 速度要快。 2. 把握好击掌时机。
	100	快速推举哑铃	坐在凳子上，举臂连续上推举哑铃或者杠铃片，可依据练习者个人的力量逐步增加重量。	推举到直臂。
	101	仰卧推举杠铃	仰卧躺在凳子上，上背部支撑体重，双脚着地，连续上推杠铃。	1. 保护下进行。 2. 较快速度完成。
	102	小重量杠铃高翻	1. 半蹲，挺胸抬头，从地面拉起杠铃。 2. 杠铃超过膝盖时，开始爆发性地向上提拉杠铃。稍做停顿，利用硬拉产生向上的惯性，将杠铃拉起到胸部高度，迅速翻转前臂，同时屈髋关节、膝关节，降低重心，将杠铃杆架在肩上锁骨位置。	1. 保持背部挺直，腹部收紧。杠铃向上翻起要快。 2. 选择合适的重量、避免受伤。
	103	蹲跳起	1. 双脚左右开立，脚尖平行，屈膝向下深蹲或半蹲，两臂自然后摆。 2. 两腿迅速蹬伸，使髋、膝、踝三个关节充分伸直，同时两臂迅速有力向前上摆。 3. 最后用脚尖蹬离地面向上跳起，落地时用前脚掌着地屈膝缓冲，接着再跳起。	1. 腰背部挺直。 2. 膝关节尽量不超过脚尖。

续表

体能要素	序号	练习内容	练习方法	练习要求
爆发力	104	收腹跳	1. 两脚打开与肩同宽，原地起跳。 2. 跳起后在上半身往前同时收腹，两腿往上方抬起，落地后下蹲缓冲，完成 12 次。	1. 动作要快。 2. 大腿上抬至胸腹部。
	105	连续跳直立小体操垫	1. 将小体操垫直立，摆成一路纵队，间隔 1.5 米左右。 2. 用双脚起跳，连续跳过每一个体操垫，落地马上弹跳起，连续跳 12 次。	1. 速度要快，摆臂协调配合。 2. 大腿屈膝高抬。
	106	连续跳深	站在 60—80 厘米高的台阶或跳箱上双脚向下跳，落地后迅速接着向上跳上 30—50 厘米高的台阶或跳箱上，连续跳 10—15 次。	动作连贯，越快越好。
	107	负重连续轻跳	肩负杠铃杆等轻器械做连续原地轻跳或提踵练习，每组 20—30 次。	1. 腰背挺直。 2. 起跳要快。
	108	连续跳推举	原地蹲立，双手握杠铃杆，提铃至胸后，连续做跳推举杠铃杆，每组 20—30 次。	1. 动作连贯，速度快。 2. 腰背挺直，核心收紧。
	109	单脚跳台阶	面对 10—15 厘米的台阶，前脚掌用力蹬地，单腿起跳，跳上台阶后，马上单脚跳下来，连续跳 15 次。	1. 控制好平衡，注意安全。 2. 两脚交换进行。
	110	高抬腿、半高抬腿	1. 上身挺直或稍前倾，前脚掌蹬地，快速抬腿。 2. 高频计时，连续做 10 秒。	高抬腿，大腿与地面平行，半高抬腿，大腿与地面呈 45 度。
反应时	111	背向高抬腿接转身加速跑	1. 背对跑进方向做快速高抬腿练习。 2. 听到信号后，迅速转身加速跑 20 米。	集中注意力，加速跑要快。
	112	游戏：眼疾手快（手抓体操棒）	两腿直立，两手把体操棒竖立垂直上抛，当体操棒下落到胸前位置快速去抓握。	把握好抓握的时机。

续表

体能要素	序号	练习内容	练习方法	练习要求
反应时	113	游戏：大扫荡（反应起跳）	1. 练习者围圈面向圈内站立，持竿者站在圆心手持长竹竿，将竹竿逆时针或顺时针扫过练习者脚下，竿经过谁脚下立即起跳，不让竿碰到脚。 2. 被竹竿触及者要做相应的素质练习并换做持竿者继续练习，持竿者可突变画圈方向。	1. 集中注意力，反应快。 2. 遵守规则。
	114	反应突变	1. 把各种步法编上序号如 1 为左滑步、2 为右滑步、3 为左上步、4 为右上步、5 为向左交叉步、6 为向右交叉步。 2. 练习者听到喊号后快速反应做出相应步法。	反应快，步法准确无误。
	115	游戏：换位扶棒	1. 两人相距 2 米面对面站立，一人手扶住竖立的体操棒。 2. 听到信号后，快速跑步与同伴交换位置并尽快扶住棒，体操棒倒下算失败。	集中注意力，启动加速快。
	116	游戏：转体扶体操棒	用手扶住体操棒，然后松手转身击掌再扶住体操棒使其不倒。	强调转体，速度要快，不要求跳得高。
	117	游戏：跳动猜拳	两人相对 1 米，一边喊“剪刀、石头、布”，一边用脚纵跳 2 次后用脚做出相对应的动作，输的去追赢的，赢的转身跑过 15 米的边线，看能否追上。	遵守游戏规则，在 15 米以内追上有效。
	118	“米”字形跑	1. 用 8 个标志桶分别在不同方向摆成一个“米”字形，中心点到各点距离是 10 米。 2. 从“米”字形中心出发，听声音信号或者手势快速冲刺各个标志桶，到每个标志桶之后马上后转身返回中间点，准备下一次冲刺跑。	1. 反应快。 2. 加速快。
灵敏性	119	“十”字开合跳	1. 前脚掌着地，手臂协调配合。 2. 向前后左右 4 个方向移动。	1. 动作协调自然。 2. 频率尽可能快。

续表

体能要素	序号	练习内容	练习方法	练习要求
灵敏性	120	多方向移动速度训练	1. 按照规定路线前进。 2. 绕标志桶时反应快。	1. 速度要快。 2. 保持正确跑步姿势。 3. 不漏绕标志桶。
	121	绳梯步伐	1. 前脚掌着地，手臂协调配合。 2. 按规定动作完成练习。	1. 频率尽可能快。 2. 不踩踏绳梯。 3. 反应迅速。
	122	穿越单杠、双杠的追逐跑	1. 两人一组，你追我赶。 2. 绕障碍物时躲闪及时。	1. 手碰触伙伴，即抓到，换位进行。 2. 注意安全。
	123	游戏：贴人	1. 前后两人一组，组成一个圆，间隔两臂距离。 2. 被追逐者往前方贴，被贴后，最后面的人成了被追逐对象，抓到后互换。	1. 手碰触伙伴，即抓到。 2. 多贴人，少遛人。
	124	四角灵敏性练习	1. 4 个标点组成一个 5 米正方形。 2. 练习者在场地中间，听声音或者看手势迅速跑向所指示的标点，然后迅速返回中间位置。	1. 一组练习 1 分钟，3—4 组，组间间歇 2—3 分钟。 2. 移动速度要快。
	125	游戏：荆轲刺秦	小组为单位进行，1 人为荆轲，其余 5—6 人手拉手围成一个圈，其中选定 1 人为秦王。游戏开始，荆轲通过跑动抓秦王，其他人手拉手围成圈移动保护秦王。在 20 秒时间内看能否抓到秦王。不能通过穿越、钻人缝的方式去抓。	1. 遵守游戏规则。 2. 20 秒时间到，交换人进行。
	126	“Y”形跑	1. 4 个标志桶标上序号摆成“Y”字形，中间标志桶到其他点的距离是 10 米。 2. 跑动路线是：1—2—1—2—3—2—2—1，要绕过每一个标志桶，采用冲刺跑进行练习。	1. 按照规定路线前进。 2. 加速快、减速明显。

续表

体能要素	序号	练习内容	练习方法	练习要求
灵敏性	127	内布拉斯加跑	1. 6个标志桶摆成前后2个10米的等边三角形，其中2个三角形的各个顶点也距离10米，且都在一条直线上。 2. 给每个标志桶按顺序分别标上ABCDEF的顺序。沿着A—B—C—D—E—F—A的路线进行快速冲刺；规定B—C路线做面向外侧的横向滑步，C—D路线做面向内侧的横向滑步，D—E路线做后退跑，E—F—A路线做折线加速跑。	要求按规定路线和步法前进，不能触碰标志桶。
	128	60米前进、后退跑	1. 按照直线摆放3个标志桶，分别标上1、2、3的序号。 2. 每个桶间隔10米，从中间的2号标志桶出发，快速跑到1号标志桶，向后绕行一圈，再后退跑回起点，再冲刺到3号标志桶，以此类推。	冲刺要快，后退跑大腿高抬，大步幅。
	129	正方形追逐跑	1. 4个标志桶摆成15米的正方形，每个标志桶旁站1名练习者。 2. 听哨声4人同时顺时针跑向下一个标志桶，减速摸桶，进行横向滑步移动至下一个标志桶，以此类推。	1. 加速、减速节奏要清晰。 2. 跑步和滑步区分清楚。
	130	“Z”形跑	1. 4个标志桶摆成一个“Z”字形，分别标上序号，每个点相距都是10米。 2. 练习者从①加速冲刺到②，再变向加速冲刺到③，最后变向加速冲刺到④。	1. 按照规定线路跑动。 2. 冲刺要快。
柔韧性	131	跨栏步压腿	1. 坐垫上，一腿向前伸直并勾脚尖，另一腿向后折叠，脚靠近臀部，两腿之间的角度为90度或稍大。 2. 手臂前伸，用力往前下方压腿。	1. 前腿保持伸直状态。 2. 下压力度逐渐加大。
	132	弓步侧压腿	1. 一腿弯曲，另一腿勾脚尖伸直，蹲下，重心在弯曲的腿上。 2. 保持躯干挺直，用力向直腿的反方向往下压腿。	1. 一侧腿保持直腿，勾脚尖。 2. 下压力度逐渐加大。

续表

体能要素	序号	练习内容	练习方法	练习要求
柔韧性	133	弓步正压腿	向前迈一大步，前腿弓后腿绷直，前脚掌全掌着地，上身挺直，双手叉腰，头部向前方看，用力向下压。	用力下压，躯干挺直。
	134	垫上压叉（纵叉和横叉）	在体操垫上，独立完成纵叉和横叉练习。	腰背挺直，下压到最远端。
	135	PNF 牵拉	1. 静态拉伸目标肌肉，约 10 秒。 2. 让目标肌肉做等长收缩，约 6 秒。 3. 再次做静态伸展，同时收缩拮抗肌，约 30 秒。	两人一组，配合完成。
	136	踢腿（前、侧、后）	挺胸抬头，身体挺直，腿伸直脚尖勾起来，以髋为轴，向前（侧、后）用力踢腿，支撑腿也要伸直。	1. 踢到最高处。 2. 12—15 次一组，完成 3—4 组。
	137	把杆上压腿（前、侧、后）	一只脚搭在把杆上，另一脚撑地保持平衡，躯干向前（侧、后）压腿。	1. 尽可能下压至最远端。 2. 保持 1 分钟左右。 3. 完成 3—4 组。
	138	分腿跳坐	在低跳箱或较高的体操垫上通过双手支撑的方式，整个身体起跳，分腿坐到相应的低垫子上。	1. 始终保持最大限度地分腿坐。 2. 选择合适的高度，注意安全。
	139	游戏：空中“一字马”	1. 将一条彩带穿过山羊，绑着山羊的侧后方，高度比山羊高 20—30 厘米。 2. 助跑至山羊前踏板起跳，双手支撑后快速跳起分腿触碰两侧的标志带。	1. 直臂支撑，跳起时分腿幅度大 2. 绷脚尖，脚碰标志带。 3. 落地屈膝缓冲。
	140	游戏：连续跳山羊	1. 小组为单位，每人隔离 3—4 米，直腿低头含胸组成圆形的山羊圈。 2. 其中一名山羊起立，助跑依次用分腿跳过其他山羊，轮换进行练习。	1. 山羊一定要牢固。 2. 分腿越过山羊时，分腿幅度一定要大。

续表

体能要素	序号	练习内容	练习方法	练习要求
柔韧性	141	分腿下压	坐在垫上，双腿左右分开到最大限度，上体尽可能地向前倾，使身体往下压，用双手握住脚背，保持 1 分钟。	勾脚尖，匀速下压。
	142	跨栏步压腿	1. 坐垫上，一腿向前伸直并勾脚尖，另一腿向后折叠，脚靠近臀部，两腿之间的角度为 90 度或稍大。 2. 手臂前伸，用力往前下方压腿。	1. 前腿保持伸直状态。 2. 下压力度逐渐加大。
	143	双人压肩	两人一组，左右开立，互相把手臂搭在对方肩部上，同时向下振动压肩。	手臂尽量伸直，振动幅度逐渐加大。
	144	双杠压肩	面对双杠站立，两脚分开，手臂分开比肩部稍宽，两手搭在杠杆上，向下振动压肩。	向下压至最远端，保持 2—3 秒。
	145	持棍转肩	身体直立，双臂向前伸直，两手的虎口相对然后在身体前握横杆，然后将双臂直臂抬上至头顶，从头顶处开始慢速向身体后下方至身体后方牵拉。	背部挺直，幅度逐渐加大。
	146	拉伸胸大肌	1. 手掌扶双杠，躯干前倾，让手掌位于躯干的后方，利用身体重心前倾拉伸手臂同侧的胸大肌。 2. 可以通过调整手臂与躯干的角度来拉伸不同部位的胸大肌。	拉伸至最远端停留 3—5 秒。
	147	拉伸胸肌、背阔肌	两手交叉，相互握住，用力向后上方牵拉，直到手臂伸直为止，保持 20 秒以上。	牵拉动作到位，至最远端停留 20 秒。
	148	盘坐压腿	双腿分开盘坐在垫子上，左手放在左腿上，右手放在右腿上，躯干直立，两侧手用力下压双腿。	匀速下压。
	149	左右摆腿	1. 手扶器械做左、右摆腿练习。 2. 每次摆动到最远端，摆腿 15 次，交换脚，反复练习。	1. 身体保持高重心和较大的摆动幅度。 2. 双腿都要伸直，脚尖上勾。

续表

体能要素	序号	练习内容	练习方法	练习要求
柔韧性	150	前后摆腿	1. 手扶器械做前、后的摆腿练习。 2. 每次摆动到最远端，摆腿 15 次，交换脚，反复练习。	支撑腿不要弯曲，始终保持伸直状态。
	151	站立压腿	两脚左右开立，双手十指相扣尽量使手掌触地。	两腿不能弯曲。
	152	体前屈压腿	身体正直地坐在垫子上，双腿伸直，然后双手尽全力向前抓脚尖，保持 30 秒。	勾脚尖，用力往前下方压。
	153	拉伸肱三头肌	一只手抓住另一只手的肘部，用力向头部拉伸，配合呼吸，停留 15—20 秒。	拉伸力度逐渐加大。
	154	拉伸背阔肌	双脚与肩同宽，脚尖向前，膝盖微屈，一手臂从身体侧边向上并向另一侧移动，另一只手自然地放在身体前方，腰部曲向一侧，停留 15 秒，交换进行。	牵拉动作到位，停留 15 秒以上。
	155	拉伸臀大肌	坐在垫上，右手支撑住身体，左腿伸直，右腿跨越左腿膝盖上方，左手抓住右腿膝盖，用力向身体内侧下压，直到感觉肌肉绷紧为止。停留 15—20 秒，换另外一侧，交换进行。	牵拉方向是内侧下压，逐渐加大力度。
	156	拉伸腰腹肌	坐姿，两腿在体前伸直，一侧腿伸直摆向躯干外侧，同时躯干侧倾，用躯干外侧去贴近大腿，另侧手臂顺势向头侧下压至最远端，停留 15—20 秒。	动作到位，匀速牵拉。
	157	拉伸股四头肌	单脚站立，身体保持直立。一手可以扶墙保持平衡，另一只手向上用力拉同侧脚尖，至最远端停留 15—20 秒。	躯干伸直，控制好平衡。
	158	拉伸大腿外侧	被拉伸侧大腿向斜后方伸出，小腿与脚外侧面着地，另一侧大腿前弓步膝关节屈，双手扶地支撑，拉伸时身体重心移向被伸拉一侧，至最远端停留 15—20 秒。	动作到位，匀速牵拉。两脚交换进行

续表

体能要素	序号	练习内容	练习方法	练习要求
柔韧性	159	拉伸腘绳肌	上体保持垂直，坐在垫上。左腿伸直微向外，右脚掌贴于左大腿内侧，左脚尖朝外，双手伸直向前，上身前倾向大腿靠近，至最远端停留 15—20 秒。	保持上身挺直，左腿伸直。
	160	拉伸腓肠肌	面朝墙站立，右腿往后膝关节屈，左腿伸直。前脚掌贴于墙面的同时脚跟尽量靠近墙面。双手扶墙保持身体平衡。右膝逐渐伸直将重心前移以拉伸左小腿，至最远端停留 15—20 秒。	匀速牵拉，防止左膝关节过伸。
	161	拉伸比目鱼肌	面朝墙站立，右腿伸直往后，左腿伸直往前。前脚掌贴于墙面的同时脚跟尽量靠近墙面，双手扶墙保持身体平衡。左膝关节屈膝拉伸左小腿，至最远端停留 15—20 秒。	1. 脚尖立起，脚跟紧贴墙面。 2. 两脚交换进行。
平衡	162	瑞士球上卷腹	仰卧，背部躺在瑞士球上，两脚撑地，保持不动，背部收紧，向上顶髋，坚持 2—3 秒，还原，反复练习 12 次。	顶髋要求快起慢下，落下时控制好平衡。
	163	瑞士球挺髋	仰卧垫上，两脚放在瑞士球上，左右手臂平放身体两侧，躯干伸直，呈一条直线，核心收紧，向上顶起髋部，保持 2—3 秒，返回到起始位置，练习 12 次。	两脚支撑要稳，保持好躯干平衡。
	164	瑞士球背起	俯卧于瑞士球上，双腿伸直，双脚支撑地面，腰背部发力将上半身抬起做上下运动。	快起慢下。
	165	原地纵跳 180 度、360 度转体	1. 直立，两脚与肩同宽，膝关节微屈，双脚用力蹬地，同时膝关节伸直，两臂带动上体跳起。 2. 跳起后空中转体 180 度或 360 度，落地缓冲，反复练习。	落地后尽量保持平衡。
	166	闭眼单腿独立	1. 自然站立，抬起一只脚至水平面，闭眼。 2. 手叉腰或放两侧，保持平衡。	1. 尽可能多坚持。 2. 两脚交换练习。 3. 动作标准。

续表

体能要素	序号	练习内容	练习方法	练习要求
平衡	167	燕式平衡	1. 上体挺胸抬头下压，同时后腿向后上方举起。 2. 支撑腿尽量绷直，用全脚掌控制平衡，后举腿尽量高举，两腿夹角不小于90度。	1. 尽可能多坚持。 2. 两脚交换练习。 3. 动作标准。
	168	平衡盘上蹲起或单腿独立	1. 两脚开立，站立于平衡盘上。 2. 做深蹲或单腿独立动作。	1. 中等速度做蹲起。 2. 控制好平衡。
	169	瑞士球弓箭步	弓箭步准备，前脚位于地面，后脚置于瑞士球上，做弓箭步蹲起	匀速完成动作。
	170	坐姿瑞士球平衡	坐于瑞士球上，腰背挺直，两脚腾空。	躯干挺直，核心收紧控制好平衡。
	171	跪姿瑞士球平衡	两膝跪于瑞士球上，腰背挺直。	保持瑞士球平衡与稳定。
	172	平衡垫上燕式平衡	单脚站立在平衡垫上，另一条腿后举，两臂呈侧平举的姿势，支撑腿不得弯曲，后举腿慢慢抬高，保持姿势2—3秒，左右腿交换进行。	1. 腰背部挺直。 2. 慢速完成动作，后举腿尽量平行地面。
	173	平衡垫上蹬摆腿	单脚站立在平衡垫上，两手前上举握住体操棒，另外一腿往上方做摆腿动作。	匀速摆腿，幅度逐渐加大。
	174	平衡垫上哑铃上举	两脚站在平衡垫上，手持哑铃在身体两侧，向正上方举起哑铃，再还原，练习15次。	背挺直，快起慢下。
	175	平衡垫上负重深蹲起	两脚站在平衡垫上，手持哑铃在身体两侧，屈膝深蹲下，再蹲起，还原直立，练习15次。	背挺直，匀速完成蹲起动作。
	176	平衡垫上转体	1. 单脚站立在平衡垫上，另一脚腾空，两臂侧举保持平衡。 2. 一脚做支撑轴，躯干向左右两侧转体90度、180度，练习8—10次，交换脚进行。 3. 可手持哑铃，加大难度。	转体速度要慢，两脚尽量不落地，保持好平衡。

续表

体能要素	序号	练习内容	练习方法	练习要求
平衡	177	瑞士球上推举哑铃	背部仰卧在瑞士球上，两腿伸直，两脚撑地，保持平衡。两手持哑铃两侧，做推举哑铃动作，每组 10 次。	核心收紧，快起慢下，保持好平衡。
	178	瑞士球弓箭步	弓箭步准备，前脚位于地面，后脚置于瑞士球上，做弓箭步蹲起。	匀速完成动作。
	179	单脚 Bosu 球站立俯身前触标志物	1. 单脚站立在 Bosu 球上，另一脚腾空，两臂侧举保持平衡。 2. 在 Bosu 球左右两侧及正前方放置 3 个标志桶。练习者支撑腿屈膝，屈伸分别去触摸这 3 个标志桶。 3. 可逐渐加大标志桶的距离，加大练习难度。	屈膝俯身要慢，触摸标志桶要控制好平衡。
	180	Bosu 球转体跳下	两脚站在 Bosu 球上，稍屈膝，两脚蹬球，分别向左右两侧转体 180 度、360 度跳下。	转体幅度逐渐加大，落地要稳，且屈膝缓冲。
	181	平地跳上 Bosu 球	在两个 Bosu 球正前方站立，屈膝蹬地摆臂起跳，两脚落在平衡球上，站稳保持平衡。	起跳轻盈，落在球上后快速屈膝缓冲制动。
协调	182	侧摆腿摆臂跳	1. 直立开始，右脚向左侧摆同时左手向左侧斜上方摆动，手脚协调配合腿与手呈一条斜线。 2. 右腿斜下屈膝，同时左臂下摆，依次重复此动作。	手脚协调配合。
	183	游戏：穿越人潮	1. 以小组为单位，队员一臂间隔，直腿坐，呈一列横队。 2. 排头和排尾两人队员，在队伍两侧进行足球传接球练习，当足球靠近时，坐在地面的队员，迅速直腿抬起，让足球顺利依次穿过，被对面的接球人接住，练习 20 次，交换进行。	1. 传接球要稳定，中等速度进行。 2. 协调配合，反应灵敏。
	184	节奏感跑	从起点采用站立式起跑，运用“左脚—右脚—右脚—左脚”的节奏，大约 30 米的距离进行练习。	左右脚交换节奏准确。
	185	变向跑	向前 5 米冲刺接后退 3 米，左冲 5 米后右冲 3 米的练习，重复 4 次。	方向准确，加速快。

续表

体能要素	序号	练习内容	练习方法	练习要求
协调	186	绳梯分合脚跳	准备好的 20 级软梯，从第一级开始逐级做：合脚—左脚—合脚—右脚—合脚—左右分脚……以此为序进行连续跳跃。	明确左右脚跳跃顺序。
	187	立卧撑跳起转体 360 度	1. 由俯卧撑姿势开始，双腿屈膝抬大腿，呈全蹲。 2. 起立后即刻双脚蹬地全力、快速纵跳，双臂积极上摆，在空中转体 360 度。 3. 衔接下一个动作时要迅速屈膝下蹲，在双手即将撑地的同时，双脚向后伸蹬，呈俯卧撑。	动作要连贯。
	188	全身波浪起	两脚左右开立，先做直腿体前屈，然后依次进行向前跪膝（收腹、含胸、低头）、向前顶髋（展腹、挺胸、仰头）、向前挺腹（挺胸、仰头）、挺胸、抬头，呈反的“S”形波动，两臂在体侧画圆，连续练习。	按顺序依次完成。
	189	身体不协调动作组合	上右步的同时右手上举，上左步的同时左手上举，右步后退右手叉腰，左步后退左手叉腰，变换节奏。	按步骤完成。
	190	站蹲撑立	先站立后蹲，然后双手撑地双脚向后蹬直，双脚再收回原地，最后站起。	动作由慢到快。
	191	异侧脚够手	左脚够右手，右脚够左手，前前后后。	按顺序完成，逐渐加快。
	192	单双脚交替跳	单脚跳起后，双脚落地，之后迅速换脚，继续练习。	动作不停顿。

第四章
武术与民族民间传统体育类运动

第一节　太极拳——八法五步

太极拳——八法五步模块　“技能 + 专项体能”教学方案

课时	项目学习内容	体能要素	专项体能练习内容	练习方式
1	基本步伐（站桩、升降桩、开合桩、进步、退步、左右移步）	柔韧性 + 协调	1. 正压腿（水平位） 2. 侧压腿（水平位） 3. 行进间正踢腿 4. 行进间里合腿 5. 行进间外摆腿	1. 分组轮换： 内容 1—2：左右腿各练习 60 秒。 内容 3—5：练习 30 秒，间歇 10 秒，2 组。 2. 教学环节实施建议： 准备部分后程。
2	八法五步基本招式（掤势、左野马分鬃、右野马分鬃）	肌肉耐力	1. 连续原地正踢腿 + 跳绳 2. 连续原地里合腿 + 高抬腿 3. 连续原地外摆腿 + 开合跳	1. 同步进行： 内容 1—3：腿法练习 30 秒，间歇 10 秒，跳绳 / 高抬腿 / 开合跳 30 秒，间歇 20 秒，2 组。 2. 教学环节实施建议： 准备部分后程。
3	八法五步基本招式（掤势、左揽雀尾、右揽雀尾）展示赛	爆发力 + 协调	1. 腾空弓步跳 2. 马步转弓步 3. 行进间野马分鬃 4. 行进间野马分鬃快练	1. 分组轮换： 内容 1—2：30 次 / 组，间歇 40 秒，3 组。 内容 3—4：左右各 5 次，间歇 20 秒，2 组。 2. 教学环节实施建议： 基本部分后面。

续表

课时	项目学习内容	体能要素	专项体能练习内容	练习方式
4	太极拳“八法五步”1—5 势 （1）起势 （2）原地左掤势 （3）原地右捋势 （4）原地左挤势 （5）原地双按势	爆发力 + 柔韧性	1. 横向跳跃 + 左右冲拳 2. 收腹跳 + 马步 3. 竖叉 4. 横叉	1. 分组轮换： 内容 1—2：练习 30 秒，间歇 20 秒，3 组。 内容 3—4：练习 60 秒，间歇 10 秒，2 组。 2. 教学环节实施建议： 基本部分后面。
5	太极拳“八法五步”6—9 势 （6）原地右採势 （7）原地左挒势 （8）原地左肘势 （9）原地右靠势	位移速度 + 反应时	1. 进步 2. 退步 3. 冲拳 + 高抬腿跑 4. 平圆单推手	1. 同步进行： 内容 1—2：练习 60 秒，2 组。 内容 3：冲拳 10 次，高抬腿跑 30 秒，间歇 15 秒，3 组。 内容 4：60 秒 / 组，间歇 20 秒，3 组。 2. 教学环节实施建议： 基本部分后面。
6	太极拳“八法五步”10—13 势 （10）原地右掤势 （11）原地左捋势 （12）原地右挤势 （13）原地双按势	爆发力 + 核心力量	1. 最快速拍脚 2. 最快速外摆莲 3. 太极桩 + 瑞士球抗阻 4. 太极桩 + 左右转体	1. 分组进行： 内容 1—2：10 次 / 组，间歇 20 秒，2 组。 内容 3—4：练习 30 秒，间歇 20 秒，3 组。 2. 教学环节实施建议： 基本部分前面内容 1—2；基本部分后面内容 3—4。
7	太极拳“八法五步”14—17 势 （14）原地左採势 （15）原地右挒势 （16）原地右肘势 （17）原地左靠势	爆发力 + 平衡	1. 原地掤势发力 2. 原地捋势发力 3. 独立平衡 4. 独立步推肩对抗	1. 分组进行： 内容 1—2：左右各 10 次 / 组，间歇 15 秒，2 组。 内容 3：左右各静止练习 60 秒，2 组。 内容 4：左右各 60 秒，2 组。 2. 教学环节实施建议： 基本部分前面内容 1—2；基本部分后面内容 3—4。
8	太极拳“八法五步”1—17 势熟练运用	爆发力 + 肌肉力量	1. 原地挤势发力 2. 原地按势发力 3. 开合桩 + 深蹲 4. 升降桩 + 深蹲	1. 分组进行： 内容 1—2：10 次 / 组，间歇 15 秒，2 组。 内容 3—4：10 次 / 组，间歇 15 秒，2 组。 2. 教学环节实施建议： 基本部分前面内容 1—2；基本部分后面内容 3—4。

续表

课时	项目学习内容	体能要素	专项体能练习内容	练习方式
9	太极拳“八法五步”1—17势展示赛	心肺耐力＋核心力量	1. 左右冲拳+15米折返跑 2. 仰卧里合腿 3. 仰卧外摆腿	1. 同步进行： 内容1：左右冲拳各10次，15米折返跑，间歇30秒，2组。 内容2—3：左右各练习30秒，间歇20秒，3组。 2. 教学环节实施建议： 基本部分后面。
10	太极拳“八法五步”18—23势 （18）进步左右掤势 （19）进步左右捋势 （20）左移步左挤势 （21）左移步双按势 （22）右移步右挤势 （23）右移步双按势	爆发力＋四肢力量	1. 原地採势发力 2. 原地挒势发力 3. 弓步静蹲 4. 侧弓步静蹲	1. 分组进行： 内容1—2：10次/组，间歇15秒，2组。 内容3—4：3分钟分组比赛，看看哪组坚持到的人数多。 2. 教学环节实施建议： 基本部分前面内容1—2；基本部分后面内容3—4。
11	太极拳“八法五步”1—23势	速度耐力＋肌肉耐力	1. 行进间里合腿＋高抬腿跑 2. 行进间外摆腿＋后蹬跑 3. 虚步缓蹲	1. 分组进行： 内容1—2：腿法30秒，高抬腿跑/后蹬跑30秒，间歇10秒，3组。 内容3：2分钟分组比赛，看看哪个同学次数多。 2. 教学环节实施建议： 基本部分前面内容1—2；基本部分后面内容3。
12	太极拳“八法五步”24—29势 （24）退步左右採势 （25）退步左右挒势 （26）右移步右肘势 （27）右移步右靠势 （28）左移步左肘势 （29）左移步双靠势	内容速度＋爆发力	1. 快速原地拍脚 2. 快速原地正踢腿 3. 原地肘势发力 4. 原地靠势发力	1. 分组轮换： 内容1—2：练习40秒，间歇15秒，2组。 内容3—4：10次/组，间歇15秒，2组。 2. 教学环节实施建议： 基本部分后面。
13	太极拳“八法五步”30—32势 （30）中定左右独立势 （31）“十”字手 （32）收势	内容速度＋爆发力	1. 原地掤势快练 2. 原地捋势快练 3. 行进间掤势发力 4. 行进间捋势发力	1. 同步进行： 内容1—2：练习40秒，间歇20秒，2组。 内容3—4：练习30秒，间歇20秒，2组。 2. 教学环节实施建议： 基本部分后面。

续表

课时	项目学习内容	体能要素	专项体能练习内容	练习方式
14	太极拳“八法五步”完整套路熟练运用	内容速度＋爆发力	1. 原地挤势快练 2. 原地按势快练 3. 行进间挤势发力 4. 行进间按势发力	1. 分组轮换： 内容 1—2：练习 40 秒，间歇 20 秒，2 组。 内容 3—4：练习 30 秒，间歇 20 秒，2 组。 2. 教学环节实施建议： 基本部分后面。
15	太极拳“八法五步”完整套路展示赛	内容速度＋核心力量	1. 原地採势快练 2. 原地挒势快练 3. 俄罗斯转体接冲拳	1. 同步进行： 内容 1—2：练习 40 秒，间歇 20 秒，2 组。 内容 3：练习 30 次，间歇 20 秒，3 组。 2. 教学环节实施建议： 基本部分后面。
16	比赛：个人赛	核心力量＋四肢力量	1. 平板支撑＋原地拍脚 2. 俯卧撑＋正踢腿 3. 开合桩对练	1. 同步进行： 内容 1：平板支撑 60 秒，休息 5 秒，原地拍脚 20 次，间歇 10 秒，2 组。 内容 2：俯卧撑 10 次，正踢腿 30 秒，间歇 10 秒，2 组。 内容 3：练习 60 秒，间歇 10 秒，2 组。 2. 教学环节实施建议： 基本部分后面。
17	比赛：团体 5 人赛	内容速度＋爆发力	1. 原地肘势快练 2. 原地靠势快练 3. 旋转跳接马步 4. 弓步跳	1. 分组轮换： 内容 1—2：练习 40 秒，休息 10 秒，间歇 20 秒，2 组。 内容 3—4：练习 30 次，间歇 20 秒，3 组。 2. 教学环节实施建议： 基本部分后面。
18	比赛：以班级为单位集体赛	平衡＋灵敏性	1. 独立步握手对抗 2. 独立平衡＋平衡垫 3. 合步四正手 4. 活步四正手	1. 分组轮换： 内容 1—2：练习 40 秒，间歇 20 秒，2 组。 内容 3—4：练习 60 秒，间歇 10 秒，2 组。 2. 教学环节实施建议： 基本部分后面。

太极拳——八法五步模块　专项体能处方资源库

体能要素	序号	练习内容	练习方法	练习要求
心肺耐力	1	连续原地正踢腿	两手呈立掌侧平举，摆动腿勾起脚尖向前额处猛踢，两眼平视。	1. 踢腿时，脚尖勾起。 2. 收髋猛收腹，过腰后加速。
	2	连续原地里合腿	以左里合腿为例：右腿微屈站稳，左腿从左侧摆起经面前做扇形摆动，右手在额前迎拍脚底。	摆动腿幅度呈扇形。
	3	连续原地外摆腿	以左外摆腿为例：支撑腿微屈站稳，另一腿从异侧摆起经面前做扇形摆动，脚面展平，两手在额前依次迎拍脚面，击拍两响。	
	4	连续原地拍脚	支撑腿微屈站稳，另一腿向上直摆，脚面展平，手掌在额前迎拍脚面。	动作迅猛，击拍有力。
	5	连续原地正踢腿 + 绑腿沙袋	两手呈立掌侧平举，摆动腿勾起脚尖向前额处猛踢，两眼平视。	踢腿时，脚尖勾起，收髋猛收腹，过腰后加速。
	6	连续原地里合腿 + 绑腿沙袋	以左里合腿为例：右腿微屈站稳，左腿从左侧摆起经面前做扇形摆动，右手在额前迎拍脚底。	摆动腿幅度呈扇形。
	7	连续原地外摆腿 + 绑腿沙袋	以左外摆腿为例：支撑腿微屈站稳，另一腿从异侧摆起经面前做扇形摆动，脚面展平，两手在额前依次迎拍脚面，击拍两响。	
	8	连续原地拍脚 + 绑腿沙袋	支撑腿微屈站稳，另一腿向上直摆，脚面展平，手掌在额前迎拍脚面。	动作连续，击拍有力。
	9	冲拳 + 并腿跳 + 独立步	1. 左右手反复交替向前冲拳练习。 2. 并腿跳起，下落接独立步。	冲拳有力。

续表

体能要素	序号	练习内容	练习方法	练习要求
心肺耐力	10	冲拳 +360 度旋转跳 + 独立步	1. 左右手反复交替向前冲拳练习。 2. 并腿跳起体转 360 度，下落接独立步。	冲拳有力。
	11	侧提膝 + 左右冲拳	侧向高抬腿同时一侧肘关节触碰膝关节 + 左右手反复交替向前冲拳练习。	
	12	行进间正踢腿	两手呈立掌侧平举，摆动腿勾起脚尖向前额处猛踢，两眼平视。	1. 踢腿时，脚尖勾起。 2. 收髋猛收腹，过腰后加速。
	13	行进间里合腿	以左里合腿为例：右腿微屈站稳，左腿从左侧摆起经面前做扇形摆动，右手在额前迎拍脚底。	摆动腿幅度呈扇形。
	14	行进间外摆腿	以左外摆腿为例：支撑腿微屈站稳，另一腿从异侧摆起经面前做扇形摆动，脚面展平，两手在额前依次迎拍脚面，击拍两响。	
	15	行进间拍脚	支撑腿微屈站稳，另一腿向上直摆，脚面展平，手掌在额前迎拍脚面。	动作迅猛，击拍有力。
	16	侧向高抬腿跑 + 直冲拳	侧向高抬腿跑同时完成直冲拳动作。	上下肢动作协调。
	17	左右冲拳 + 侧提膝	1. 左右冲拳各一次。 2. 侧向高抬腿同时一侧肘关节触碰膝关节。	动作衔接顺畅。
肌肉力量（肢体力量和核心力量）、肌肉耐力	18	弓步静蹲	1. 前腿屈膝前弓，大腿接近水平（或斜向地面），膝盖不超过脚尖。 2. 后腿自然蹬直，脚跟外展，脚尖斜向前方约 45 度。	弓腿为实，蹬腿为虚。
	19	侧弓步静蹲	一腿屈膝下蹲，另一腿向体侧伸出呈高仆步状。	支撑重心脚膝盖不超过脚尖，两脚近似平衡。
	20	虚步静蹲	1. 后脚斜向前 45 度，屈膝下蹲，全脚着地。 2. 另一腿微屈，脚前掌或脚跟虚点地面。	挺胸，塌腰，脚跟外蹬，膝不过脚尖。前腿虚，后腿实，虚实分明。

续表

体能要素	序号	练习内容	练习方法	练习要求
肌肉力量（肢体力量和核心力量）、肌肉耐力	21	太极桩	1. 开步站立，上体保持正直。 2. 两腿屈膝下蹲，两臂上举，屈抱于胸前，手指展开，指尖相对，虎口撑圆，如抱球状。	沉肩坠肘，肢体放松，呼吸自然，目视前方。
	22	开合桩	1. 开步站立，上体保持正直。 2. 两腿屈膝下蹲，两臂上举，屈抱于胸前，手指展开，指尖相对，虎口撑圆，如抱球状。 3. 两臂缓慢向外掤开，左右约 45 度。 4. 两臂缓慢向内合抱于胸前。	开吸合呼，动作柔和、饱满。
	23	升降桩	1. 开步站立，上体保持正直，两臂向前平举，高肩肩平，宽与肩平。 2. 两腿屈膝下蹲，两臂下按至腹前。	呼吸为升吸降呼，上下肢配合为举臂伸腿，按掌屈膝。
	24	进步 + 绑腿沙袋	1. 后脚经前脚内侧弧形上步，脚跟先着地，随着重心前移，全脚着地。 2. 重心后移，前脚脚尖抬起外摆落地。 3. 左右依次重复。	弧形上步，重心移动平稳。
	25	退步 + 绑腿沙袋	1. 前脚经后脚内侧弧形上步，脚前掌先着地，随着重心后移，全脚着地。 2. 重心后移，前脚脚前掌抬起。 3. 左右依次重复。	
	26	太极桩对练	两人太极桩面对站立，手背相抵发力。	沉肩坠肘，切勿突然发力。
	27	开合桩对练	两人太极桩面对站立，一人做开合运动，另一人施加对抗力。	开吸合呼，切勿突然发力。
	28	升降桩对练	两人太极桩面对站立，一人做升降运动，另一人施加对抗力。	升吸降呼，切勿突然发力。

续表

体能要素	序号	练习内容	练习方法	练习要求
肌肉力量（肢体力量和核心力量）、肌肉耐力	29	俯卧撑 + 左右冲拳	俯卧撑，起身开步站立，抱拳于腰间，左右拳依次冲出。	俯卧撑时身体保持从肩膀到脚踝呈一条直线，冲拳有力。
	30	跪姿俯卧撑 + 左右冲拳	双膝着地，两脚勾起，双手与肩同宽，向下时至大臂与地面平行，起身开步站立，抱拳于腰间，依次冲拳。	屈臂吸气，伸臂呼气，冲拳有力。
	31	开合桩 + 深蹲	深蹲同时做开合桩。	开吸合呼，动作柔和、饱满，上下肢配合协调。
	32	升降桩 + 深蹲	深蹲同时做升降桩。	升吸降呼，上下肢配合协调。
	33	仰卧里合腿	以左侧为例，仰卧状态，左脚尖勾紧，向左侧上方踢起，经面前向右侧上方摆动，落回原位。	摆动腿幅度呈扇形。
	34	仰卧外摆腿	以左侧为例，仰卧状态，左脚尖勾紧，向右侧上方踢起，经面前向左侧上方摆动，落回原位。	
	35	太极桩 + 瑞士球抗阻	太极桩状态下，双手夹握瑞士球，另一人对抗拨动瑞士球，同时自身保持不让瑞士球有大幅度晃动。	沉肩坠肘，保持瑞士球稳定。
	36	太极桩 + 左右转体	太极桩状态下，左右最大幅度转动。	沉肩坠肘，最大幅度转动。
	37	太极桩 + 左右转体 + 哑铃	太极桩状态下，手持哑铃左右最大幅度转动。	
	38	太极桩 + 左右转体抗阻	太极桩状态下，一人左右最大幅度转动，另一人施加对抗力。	
	39	太极桩 + 左右转体瑞士球抗阻	太极桩状态下，一人双手夹握瑞士球，左右最大幅度转动，另一人施加对抗力。	沉肩坠肘，保持瑞士球稳定，最大幅度转动。
	40	俄罗斯转体接冲拳	两拳抱于腰间，双腿屈膝抬起，脚离地，下背挺直，上背略微弓起，左转冲右拳，右转冲左拳，同时，右拳收于腰间。	转动双肩来带动手臂的移动。

续表

体能要素	序号	练习内容	练习方法	练习要求
肌肉力量（肢体力量和核心力量）、肌肉耐力	41	平板支撑 + 原地拍脚	1. 俯卧，双肘弯曲支撑在地面上，肩膀和肘关节垂直于地面，双脚踩地，身体离开地面，躯干伸直，头部、肩部、胯部和踝部保持在同一平面。 2. 起身拍脚。	1. 肘关节和肩关节与身体保持直角。 2. 击拍准确响亮。
	42	跪姿俯卧撑 + 原地拍脚	1. 跪姿俯卧撑若干。 2. 起身拍脚若干。	1. 屈臂吸气，伸臂呼气。 2. 击拍准确响亮。
	43	平板支撑 + 正踢腿	1. 俯卧，双肘弯曲支撑在地面上，肩膀和肘关节垂直于地面，双脚踩地，身体离开地面，躯干伸直，头部、肩部、胯部和踝部保持在同一平面。 2. 起身正踢腿。	1. 身体呈一线，保持平衡。 2. 挺胸，直腰，踢腿过腰后加速。
	44	俯卧撑 + 正踢腿	1. 俯卧撑若干。 2. 起身正踢腿。	1. 身体保持从肩膀到脚踝呈一条直线。 2. 挺胸，直腰，踢腿过腰后加速。
	45	虚步缓蹲	虚步状态下，由高位缓慢蹲至低位，再缓慢起至高位。	挺胸，塌腰，脚跟外蹬，膝不过脚尖。
	46	虚步缓蹲 + 哑铃	虚步状态下，由高位缓慢蹲至低位，再缓慢起至高位。	
	47	虚步 + 瑞士球抗阻	两人一组，虚步状态下，双手夹握瑞士球，另一人对抗拨动瑞士球，同时自身保持不让瑞士球有大幅度晃动。	挺胸，塌腰，脚跟外蹬，膝不过脚尖，保持瑞士球稳定。
	48	原地弓步腾空跳转换	左弓步姿势，迅速向上跳起，在空中双脚如剪刀交错，前后脚调换。呈右弓步姿势下落。	挺胸，立腰，前腿弓，后腿绷，转换迅速。
	49	原地弓步腾空跳转换 + 哑铃	左弓步姿势，迅速向上跳起，在空中双脚如剪刀交错，前后脚调换。呈右弓步姿势下落，双手各持一哑铃自然垂直于地面。	

续表

体能要素	序号	练习内容	练习方法	练习要求
肌肉力量（肢体力量和核心力量）、肌肉耐力	50	进步 + 弹力带	弹力带绑于脚踝处，完成进步。	弧形上步。
	51	退步 + 弹力带	弹力带绑于脚踝处，完成退步。	弧形退步。
	52	连续搂膝拗步	右丁步，右手掌心朝上侧举于体侧，左手掌心向下放于右肘内侧，左脚进步，左手搂膝按于髋侧，右手经耳侧向前推出。	进退转换虚实分明，眼随手动。
	53	连续野马分鬃	抱球收脚、转体迈步、弓步分手。	双手有力腰身蓄力。
	54	掤势对抗	一人掤势，另一人施加对抗力。	力达小臂外侧，持续发力。
	55	捋势对抗	一人捋势，另一人施加对抗力。	动作走弧形，捋在掌中，持续发力。
	56	挤势对抗	一人挤势，另一人施加对抗力。	力在掌背，持续发力。
	57	按势对抗	一人按势，另一人施加对抗力	两臂不可伸直，按在腰攻，持续发力。
	58	开合桩 + 深蹲	缓慢深蹲的同时做开合桩。	开吸合呼，动作柔和、饱满，上下肢配合协调。
	59	升降桩 + 深蹲	缓慢深蹲的同时做升降桩。	升吸降呼，上下肢配合协调。
速度	60	原地掤势快练	以左为例： 1. 开步右抱球。 2. 左臂向前掤出。	力达小臂外侧。
	61	原地捋势快练	以左为例： 1. 开步站立，右臂微伸，掌心向下，掌指向前。 2. 左臂呈圆弧形，掌心向上，掌指向前，置于右前臂下。 3. 身体微左转；两掌随转体向下，向左后方弧形牵引至左腹侧，两臂弯曲。	动作走弧形，劲力上做到捋在掌中。

续表

体能要素	序号	练习内容	练习方法	练习要求
速度	62	原地挤势快练	一臂屈于胸前，另一手扶于屈臂手的腕内侧，两臂同时向前用力。	两臂撑圆，力在掌背。
	63	原地按势快练	两掌收于胸前，自下向前弧形按出。	两臂不可伸直，按在腰攻。
	64	原地採势快练	以左为例： 1. 两臂上举，掌心向前。 2. 双掌抓握旋腕画弧向左下採，右拳心向上，左拳心向下。	採在手指。
	65	原地挒势快练	以左为例： 1. 开步两掌按于体前。 2. 双手旋腕，画弧翻转向左前横挒，右手心向上，左手心向下。	挒在掌中。
	66	原地肘势快练	以左为例： 1. 开步左挒势。 2. 左手微向下画弧呈拳，右手助力向左前顶肘。	力在肘尖。
	67	原地靠势快练	以左为例：右掌心向下于右肩前，左手拳眼向内合劲右靠。	力在臂膀。
	68	搂膝拗步快练	右丁步，右手掌心朝上侧举于体侧，左手掌心向下放于右肘内侧，左脚进步，左手搂膝按于髋侧，右手经耳侧向前推出。	进退转换虚实分明，眼随手动。
	69	野马分鬃快练	抱球收脚、转体迈步、弓步分手。	双手有力腰身蓄力。
	70	振脚	支撑腿微屈，另一脚提起，以全脚掌向地面踏振，劲须松沉。	发力时，坐胯、松腰、坚膝，一振即松。
	71	快速原地外摆莲	支撑腿微屈站稳，另一腿从异侧摆起经面前做扇形摆动，脚面展平，两手在额前依次迎拍脚面，击拍两响。	动作连续，摆动腿幅度呈扇形。

续表

体能要素	序号	练习内容	练习方法	练习要求
速度	72	快速原地正踢腿	两臂侧平举，摆动腿勾起脚尖向前额处猛踢，两眼平视。	动作连续，踢腿时，脚尖勾起，收髋猛收腹，过腰后加速。
	73	助力原地正踢腿	两臂侧平举，摆动腿勾起脚尖向前额处猛踢，两眼平视，同伴用手帮助加快摆腿速度。	脚尖勾起，收髋猛收腹，过腰后加速。
	74	助力原地外摆莲	支撑腿微屈站稳，另一腿从异侧摆起经面前做扇形摆动，脚面展平，两手在额前依次迎拍脚面，击拍两响，同伴用手帮助加快摆腿速度。	击拍有力，摆动腿幅度呈扇形。
	75	进步快练	1. 后脚经前脚内侧弧形上步，脚跟先着地，随着重心前移，全脚着地。 2. 重心后移，前脚脚尖抬起外摆落地。 3. 左右依次重复。	重心移动平稳。
	76	退步快练	1. 前脚经后脚内侧弧形上步，脚前掌先着地，随着重心后移，全脚着地。 2. 重心后移，前脚脚前掌抬起。 3. 左右依次重复。	
	77	进步快练 + 绑腿沙袋	1. 后脚经前脚内侧弧形上步，脚跟先着地，随着重心前移，全脚着地。 2. 重心后移，前脚脚尖抬起外摆落地。 3. 左右依次重复。	
	78	退步快练 + 绑腿沙袋	1. 前脚经后脚内侧弧形上步，脚前掌先着地，随着重心后移，全脚着地。 2. 重心后移，前脚脚前掌抬起。 3. 左右依次重复。	

续表

体能要素	序号	练习内容	练习方法	练习要求
速度	79	移步挤势快练	以左为例:（横移步）双掌翻转收左步，左转身，左掌横掌心向内，右掌心向外接近左腕部，上左步，跟右步，左打挤发力，略低于肩。	两臂撑圆，力在掌背，重心移动平稳。
	80	跟步按势快练	以左为例:（跟步双按掌）双掌转手心向上，右掌向后平画弧折叠，上左步，跟右步双按掌（与42式双按掌相似），右脚跟抬起。	两臂不可伸直，按在腰攻，重心移动平稳。
	81	行进间搂膝拗步快练	以左为例：右丁步，右手掌心朝上侧举于体侧，左手掌心向下放于右肘内侧，左脚进步，左手搂膝按于髋侧，右手经耳侧向前推出。	进退转换虚实分明。眼随手动。
	82	行进间野马分鬃快练	丁步抱球、转体迈步、弓步分手。	双手有力腰身蓄力。
爆发力	83	最快速拍脚	支撑腿微屈站稳，另一腿向上直摆，脚面展平，手掌在额前迎拍脚面，连续快速完成。	动作迅猛，击拍有力。
	84	原地掤势发力	以左为例： 1. 开步右抱球。 2. 左臂向前发力掤出发力。	力达小臂外侧。
	85	原地捋势发力	以左为例： 1. 开步站立，右臂微伸，掌心向下，掌指向前。 2. 左臂呈圆弧形，掌心向上，掌指向前，置于右前臂下。 3. 身体微左转；两掌随转体向下，向左后方弧形发力牵引至左腹侧，两臂弯曲。	动作走弧形，劲力上做到捋在掌中。
	86	原地挤势发力	一臂屈于胸前，另一手扶于屈臂手的腕内侧，两臂同时向前用力。	两臂撑圆，力在掌背。

续表

体能要素	序号	练习内容	练习方法	练习要求
爆发力	87	原地按势发力	两掌收于胸前，自下向前弧形发力按出。	两臂不可伸直，按在腰攻。
	88	原地採势发力	以左为例： 1. 两臂上举，掌心向前。 2. 双掌抓握旋腕画弧向左下採，右拳心向上，左拳心向下。	採在手指。
	89	原地挒势发力	以左为例： 1. 开步两掌按于体前。 2. 双手旋腕，画弧翻转向左前横挒，右手心向上，左手心向下。	挒在掌中。
	90	原地肘势发力	以左为例： 1. 开步左挒势。 2. 左手微向下画弧呈拳，右手助力向左前顶肘。	力在肘尖。
	91	原地靠势发力	以左为例：右掌心向下于右肩前，左手拳眼向内合劲右靠。	力在臂膀。
	92	行进间掤势发力	以左为例： 1. 开步右抱球。 2. 左臂向前发力掤出。	力达小臂外侧。
	93	行进间捋势发力	以左为例： 1. 开步站立，右臂微伸，掌心向下，掌指向前。 2. 左臂呈圆弧形，掌心向上，掌指向前，置于右前臂下。 3. 身体微左转；两掌随转体向下，向左后方弧形发力牵引至左腹侧，两臂弯曲。	动作走弧形，劲力上做到捋在掌中。
	94	行进间挤势发力	一臂屈于胸前，另一手扶于屈臂手的腕内侧，两臂同时向前用力。	两臂撑圆，力在掌背。

续表

体能要素	序号	练习内容	练习方法	练习要求
爆发力	95	行进间按势发力	两掌收于胸前，自下向前弧形发力按出。	两臂不可伸直，按在腰攻。
	96	行进间採势发力	以左为例： 1. 两臂上举，掌心向前。 2. 双掌抓握旋腕画弧向左下採，右拳心向上，左拳心向下。	採在手指。
	97	行进间挒势发力	以左为例： 1. 开步两掌按于体前。 2. 双手旋腕，画弧翻转向左前横挒，右手心向上，左手心向下。	挒在掌中。
	98	行进间肘势发力	以左为例： 1. 开步左挒势。 2. 左手微向下画弧呈拳，右手助力向左前顶肘。	力在肘尖。
	99	行进间靠势发力	以左为例：右掌心向下于右肩前，左手拳眼向内合劲右靠。	力在臂膀。
	100	马步转弓步	马步动作准备，一侧脚后跟蹬地发力拧转呈弓步，左右交替进行。	转换迅速。
	101	左右冲拳 + 连续蛙跳	开步左右冲拳，连续向前深蹲跳。	冲拳有力。
	102	原地弓步腾空跳转换	跳起后空中呈弓步动作，落地后双脚并拢，左右交替进行。	挺胸，立腰，前腿弓，后腿绷，转换迅速。
	103	弓步跳	双腿一前一后弯曲呈 90 度，然后跳起到空中伸直，然后双腿前后互换落地。	挺胸，立腰，前腿弓，后腿绷，转换迅速。
	104	马步跳	马步姿势，并步起跳，落地呈马步。	落地马步到位。
	105	横向跳跃 + 左右冲拳	用一条腿从一边跳到另一边，同时，异侧手臂冲拳。	冲拳有力。

续表

体能要素	序号	练习内容	练习方法	练习要求
爆发力	106	收腹跳 + 马步	双腿同时提膝跳，手臂摆动，双腿同时向上跳起，落地接马步。	起跳迅速，落地平稳。
	107	旋转跳接马步	纵跳准备，口令下旋转（左右）跳接马步。	落地马步到位。
	108	马步 + 合掌跳	马步姿势，跳起时胸前击掌。	起跳迅速。
反应时	109	听口令冲拳	抱拳于腰间，听口令左右冲拳。	冲拳有力。
	110	反口令冲拳	例如：口令左冲拳，实际右冲拳。	力达拳面，反应迅速。
	111	听口令拍脚	听口令左右拍脚。	击拍准确响亮。
	112	反口令拍脚	例如：口令左拍脚，实际右拍脚。	反应迅速，击拍准确响亮。
	113	听口令外摆莲	听口令左右摆莲脚。	摆动腿幅度呈扇形。
	114	反口令外摆莲	例如：口令左摆莲脚，实际右摆莲脚。	反应迅速，摆动腿幅度呈扇形。
	115	掤势对练	a 右手用力推，b 左臂外旋，以手掌虚拢 a 右臂下沉，缓解其推劲，同时右手横推 a 左胸，使其右转向后仰倒。	力达小臂外侧。
	116	捋势对练	a 冲拳，b 一手虚拢对方腕部，另一手黏其肘部引进。	动作走弧形，劲力上做到捋在掌中。
	117	挤势对练	1. a 冲拳，b 一手虚拢对方腕部，另一手黏其肘部引进。 2. 进步套脚和上身前挤。	两臂撑圆，力在掌背。
	118	按势对练	a 冲拳，b 一手虚拢对方腕部，一手黏其肘弧形向下压按和向前推按。	两臂不可伸直，按在腰攻。
	119	採势对练	a 冲拳，b 虚拢手指抓握对方手腕或肘关节部由上向下牵引。	採在手指。
	120	挒势对练	a 冲拳，b 虚拢手指抓握对方手腕或肘关节部，另一手即用手背反挒人之领际使对方后仰跌倒。	挒在掌中。

续表

体能要素	序号	练习内容	练习方法	练习要求
反应时	121	肘势对练	a 冲拳，b 虚拢手指抓握对方手腕，上步近身肘击。	力在肘尖。
	122	靠势对练	a 捋 b 左臂，b 即上左步随，主动右转身，以左肩、臂部靠击对方胸部。	力在臂膀。
	123	平圆单推手	以顺势单搭手为预备势，甲按乙手腕乙以右手掤劲向外弧形引化，乙顺势回按甲手腕，甲右手也以掤劲向外弧形化解，两人循环练习。	推化路线为一个平圆形。
	124	立圆单推手	以顺势单搭手为预备势，甲插乙面，乙用右手掤劲承接甲的来劲，并将甲右手掌引向头部右前侧，乙顺势将右掌置于甲右手腕上，插向甲肋，甲向侧下引化将乙手引向体右胯侧，如此循环练习。	沉肩坠肘，路线为立圆形。
	125	平圆双推手	以顺势双搭手为预备势，当甲重心前移推按时，乙重心后移以掤劲化解，并顺式重心前移推按，甲重心后移，以此循环练习。	路线为平圆形。
	126	立圆双推手	以顺势双搭手为预备势，当甲右手向乙面部内旋前伸时，乙用掤劲化解对方来劲，并顺势循弧线切按，同时左手向下按甲右肘于腹前，右手向甲腹部伸插，甲用右手挪劲化解，回势后引，以此循环练习。	路线为立圆形。
	127	合步四正手	二人一组面对站立，进行掤势、捋势、挤势、按势动作的练习。	掤捋挤按动态位置准确，劲力准确，劲路变化衔接自然流畅。
	128	活步四正手	按照一定的进退步法和四正手进行练习。	进退、开合、起伏、虚实转换流畅。

续表

体能要素	序号	练习内容	练习方法	练习要求
灵敏性	129	旋转跳接独立步	纵跳准备，口令下旋转（左右）跳接独立步。	动作迅速，落地平稳。
	130	单脚左右跳 + 冲拳	单脚左跳冲右拳，单脚右跳冲左拳。	上下肢配合协调，力达拳面。
	131	快跑 + 急停冲拳	跑动过程中听口令急停冲拳。	动作迅速，冲拳有力。
	132	绳梯练习 + 冲拳	利用绳梯进行脚下步伐练习，同时左右冲拳。	动作协调，力达拳面。
	133	原地快跑 + 左右冲拳	原地摆臂快跑，听口令，开步左右冲拳。	摆臂迅速，冲拳有力。
	134	快跑 + 旋转跳接独立步	跑动过程中听口令起跳转体接独立步。	动作连贯，落地平稳。
	135	正踢腿 + 转身跑	左右正踢腿，听到口令后，转身冲刺跑 15 米。	踢腿动作连贯，冲刺跑快速。
	136	冲拳 + 转身跑	左右冲拳，听到口令后，转身冲刺跑 15 米。	冲拳有力，动作连贯。
	137	里合腿 + 转身跑	左右里合腿，听到口令后，转身冲刺跑 15 米。	踢腿动作连贯，冲刺跑快速。
	138	外摆腿 + 转身跑	左右外摆腿，听到口令后，转身冲刺跑 15 米。	
	139	拍脚 + 转身跑	左右拍脚，听到口令后，转身冲刺跑 15 米。	击拍准确响亮，冲刺跑快速。
	140	野马分鬃对练	一人冲拳，一人野马分鬃进攻。	进退转换虚实分明。眼随手动，反应快速。
	141	搂膝拗步对练	一人弹腿，一人搂膝拗步进攻。	双手有力腰身蓄力，反应快速。
	142	冲拳 + 网球	一人上抛网球，一人冲拳击打。	反应快速，击打准确。
	143	腾空正踢腿	助跑起跳，摆动腿勾起脚尖向前额处猛踢。	挺胸，直腰，踢腿过腰后加速。
	144	左右弓步转换	听口令左右弓步转换。	挺胸，立腰，前腿弓，后腿绷。
	145	里合腿 + 外摆腿	摆动腿做里合腿，轻点地面，立即做外摆腿。	摆动腿幅度呈扇形。

续表

体能要素	序号	练习内容	练习方法	练习要求
柔韧性	146	仆步静蹲	1. 一腿屈膝全蹲，膝部与脚尖外展。 2. 另一腿伸直平仆，接近地面。	挺胸，立腰，开髋，全脚掌着地。
	147	仆步平移	1. 一腿屈膝全蹲，膝部与脚尖外展。 2. 另一腿伸直平仆，接近地面。两脚全脚着地，左右仆步平移。	
	148	仆步穿掌	以右侧为例： 1. 右手勾手侧上举，左掌立掌于右肩处，左腿提膝。 2. 左腿向左侧伸出呈右仆步，左手经右肋沿左腿内侧向左穿出。 3. 左右依次重复。	指尖与穿伸方向相同，上下肢配合协调。
	149	前压腿	1. 双脚并拢，左脚向前迈一步。 2. 左脚膝盖绷直足尖勾起，右膝屈曲用双手抓握前脚掌或用双掌重叠于下颌，用鼻尖或下颌碰触足尖。	前腿膝部挺直，压至疼痛时，进行耗腿练习。
	150	正压腿（水平位）	1. 把腿放在与腰同高的物体上，髋部后坐，臀部要平，支撑腿与地面垂直，膝部挺直。 2. 被压腿脚尖向上并有意识地向回勾扣，上身用力向前移动，使被压腿呈一直线。	膝部挺直，压至疼痛时，进行耗腿练习。
	151	正压腿（高位）	1. 把腿放在高于腰的物体上，髋部后坐，臀部要平，支撑腿与地面垂直，膝部挺直。 2. 被压腿脚尖向上并有意识地向回勾扣，上身用力向前移动，使被压腿呈一直线。	膝部挺直，压至疼痛时，进行耗腿练习。

续表

体能要素	序号	练习内容	练习方法	练习要求
柔韧性	152	侧压腿（水平位）	1. 右腿支撑站立，左脚从体侧放置到水平高度的物体上，脚尖勾起，右臂上举，左掌立于胸前，两腿伸直，腰部挺立。 2. 上体向左侧下振压，振压幅度要逐渐加大，直到上体能侧倒在左腿上。 3. 两腿交替进行	适当振压，压至疼痛时，进行耗腿练习。
	153	侧压腿（高位）	同水平侧压腿，只是放腿的高度在胸部以上。	膝部挺直，压至疼痛时，进行耗腿练习。
	154	后撩腿	双手扶一横木或立木，腿从身体的正后方向上撩踢。	尽量向上撩。
	155	竖叉	腿前后分开呈“一”字形，双手撑地，上身正直，而后努力使身体向下振压，至两腿前后分开至一条线坐于地下。	挺腰直背，沉髋挺膝；前俯勾脚，后屈伸踝。
	156	横叉	1. 两腿左右“一”字伸开，两手可辅助支撑。 2. 两腿的小腿后侧着地，压紧地面，两脚的脚跟着地，两脚尖向左右侧伸展或勾紧，胯充分打开，呈“一”字形。	挺腰立背，开胯沉髋；挺膝勾脚，前俯倾倒。
	157	正压肩	双手放于同伴双肩，上体前俯下振压肩。	两臂、两腿要伸直，力点集中于肩部。
	158	横压肩	手臂左右平伸呈“一”字，身体直立，两手扶住墙壁，身体前进，手臂后展，肩向后振压	力点集中于肩部。
	159	后压肩	双手放在背后，扶住肋木，手臂不要弯曲，着力点在肩部，身体做蹲起动作。	
	160	下腰	双脚着地，分开略宽于肩，背弓双手经头上向后撑地。	四肢尽量伸直，手脚的距离尽可能地靠近。
	161	涮腰	两脚开立，略宽于肩，两臂自然下垂。以髋关节为轴，上体前俯，两臂向左前下方伸出。随之向前、向右、向后、向左翻转绕环。	尽量增大绕环幅度，以使腰部涮动增大。

续表

体能要素	序号	练习内容	练习方法	练习要求
柔韧性	162	扳腿	一腿独立一腿屈膝上提，同侧的手环抱住小腿，另一手握脚上扳，将大腿面贴住胸部。	大腿尽量上提。
	163	辅助分脚	一人扶墙做分脚动作，另一人辅助抬腿至高位。	抬至疼痛时，进行耗腿练习。
	164	辅助蹬脚	一人扶墙做蹬脚动作，另一人辅助抬腿至高位。	
	165	正踢腿	两手呈立掌侧平举，摆动腿勾起脚尖向前额处猛踢，两眼平视。	踢腿时，脚尖勾起，收髋猛收腹，过腰后加速。
平衡	166	独立平衡	一腿微屈支撑，另一腿屈膝提起，大腿水平。	支撑稳定，提膝脚尖自然松垂，保持平衡。
	167	独立步推肩对抗	两人一组相对而站，独立步状态下，互推肩膀。	
	168	独立步握手对抗	两人一组相对而站，独立步状态下，两手相握，互相拉拽。	
	169	分脚	以左分脚为例，右腿微屈站稳，左膝提起，左脚向左前、向上慢慢踢出，脚面自然展平，腿自然伸直高过腰部，左手伸向左脚方向，眼看左手。	上体中正，沉肩坠肘。
	170	蹬脚	以左蹬脚为例，右腿微屈站稳，左膝提起，左脚向左前、向上慢慢蹬出，脚尖上勾，高过腰部，左手伸向左脚方向，眼看左手。	劲贯足跟。
	171	独立步 + 拍脚	1. 一腿微屈支撑，另一腿屈膝提起，大腿水平。 2. 屈膝腿小腿上摆，脚面展平，手掌在额前迎拍脚面。	支撑稳定，保持平衡，击拍有力。
	172	原地纵跳 + 独立平衡	原地并步纵跳接独立平衡。	支撑稳定，提膝脚尖自然松垂。
	173	上步纵跳 + 独立平衡	向前上步纵跳接独立平衡。	落地平稳，支撑稳定，提膝脚尖自然松垂。

续表

体能要素	序号	练习内容	练习方法	练习要求
平衡	174	独立平衡 + 平衡垫	平衡垫上，一腿微屈支撑，另一腿屈膝提起，大腿水平。	支撑稳定，提膝脚尖自然松垂。
	175	独立步推肩对抗 + 平衡垫	平衡垫上，两人一组相对而站，独立步状态下，互推肩膀。	全身松沉。
	176	独立步握手对抗 + 平衡垫	平衡垫上，两人一组相对而站，独立步状态下，两手相握，互相拉拽。	全身松沉，支撑稳定，保持平衡。
	177	分脚 + 平衡垫	以左分脚为例： 1. 平衡垫上，右腿微屈站稳，左膝提起，左脚向左前、向上慢慢踢出。 2. 脚面自然展平，腿自然伸直高过腰部，左手伸向左脚方向，眼看左手。	上体中正，沉肩坠肘。
	178	蹬脚 + 平衡垫	以左蹬脚为例： 1. 平衡垫上，右腿微屈站稳，左膝提起，左脚向左前、向上慢慢蹬出。 2. 脚尖上勾，高过腰部，左手伸向左脚方向，眼看左手。	劲贯足跟。
	179	独立步 + 拍脚 + 平衡垫	1. 平衡垫上，一腿微屈支撑，另一腿屈膝提起，大腿水平。 2. 屈膝腿小腿上摆，脚面展平，手掌在额前迎拍脚面。	支撑稳定，保持平衡，击拍有力。
	180	站桩对抗 + 平衡垫	两人面对面站桩立于平衡垫上，手背相抵发力对抗。	沉肩坠肘，保持平衡。
	181	行进间搂膝拗步快练	以左为例：右丁步，右手掌心朝上侧举于体侧，左手掌心向下放于右肘内侧，左脚进步，左手搂膝按于髋侧，右手经耳侧向前推出。	进退转换虚实分明。眼随手动。
	182	行进间野马分鬃快练	丁步抱球、转体迈步、弓步分手。	双手有力腰身蓄力。

续表

体能要素	序号	练习内容	练习方法	练习要求
平衡	183	云手快练	1. 身体重心移至右腿上，身体渐向右转，左脚尖里扣；左手经腹前向右上画弧至右肩前，手心斜向后，同时右手变掌，手心向右前；眼看左手。 2. 上体慢慢左转，身体重心随之逐渐左移；左手由脸前向左侧运转，手心渐渐转向左方；右手由右下经腹前向左上画弧至左肩膀前，手心斜向后；同时右脚靠近左脚，呈小开立步（两脚距离 10—20 厘米）；眼看右手。 3. 上体再向右转，同时左手经腹前向右上画弧至右肩前，手心斜向后；右手右侧运转，手心翻转向右；随之左腿向左横跨一步；眼看左手。	身体转动要以腰脊为轴，松腰、松胯，不可忽高忽低。两臂随腰的转动而运转，要自然圆活，速度要缓慢均匀。
	184	倒卷肱快练	1. 上体右转，右手翻掌（手心向上）经腹前由下向后上方画弧平举，臂微屈，左手随即翻掌向上；眼的视线随着向右转体先向右看、再转向前方看左手。 2. 右臂屈肘折向前，右手由耳侧向前推出，手心向前，左臂屈肘后撤，手心向上，撤至左肋外侧；同时左腿轻轻提起向后（偏左）退一步，脚掌先着地，然后全脚慢慢踏实，身体重心移到左腿上，呈右虚步，右脚随转体以脚掌为轴扭正；眼看右手。 3. 上体微向左转，同时左手随转体向后上方画弧平举，手心向上，右手随即翻掌，掌心向上；眼随转体先向左看，再转向前方看右手。	上前推的手不要伸直，后撤手也不可直向回抽，随转体仍走弧线。

续表

体能要素	序号	练习内容	练习方法	练习要求
平衡	185	揽雀尾快练	1. 上体后坐并向右转，身体重心移至右腿，左脚尖里扣。 2. 右手向右平行画弧至左肋前，手心向上；左臂平屈胸前，左手掌心向下与右手呈抱球状。 3. 同时身体重心再移至左腿上，右脚收至左脚内侧，脚尖点地。	转动时以腰为轴，身体正直，速度均匀。
	186	进步左右掤势	同教学套路动作。	力达小臂外侧。
	187	退步左右捋势	同教学套路动作。	动作走弧形，劲力上做到捋在掌中。
	188	左移步左挤势 + 左移步双按势 + 右移步右挤势 + 右移步双按势	同教学套路动作。	1. 挤势：两臂撑圆，力在掌背。 2. 按势：两臂不可伸直，按在腰攻。
	189	退步左右採势	同教学套路动作。	採在手指。
	190	进步左右挒势	同教学套路动作。	挒在掌中。
	191	右移步右肘势 + 右移步右靠势 + 左移步左肘势 + 左移步双靠势	同教学套路动作。	1. 肘势：力在肘尖。 2. 靠势：力在臂膀。

第二节 中国式摔跤

中国式摔跤模块“技能+专项体能”教学方案

课时	项目学习内容	体能要素	专项体能练习内容	练习方式
1	基本功	灵敏性+协调	1. 双人步伐移动 2.“人”形脚步 3. 多方向移动速度训练 4. 全身波浪起	1. 分组进行： 内容1—2：60秒/组，间歇30秒，2组。 内容3—4：20次/组，间歇30秒，2组。 2. 教学环节实施建议： 准备部分后程。
2	倒地功	平衡+灵敏性	1. 游戏：多人单脚前进 2. 多人单脚横向移动 3. 跪腿 4. 盘腿	1. 依次进行： 内容1—2：直线10米/组，间歇30秒，3组。 内容3—4：20次/组，间歇30秒，2组。 2. 教学环节实施建议： 准备部分后程内容1—2；基本部分后面内容3—4。
3	步法	灵敏性+速度	1. 模仿跑 2. 前后滚翻 3. 原地马步抖皮条 4. 弓步长腰崴桩抖皮条	1. 依次进行： 内容1—2：往返10米/组，间歇30秒，2组。 内容3—4：听音乐，30次/组，间歇20秒，3组。 2. 教学环节实施建议： 准备部分前程内容1—2；基本部分后面内容3—4。
4	手法	心肺耐力+肌肉力量	1. 集体跳马 2. 集体钻洞 3. 双人腹肌 4. 双人背肌	1. 分组进行： 内容1—2：往返10米/组，间歇20秒，3组。 内容3—4：30次/组，间歇30秒，2组。 2. 教学环节实施建议： 准备部分后程内容1—2；基本部分后面内容3—4。
5	接臂抱双腿技术	速度+爆发力	1. 四步抖皮条 2. 平推 3. 收腹跳 4. 跪跳起	1. 分组进行： 内容1—2：20次/组，间歇20秒，2组。 内容3—4：30次/组，间歇20秒，3组。 2. 教学环节实施建议： 基本部分后面。

续表

课时	项目学习内容	体能要素	专项体能练习内容	练习方式
6	接臂抱双腿防守技术	反应时＋协调	1. 游戏：贴人 2. 反应突变练习 3. 过头翻 4. 手倒立后滚翻	1. 分组进行： 内容 1：听音乐，持续 2 分钟。 内容 2：10 次 / 组，间歇 20 秒，1 组。 内容 3—4：15 次 / 组，间歇 30 秒，2 组。 2. 教学环节实施建议： 准备部分后程。
7	过背摔跤绊（揣）技术	心肺耐力＋肌肉力量	1. 双人左右跳 2. 双人交叉跳 3. 双人俯卧撑 4. 双人倒立推	1. 分组进行： 内容 1—2：20 次 / 组，间歇 30 秒，3 组。 内容 3—4：15 次 / 组，间歇 30 秒，2 组。 2. 教学环节实施建议： 基本部分后面。
8	过背摔跤绊（揣）防守技术	动作速度＋柔韧性	1. 平推 2. 四步推 3. 游戏：多人单脚横向移动 4. 单脚双人推手	1. 分组进行： 内容 1—2：听音乐完成，20 次 / 组，间歇 20 秒，3 组。 内容 3—4：听音乐完成，10 次 / 组，间歇 30 秒，2 组。 2. 教学环节实施建议： 基本部分后面。
9	过背摔跤绊（入）技术	协调＋肌肉力量	1. 头手翻 2. 前软翻 3. 哑铃绕编花 4. 双人提抱	1. 分组进行： 内容 1—2：20 次 / 组，间歇 30 秒，3 组。 内容 3—4：30 次 / 组，间歇 40 秒，2 组。 2. 教学环节实施建议： 基本部分后面。
10	过背摔跤绊（入）防守技术	心肺耐力＋平衡	1. 多人交替领先跑 2. 双人跳钻 3. 单脚深蹲 4. 俯卧侧转	1. 分组进行： 内容 1：听音乐，持续 2 分钟。 内容 2：20 次 / 组，间歇 30 秒，2 组。 内容 3—4：20 次 / 组，间歇 30 秒，2 组。 2. 教学环节实施建议： 准备部分前程内容 1—2；基本部分后面内容 3—4。
11	转体跤绊（勾子）技术	核心力量＋肌肉耐力	1. 双人提抱 2. 双人反抱	1. 分组进行： 内容 1：30 次 / 组，间歇 20 秒，3 组。 内容 2：计时 3 分钟，看看谁做的次数最多。 2. 教学环节实施建议： 基本部分后面。

续表

课时	项目学习内容	体能要素	专项体能练习内容	练习方式
12	转体跤绊（勾子）防守技术	心肺耐力+柔韧性	1. 双人跨颈 2. 双人跨腰 3. 平躺高抬拉伸 4. 大小腿交叉拉伸	1. 四组轮换进行： 内容 1—2：往返 10 米 / 组，间歇 30 秒，2 组。 内容 3—4：听音乐，每个动作 2 分钟。 2. 教学环节实施建议： 基本部分后面。
13	转体跤绊（别子）技术	肌肉耐力+速度	1. 双人桥摆 2. 双人抬肘 3. 前滚翻接力赛	1. 分组进行： 内容 1—2：20 次 / 组，间歇 30 秒，2 组。 内容 3：分组比赛，看看哪组最快。 2. 教学环节实施建议： 基本部分后面。
14	转体跤绊（别子）防守技术	柔韧性+平衡	1. 后倒撑桥向上移动 2. 乔氏牵拉 3. 鲤鱼打挺 4. 闭眼单腿独立	1. 分组轮换： 内容 1—2：15 次 / 组，间歇 20 秒，2 组。 内容 3：10 米 / 组，间歇 30 秒，2 组。 内容 4：30 秒 / 组，间歇 20 秒，2 组 2. 教学环节实施建议： 基本部分后面。
15	综合技术	平衡+协调	1. 前滚翻接后滚翻 2. 后倒撑桥走 3. 滚翻加分腿跳 4. 摔跤飞行步	1. 分组进行： 内容 1—2：分组比赛，看看哪组最快。 内容 3：20 次 / 组，间歇 30 秒，3 组。 内容 4：10 米 / 组，间歇 30 秒，3 组。 2. 教学环节实施建议： 准备部分前程内容 1—2；基本部分后面内容 3—4。
16	小组对抗赛	心肺耐力+速度	1. 四肢跳 2. 后撑走 3. 双人小推车	1. 分组进行： 内容 1—2：20 米 / 组，间歇 30 秒，4 组。 内容 3：分组比赛，看看哪组时间最短。 2. 教学环节实施建议： 基本部分后面。
17	分组擂台赛	反应时+心肺耐力	1. 游戏：打鸭子 2. 爬行跑 3. 前撑走	1. 依次进行： 内容 1：听音乐，连续练习 2 分钟，1 组。 内容 2—3：往返 10 米 / 组，间歇 20 秒，3 组。 2. 教学环节实施建议： 基本部分后面。
18	班内锦标赛	爆发力+肌肉力量	1. 俯卧撑启动加速跑 2. 背向高抬腿转身加速跑 3. 布袋涮腰 4. 双人蹲起	1. 分组进行： 内容 1—2：分组比赛 20 米，看看哪组最快。 内容 3—4：分组比赛 2 分钟，看看哪组最多。 2. 教学环节实施建议： 基本部分后面。

中国式摔跤模块　专项体能处方资源库

体能要素	序号	练习内容	练习方法	练习要求
心肺耐力	1	集体“8”字匀速跑	垫上排列成一队，围绕摔跤垫子四角进行“8”字匀速跑。	1. 交换流畅。 2. 速度要快。
	2	集体穿插“S”跑	垫上排列成一队，前后间隔 1 米左右距离，队尾从后向前在前面人之间进行“S”跑。依次进行。	1. 最后一名冲刺绕过每一个人到达排头。 2. 第一名速度降低。 3. 其他同学间隔一臂匀速前行。
	3	多人交替领先跑	1. 一路纵队慢跑，队尾迅速从右边加速超越至最前方。 2. 超越完成后减速，新的队尾再完成超越。	1. 最后一名全力冲刺，只能从右边超越。 2. 跑至排头位置后速度降低。
	4	集体跨步跑	1. 垫上排成一队匀速慢跑，排头横向趴在摔跤垫上，后面人从前面人身体上方大步跨越。 2. 跨越完成后拉开间隔形成相同姿势供后面人完成，以此类推。	1. 趴垫子上身体呈一条直线。 2. 趴垫子上左右间隔约 1.5 米。
	5	集体跳马	1. 垫上排成一队匀速慢跑，排头横向撑成马桩状态后面人依次跳马。 2. 跳马完成后拉开间隔形成相同姿势供后面人完成，以此类推。	1. 间隔在 1 米距离。 2. 动作规范。 3. 反应要快。
	6	集体抱膝跳	1. 垫上排成一队匀速慢跑，排头身体跪姿团身，后面人依次从上方抱膝跳。 2. 跳越完成以后拉开间隔形成相同姿势供后面人完成，以此类推。	
	7	集体钻洞	1. 垫上排成一队匀速慢跑，排头手脚撑地成拱桥，后面人依次从身下爬过。 2. 爬行通过前面人后形成相同的拱桥姿势供后面人完成，以此类推。	1. 撑山洞队员左右贴紧。 2. 动作要快。 3. 反应要快。
	8	双人跳马	一人呈马桩状态，另一人从马桩状态队员侧面进行跳马，每人 30 秒，双人交换。	1. 核心收紧不塌腰。 2. 动作规范。 3. 最快速度下完成。

续表

体能要素	序号	练习内容	练习方法	练习要求
心肺耐力	9	双人左右跳	一人跪姿团身在摔跤垫上，另一人站在体侧进行左右跳，每人30秒进行交换。	1. 动作规范。 2. 最快速度下完成。
	10	双人交叉跳	一人跪姿团身在摔跤垫上，另一人双脚打开呈弓步站在上方进行交叉跳，每人30秒进行交换。	1. 动作规范。 2. 弓步打开呈90度。
	11	双人跳钻	一人呈马桩状态，另一人从马桩状态队员后侧进行跳马，跳过后马桩状态队员迅速站直，双脚打开，跳马的人迅速回身从另一人腿间下潜钻过。每人30秒，双人交换。	1. 反应要快，马桩状态和起身状态根据同伴的节奏变化。 2. 动作规范。 3. 最快速度完成。
	12	双人后抱腰跑	两人一组一人从另一人身后抱住对方腰腹，抱起向前跑步10米，两人交换返回。	1. 配合人身体保持直立，双脚主动离地。 2. 后抱腰队员双手搭扣。
	13	双人反抱跑	两人一组一人前屈身，另一人反抱腰部起跑步向前10米。两人交换返回。	1. 被反抱队员身体保持直立。 2. 体重相当的人在一组练习。
	14	双人托盘跑	两人一组一人用胳膊大臂拖起另一名队员躯干和大腿，两人身体呈面对面状态跑步向前10米。两人交换返回。	1. 被抱起队员身体保持直立并呈侧平举状态。 2. 体重相当的人在一组练习。
	15	双人穿腿跑	两人一组一人穿腿结束扛起另一名队员跑步向前10米。两人交换返回。	1. 被穿腿人身体放松不较劲。 2. 穿腿人把位拿紧不要动。 3. 体重相当的人在一组练习。
	16	双人支臂撑跑	两人一组一人双臂直臂撑在另一名队员双肩上跑步向前10米。队员交换返回。	1. 支臂撑队员手臂伸直。 2. 配合人身体直立跑动。 3. 体重相当的人在一组练习。

续表

体能要素	序号	练习内容	练习方法	练习要求
心肺耐力	17	双人胯腰跑	两人一组一人撑腋下背状态跑步向前 10 米。队员交换返回。	1. 动作规范。 2. 配合人身体放松不较劲。
	18	双人挂颈跑	两人一组一人双手搭扣抱在另一人颈部，双脚离地，双腿弯曲提起，跑步向前 10 米。队员交换返回。	1. 搭扣要紧。 2. 动作规范。 3. 体重相当的人在一组练习。
	19	爬跑	俯身手脚打开撑地，快速向前爬行 10 米并返回。	1. 动作规范，快速跑完。 2. 动作协调，返回时不停歇。
	20	前撑走	仰身双手双脚撑地，快速向前爬行 10 米并返回。	1. 髋部挺身不塌腰。 2. 动作规范协调，全速完成。
	21	后撑走	仰身双手双脚撑地，快速向后爬行 10 米并返回。	1. 髋部挺身不塌腰。 2. 动作规范协调，全速完成。
	22	四肢跳	俯身双手双脚撑地，双手同时向前移动，双脚再同时向前移动，10 米并返回。	1. 手脚距离要伸展开。 2. 动作规范协调，全速完成。 3. 折返点不停歇。
	23	过腿	1. 马步站立，两臂自然下垂，上体直立，松胯。 2. 左右做小崴桩，崴桩后踢起，然后转体、坐腰、外摆呈小崴桩形状轻轻落地。左右动作相同，方向相反。	1. 动作规范。 2. 身体重心始终不变。
	24	盖棒	1. 两脚平行开立，略比肩宽，两手正握木棒于胸前，两臂微屈呈预备姿势，右脚向前一步呈跤架。 2. 右手握棒向后，向上画立圆，由右肩上方向体前盖砸，左右动作相同方向相反。	1. 动作规范。 2. 身体重心随着棒子动。

续表

体能要素	序号	练习内容	练习方法	练习要求
肌肉力量（肢体力量和核心力量）、肌肉耐力	25	双人实心球腹肌	1. 两人脚对脚间隔 1 米坐好，一人手持实心球置于头后做仰卧起坐。 2. 仰卧起坐完成后将实心球抛传给另一人，接好实心球后完成以上动作，循环练习。	1. 抛实心球注意距离和高度。 2. 接到实心球后置于头后缓慢向下。
	26	双人双臂屈伸	1. 一人直立双臂前平举，另一人握住其肘关节。 2. 以肩为轴，手臂做屈伸运动。	1. 屈臂时要 90 度。 2. 直臂动作充分完成后再屈臂。
	27	双人背肌	练习者从后面抱起配合者，向前俯身再直立起来。	1. 练习者腿保持直立。 2. 配合者身体放松不要较劲。
	28	哑铃绕环编花	左手手心向内，从体前弯举至右肩，然后手心向外侧旋转，同时手臂伸直向左上方发力，顺势还原，左右手交替。	1. 动作规范。 2. 向上时手臂要伸直。 3. 握紧哑铃，快起慢下。
	29	双人击掌俯卧撑	两人俯撑，头对头，做一次俯卧撑，同侧或异侧手互相击掌一次。	1. 动作规范。 2. 配合默契。
	30	双人俯卧撑	1. 练习者呈俯卧撑姿势，配合者握住其脚踝提至手臂自然下垂位置。 2. 练习者进行俯卧撑练习，两者交换练习。	
	31	双人倒立推	练习者倒立在配合者面前，双脚放在配合者肩上，练习者进行俯卧撑。	
	32	双人提抱	一人平趴在垫上，另一人双手抱住其腰部将其拉起呈站立姿势。	1. 配合人注意身体平直。 2. 下落时注意安全。
	33	双人反抱	1. 一人抱住一人的腰部将其拉起。 2. 做拧抱动作，使配合者 180 度方向调换。	1. 整个动作上身保持直立。 2. 配合者身体放松微屈

续表

体能要素	序号	练习内容	练习方法	练习要求
肌肉力量（肢体力量和核心力量）、肌肉耐力	34	双人桥摆	练习者用头和脚起桥到最高点面部朝上背部朝下，配合者坐在起桥队员髋部，双脚放在起桥队员大臂上，进行桥摆动作，交替练习。	1. 核心收住，不塌腰。 2. 起桥至最高点再下落。
	35	双人抬肘	练习者坐立在垫上双手胸前握拳抬肘，配合者蹲在其身后向对付方肘部给予压力，两者交替练习。	1. 上体直立，肘关节抬平。 2. 上体不要随着肘关节移动。
	36	双人上举	两人面对背站立，练习者抬起双臂，配合者双手拿住前人肘窝，两人进行反作用力，前人向上伸直双臂，后人向下增加阻力，两者交替练习。	1. 双人力量后人发力略小，起到阻力作用。 2. 前人双臂要伸直。
	37	双人举腿腹肌	1. 一人平躺在垫上，另一人站立在其头部位置。 2. 练习者双手抱住配合者脚踝进行举腿练习，配合者在其举腿最高点时向下或者左右方向给予阻力，两者交替练习。	1. 举腿时双腿伸直。 2. 遇到阻力后核心收紧控制腿部不落地。
	38	双人蹲起	一人将另一人扛在肩上，双手扶墙进行深蹲起练习。	1. 下蹲时要蹲到最低。 2. 配合者身体放松。
	39	单人提拉弹力带	一人单脚踩住弹力带，另一端挂在手腕搭扣弹力带向上提拉。	1. 双手紧握弹力带 2. 双腿随身体弯曲。
	40	单人硬拉弹力带	双脚与肩同宽踩住弹力带，双手握住向上提拉。	
	41	固定弹力带提拉	将弹力带一头固定，双手握住另一端，向上提拉的同时配合小跳。	1. 固定弹力带角度要高。 2. 手上脚下协调配合。
	42	直臂下拉弹力带	将弹力带一头固定，身体呈马桩形态握住弹力带向下直臂拉，同时左右滑步移动。	1. 胳膊不要弯曲。 2. 左右滑步重心不要起伏。
	43	双人弹力带	一人将弹力带固定在肩上，呈跤架姿势，做上步蹬腿，撤步回来时手要触垫，另一人在后面拉住弹力带给予阻力，交替练习。	1. 跤架重心始终不变。 2. 上步要上最大步伐。

续表

体能要素	序号	练习内容	练习方法	练习要求
肌肉力量（肢体力量和核心力量）、肌肉耐力	44	双人颈部练习	1. 一人坐在垫上，双腿打开上体直立，另一人站其身后。 2. 练习者做抬头低头的动作，配合者手放在头上给予相对阻力。交替练习。	1. 练习时上体保持直立。 2. 配合者阻力要适合。
	45	头手倒立	一人头手撑垫脚朝上呈倒立姿势，保持 30 秒	1. 控制好平衡。 2. 颈部收紧。
	46	布袋涮腰	一人抱起布袋向右上方发力到最高点，划至左下方，动作相同，方向相反，反复练习。	1. 核心收住。 2. 对角线发力至最高点。
速度	47	原地马步抖皮条	1. 马步站立，双手攥紧皮条，左右转身。 2. 两手臂前后绷抖皮条，眼视皮条，左右动作相同，方向相反。	1. 左右绷抖皮条时马步重心不变。 2. 眼睛随着皮条方向。
	48	弓步长腰崴桩抖皮条	1. 马步站立，双手攥紧皮条。 2. 左脚蹬地、右脚外展，身体突然左转呈右弓步，双手上下绷抖皮条，低头注视皮条呈崴桩姿势，左右动作相同，方向相反。	1. 重心保持不变。 2. 皮条绷紧不放松。
	49	四步抖皮条	1. 马步站立，双手攥紧皮条。 2. 先上左步的同时左手绷抖皮条，紧跟着卧步，双手绷抖皮条，低头，双脚蹬地，拧转，身体右转，左手向右绷抖皮条，腿前弓后绷呈崴桩姿势，目注视皮条，左右动作相同，方向相反。	1. 重心保持不变。 2. 上步的时候重心依然不变。
	50	平推	1. 马步站立，两手握推放于腰侧，手心朝上。 2. 先由左手旋转推出，手背朝上，左手收回，手心仍朝上；同时，右手旋转推出，左右动作相同，方向相反，反复练习。	1. 重心保持不变 2. 双臂伸直。
	51	弓步长腰崴桩推	1. 马步站立，两手握推于腰侧，手心朝上。 2. 俯身向右前方撇出左手推子，手心向上；拧脚向左转身，当身体转至左侧前方时，蹬地发力转体崴桩，右手旋转推出至手心向下，同时左手推子收回至腰侧，稍变脸。左右动作相同，方向相反，反复练习。	1. 重心保持不变 2. 上步时手臂伸直重心不变。

续表

体能要素	序号	练习内容	练习方法	练习要求
速度	52	四步推	1. 马步站立，两手握推放于腰侧，手心朝上。 2. 上左步：同时左手旋转推出，手心向下，紧跟着背步、卧步，右手旋转推出，左手推子收回腰侧。上异侧步，动作相同，方向相反。	1. 重心不变。 2. 推出时胳膊伸直。
	53	平胸横棒	1. 双手持棒呈马步站立。 2. 上一步呈跤架，持棒正握拧转前后手，前把为上手，掌心朝斜下方。上步或撤步后，前后把用力均衡，将大棒子扳成与身体平行。左右动作相同，方向相反。	1. 大棒子横举胸前。 2. 马步重心始终不变。
	54	肩上横棒	1. 双手持棒呈马步站立。 2. 上一步呈跤架，持棒正握拧转前后手，前把为上手，掌心朝斜下方，后手为底手，掌心朝斜上方。向前凿棒后向后撤一大步，与此同时左手向前用力推送棒子，右手向后牵拉棒子。左右动作相同，方向相反。	1. 上步时重心不变。 2. 棒子与手臂协调配合。
	55	揣棒	1. 双手持棒呈马步站立。 2. 先上左步盖压，背左步并双手往后捅送，拧钻脚、转身、拱臀、绷腿、拉擦，完成动作。左右动作相同，方向相反。	1. 马步重心不变。 2. 拉擦动作要明显。
	56	勾棒	1. 双手持棒呈马步站立。 2. 双手拧棒盖压，背步同时转体 180 度，将盘在前边的腿向后侧上方扔出，同时两臂向下裹拉按棒。 3. 左右动作相同，方向相反。	1. 棒子线路正确。 2. 马步重心不变。
	57	杠铃转体	将杠铃扛在肩上，向左转体 90 度然后向右转体 90 度。	1. 转体速度不要太快。 2. 动作要缓慢。

续表

体能要素	序号	练习内容	练习方法	练习要求
速度	58	双人倒立颈部力量	练习者头手倒立靠在后人面前，配合者拿住前人双脚，练习者进行前后左右四个方向颈部力量练习。	1. 前人向前移动至鼻子，向后至后脑勺，向左至左耳，向右至右耳。 2. 动作到位。
	59	双人小推车	一人呈俯卧撑姿势，另一人拿起对方脚腕向前推行 10 米。	1. 动作规范。 2. 配合默契。
	60	前滚翻接力赛	分组进行，前滚翻往返 10 米，击掌接力，先完成的一组获得胜利。	
	61	爬行跑接力赛	分组进行，爬行跑往返 10 米，击掌接力，先完成的一组获得胜利。	
爆发力	62	收腹跳	1. 两脚打开与肩同宽，原地起跳。 2. 跳起后在上半身往前同时收腹，两腿往上方抬起，落地后下蹲缓冲，完成 12 次。	1. 动作要快。 2. 大腿上抬至胸腹部。
	63	跪跳起	脚面绷直，臀部坐在小腿上，核心和上肢发力配合摆臂向上跳起。	1. 动作要快。 2. 跳起呈蹲姿。
	64	仰卧负重推举	仰卧躺在凳子上，上背部支撑体重，双脚着地，连续上推杠铃。	1. 保护下进行。 2. 较快速度完成。
	65	爬绳	双手握住麻绳，交替换手向上爬，爬到最高点交替换手向下爬。	1. 向下爬一定要交替换手。 2. 腿部不可以借力
	66	小重量杠铃高翻	1. 半蹲，挺胸抬头，从地面拉起杠铃。 2. 杠铃超过膝盖时，开始爆发性地向上提拉杠铃。稍作停顿，利用硬拉产生向上的惯性，将杠铃拉起到胸部高度，迅速翻转前臂，同时屈髋关节、膝关节，降低重心，将杠铃杆架在肩上锁骨位置。	1. 保持背部挺直，腹部收紧。 2. 杠铃向上翻起要快。 3. 选择合适的重量、避免受伤。

续表

体能要素	序号	练习内容	练习方法	练习要求
爆发力	67	俯卧撑启动加速跑	1. 快速俯卧撑练习。 2. 听到信号马上向前冲刺跑 20 米。	1. 集中注意力。 2. 启动加速快。
	68	仰卧起坐启动加速跑	1. 快速仰卧起坐练习。 2. 听到信号马上向前冲刺跑 20 米。	
	69	背肌两头起启动加速跑	1. 快速背肌两头起练习。 2. 听到信号马上向前冲刺跑 20 米。	
	70	背向高抬腿接转身加速跑	1. 背对跑进方向做快速高抬腿练习。 2. 听到信号后，迅速转身加速跑 20 米。	
	71	立卧撑跳转体 180 度冲刺	背对起跑线做快速立卧撑跳练习。 听到信号转体 180 度加速跑 20 米。	
反应时	72	游戏：打手背	一人手心向上，另一人手心向下，听到信号后，手在下面的人向上翻打，上面的人听到信号后可以撤手。	快速反应，注意力集中。
	73	游戏：贴人	1. 前后两人一组，组成一个圆，间隔两臂距离。 2. 被追逐者往前方贴，被贴后，最后面的人成了被追逐对象，抓到后互换。	1. 手碰触伙伴，即抓到。 2. 多贴人，少遛人。
	74	游戏：打鸭子	分两组进行游戏，一组人在外面分两侧站开，另一组人在里面躲避沙包，全部打到后交换。	1. 注意力集中，判断沙包的路线 2. 敢于面对，不要逃避。
	75	游戏：叫号	每人分好序号后，由一人向空中抛球并喊号，被喊到自己序号的人，跑步在球落地之前接到球，并喊下一人。	1. 注意力集中并听清楚序号。 2. 抛球要垂直向上。
	76	反应突变练习	1. 把各种步法编上序号如 1 为左滑步、2 为右滑步、3 为左上步、4 为右上步、5 为向左交叉步、6 为向右交叉步。 2. 练习者听到喊号后快速反应做出相应步法。	反应快，步法准确无误。

续表

体能要素	序号	练习内容	练习方法	练习要求
反应时	77	游戏：击鼓传花	围绕垫子坐一圈，一人坐在圈中间喊开始停，一人拿手绢在其他人后面走，并选取一人放在身后并加速跑离开，被选中人感应到后起身加速跑追赶。	1. 注意力集中。 2. 反应快，迅速追赶，不放弃。
	78	抱单腿	两人猜拳，赢的一方抱住输的一方的单腿，听信号后，抱腿人进攻，被抱腿人防守，得分者胜，30 秒内不得分防守者胜。	快速反应，注意力集中。
	79	双人步法移动	两人一组，一人趴在垫子上，双臂侧平打开，双腿打开，呈“大”字形，另一人从下边队员两腿间、身体两侧、头两侧向前移动向后移动，每人 30 秒。	步伐移动快速灵活，靠近对方身体。
	80	拍肩跑	原地站立姿势，后面人拍前面人肩膀，拍左肩向左转一圈后冲刺跑 20 米，拍右肩向右转一圈后冲刺跑 20 米。	1. 注意力集中。 2. 快速反应后做出相应动作。
	81	游戏：双人踩脚	两人一组，双手背后，相互踩对方脚尖，1 分钟。	脚步灵活移动，左右结合，真假结合
	82	游戏：双人拍后背	两人一组，相互去拍对方后背，可躲避，1 分钟。	左右结合，合理利用假动作。
	83	游戏：双人摸手	两人一组，手脚撑在垫子上，双脚并拢，不要移动，利用拉对方手臂、带头、假动作，晃动对方重心使对方趴在垫子上，1 分钟。	1. 上肢把位与身体的配合。 2. 假动作要逼真。
	84	移动：双人步法	两人一组，一人趴在垫子上，双臂侧平打开，双腿打开，呈“大”字形，另一人从下边队员两腿间、身体两侧、头两侧向前移动向后移动，每人 30 秒。	步伐移动快速灵活，靠近对方身体。
	85	绳梯步伐	1: 前脚掌着地，手臂协调配合。 2. 按规定动作完成练习。	1. 频率尽可能快。 2. 不踩踏绳梯。 3. 反应迅速。

续表

体能要素	序号	练习内容	练习方法	练习要求
灵敏性	86	多方向移动速度训练	1. 按照规定路线前进。 2. 绕标志桶时反应快。	1. 速度要快。 2. 保持正确跑步姿势。 3. 不漏绕标志桶。
	87	高抬腿接抱双腿	1. 高抬腿快频率练习。 2. 听到信号后做抱双腿动作。	1. 高抬腿速度要快。 2. 信号响起马上做出动作。
	88	立卧撑跳接抱双腿	1. 立卧撑跳快频率练习。 2. 听到信号后做抱双腿动作。	1. 立卧撑跳动作规范。 2. 信号响起立马做动作，不用恢复起始形态。
	89	绳梯开合跳	手臂与脚下协调配合在绳梯中开合跳。	1. 频率要快。 2. 不踩绳梯。
	90	前进跑变后退跑	向前快速跑听到信号后转身变后退跑。	1. 反应迅速。 2. 动作要快。
	91	冲刺跑变小步跑交替	冲刺跑听到信号后变小步跑，再听到信号再变冲刺跑，交替变换。	1. 反应迅速 2. 小步跑要快频率。
	92	跪腿	两腿屈膝呈马步，左右抡臂；小腿向后撩踢臀部，反复练习。	注意重心移动。
	93	盘腿	两腿开立屈膝呈马步，双手自然下垂或掐腰，左腿由右膝上盘至胯部，形成踢毽。左右交替反复练习。	注意盘腿的位置和角度。
	94	四步抽腿	1. 四步抽腿是由上步、背步、抽腿、转体 4 个环节组成。 2. 两腿开立并屈膝呈马步，双手自然下垂，右脚向左脚前斜上方一步，左脚向右脚后方背一步呈歇步，两脚蹬地向右转体 180 度，左脚拧转蹬地同时右腿从左腿膝部上抽出。 3. 左右动作相同，方向相反。	髋关节先动，以髋引腿。

续表

体能要素	序号	练习内容	练习方法	练习要求
灵敏性	95	摇棒	两脚平行开立，略比肩宽，两手正握棒子于胸前，两臂微屈呈预备姿势，左手握棒向后、向上、向前画立圆。左右动作相同，方向相反，反复练习。	1. 棒子拿稳。 2. 注意画棒子的线路。
	96	“人”字形脚步	一人“大”字形打开趴在垫子上，另一人在头、臂、裆部进行左右脚前后跑练习。	1. 动作协调连贯。 2. 控制身体平衡。
	97	模仿跑	前面人跑步同时做动作，后面人一边追赶一边模仿前面人的动作。	1. 模仿度要高。 2. 注意安全
	98	前后滚翻	前滚翻动作后上一步转体做后滚翻，以此类推交替进行 10 米。	1. 注意前后间距。 2. 动作要规范。
柔韧性	99	平躺高抬拉伸	1. 平躺高抬（屈腿、直腿）。 2. 屈腿高抬尽量大腿向胸前收，直腿两手环抱膝盖后方。	1. 注意循序渐进，避免运动损伤。 2. 高抬时腿伸直。
	100	跪式弓步拉伸	1. 跪式弓步拉伸时，前屈腿角度小。 2. 前腿呈弓步，后腿尽量拉直，重心前移。	1. 注意保持身体平衡。 2. 保持静力。
	101	大小腿交叉拉伸	1. 平躺，右腿屈腿，左腿盘落在另一腿上，两手交叉抱腿向胸前拉伸。 2. 两腿交换位置。	1. 向胸前抱紧，体会拉伸。 2. 保持静力。
	102	桥式牵拉	1. 两手臂前伸触地支撑身体，两脚开立脚跟下落。 2. 身体自然形成拱桥。	1. 两手与肩同宽。 2. 保持重心平衡。
	103	坐式牵拉组合	1. 手抱两脚相对屈腿收，两膝盖下压。 2. 两脚盘腿坐，一手立肘在头后，另一手扶肘关节向下拉伸，两手臂交换。 3. 一手臂伸直侧向拉伸，另一手屈肘向胸前拉伸，两手臂交换位置。	1. 逐渐下压，注意力度。 2. 在头后立肘，向下用力。

续表

体能要素	序号	练习内容	练习方法	练习要求
柔韧性	104	行进间肩绕环腿部拉伸	1. 行进间大臂绕环 2 圈接大腿前伸，勾脚尖下腰拉伸。 2. 再次行进间绕环并换腿拉伸。	1. 大臂带动小臂绕环充分。 2. 下腰前伸循序渐进，注意勾脚尖。
	105	单脚双人推手	两人一组，单脚站立，互推手掌。	单脚站立保持平衡。
	106	多人单脚前进游戏	两组队员，每组 10 人，前后站立，左手搭在前边队员左肩上，右手拉住前队员右脚。两组同时出发比赛	比赛时保持队伍不要断。
	107	游戏：多人单脚横向移动	两组队员，每组 10 人，每组队员面对面交叉站，前人前腿站立，后腿抬起，后人前腿站立，前手拉住前人后腿。两组同时出发进行比赛。	1. 保持身体正直，比赛时队伍不要断。 2. 注意平衡稳定。
	108	双人抬脚移动	两人一组，相互拉住对方左脚或右脚，同时前进。	1. 尽量不要倒地。 2. 保持身体平衡。
	109	后倒撑桥向上移动	后倒撑桥，手脚背向支撑，向头部方向移动 10 米。	起桥到最高，抬头挺胯。
	110	手腕牵拉	1. 手腕牵拉，跪立。 2. 直臂反手牵拉。	1. 注意手臂伸直。 2. 保持身体平衡。
	111	直腿前屈（单脚、双脚）	1. 一腿伸直，勾脚尖，另一腿屈腿。 2. 两手臂前伸手触脚尖。 3. 两腿交换拉伸。	1. 两脚并拢，勾脚尖。 2. 两手臂向前拉伸。
	112	屈腿拉伸（体转）	1. 右腿伸直，左腿屈腿交叉抱胸前。 2. 向左转体 90 度。 3. 两腿交换位置。	1. 转体 90 度位置。 2. 上肢保持直立。
	113	跨栏步拉伸	1. 右腿前伸，左腿向后屈腿。 2. 重心微后仰，两腿交换位置。	1. 跨栏步后，身体向后微仰。 2. 注意身体平衡。

续表

体能要素	序号	练习内容	练习方法	练习要求
平衡	114	后倒撑桥向下移动	后倒撑桥，手脚背向支撑，向脚部方向移动 10 米。	起桥到最高，抬头挺胯。
	115	手倒立向前移动	手倒立向前移动 10 米。	手倒立移动，双腿控制平衡。
	116	平衡球蹲起	双脚踩住平衡球，蹲起 10 次。	1. 保持重心。 2. 尽量不要中途下来。
	117	平衡球向前移动	准备 10 个平衡球，依次排开，从上面快速通过。	1. 保持重心。 2. 加速通过。
	118	单脚深蹲	1. 左腿站立，右腿轻轻向前方抬起。 2. 弯曲左膝，臀部向后伸，手臂向前展开，同时右腿向前方伸展，继续降低重心，直至臀部低于膝盖。 3. 下降停止时，感受臀肌和大腿后侧肌肉发力，慢慢恢复单腿站立姿势。	注意下降时要缓慢。
	119	弓步起跳	1. 双脚分开与肩同宽，右腿向后迈出，慢慢下蹲，直至右膝呈 90 度。 2. 右腿蹬地，向斜上方抬起，起跳，左腿伸直，右腿落地后恢复至弓步。	1. 注意摆动手臂助力。 2. 动作要轻缓。
	120	俯卧侧转	1. 双手撑地做平板支撑，右手先移至身体中线处，身体向左侧旋转。左脚旋转后叠放在右脚上，胯部与天花板在同一平面，左手臂向外侧伸直抬起，直至指尖朝向天花板。 2. 保持双脚并拢，坚持 5 秒，恢复平板支撑动作，换边交替练习。	1. 注意双脚叠放并靠拢。 2. 手臂伸直打开。

续表

体能要素	序号	练习内容	练习方法	练习要求
平衡	121	撑地后踢腿	1. 双膝跪地，双手撑地，抬起双膝至悬空。 2. 勾脚尖，向上抬起左腿，感受到臀部挤压，轻轻放下右腿至准备双膝离地的姿势，每条腿 10 次。	注意双膝离地后的身体重心。
	122	波速球登山步	1. 平衡球球面向下，双手握住底盘两端，做平板支撑姿势。 2. 保持头部到脚踝在同一线上，弯曲右膝至胸前，停顿一下，恢复至起始姿势，交换腿练习持续 30 秒。	1. 保持身体平衡。 2. 移动重心跟随。
	123	闭眼单腿独立	1. 自然站立，抬起一只脚至水平面，闭眼。 2. 手叉腰或放两侧，保持平衡。	1. 尽可能多坚持。 2. 两脚交换练习。
	124	全身波浪起	两脚左右开立，先做直腿体前屈，然后依次进行向前跪膝（收腹、含胸、低头）、向前顶髋（展腹、挺胸、仰头）、向前挺腹（挺胸、仰头）、挺胸、抬头，呈反的“S”形波动，两臂在体侧画圆，连续练习。	按顺序依次完成。
	125	后倒撑桥走	1. 两脚左右开立，双手向上伸直，向后着垫撑起。 2. 形成背步朝下的反拱桥，前进 10 米，倒退回来。	1. 撑起后头不要着垫。 2. 控制拱桥弧度。
	126	鲤鱼打挺	1. 平躺在垫上，双脚同时抬起向身体方向折叠呈“V”形。 2. 双脚快速向下摆动，同时身体挺腰收腹手推垫呈站立姿势。	1. 注意前脚掌着地。 2. 推起后挺腰呈站立姿势。
	127	手倒立行走	直立，两臂前上举，上体前屈，两手向前撑地，一脚蹬地，另一腿后摆，当摆动腿起来后向前行走 5 米。	1. 匀速摆腿，控制好平衡。 2. 立腰夹臂，两手撑紧。
	128	前滚翻接后滚翻	前滚翻动作完成后向前上步转体后滚翻。	1. 动作连贯。 2. 体会节奏感。

续表

体能要素	序号	练习内容	练习方法	练习要求
协调	129	手倒立后滚翻	1. 把后滚翻向后发力起转换为向上发力。 2. 发力的同时挺腰、向上推手、展身起。	1. 注意发力方向。 2. 动作连贯协调。
	130	过头翻	1. 头手撑地，双腿蹬地发力 180 度呈反拱桥。 2. 挺胯双腿向上蹬地画 180 度呈起始姿势。	1. 核心收紧，不塌腰。 2. 动作连贯，快速。
	131	摔跤飞行步	上前一步单膝跪地，重心不要前倾，保持在中间，身体微微下压，后脚蹬地，送胯向前走。	1. 腿不要外撇。 2. 动作连贯。
	132	前软翻	1. 双腿跪在垫上，上体直立，双手放在胸部两侧紧紧贴近。 2. 向前蹬地利用惯性，身体大腿、腹部、胸部、头部依次着垫推手翻过。	1. 不要缩头。 2. 动作连贯。
	133	滚翻加分腿跳	1. 一人做前滚翻，另一人在其上方分腿跳越。 2. 分腿跳过后立即呈前滚翻两人循环交换 20 次。	1. 反应要快。 2. 注意节奏。
	134	头手翻	头手撑地，双腿蹬地 180 度摆动的同时推手起呈站立姿势。	1. 利用惯性推手。 2. 打腿时要伸直。

第五章
水上或冰雪类运动

第一节　游泳

游泳——仰泳模块 “技能 + 专项体能”教学方案

课时	项目学习内容	体能要素	专项体能练习内容	练习方式
1—2	熟悉水性	柔韧性—流线型 + 平衡 + 灵敏性	1. 下颌夹球 2. 挂手压肩 3. 举扣双手拉伸 4. 举扣双手拉伸体侧 5. 单手拉伸体侧 6. 水中仰卧漂浮及站立 7. 水下拾物	1. 分组进行： 内容 1—5：30 秒 / 组，间歇 20 秒，3 组。 内容 6—7：根据教学需要可以反复学练。 2. 教学环节实施建议： 准备部分后程内容 1—5；基本部分后面内容 6—7。
3—4	仰泳腿部技术	柔韧性—流线型 + 速度	1. 全身贴墙 2. 侧转体 3. 举扣双手拉伸 4. 举扣双手拉伸体侧 5. 单手拉伸体侧 6. 穿脚蹼自由泳	1. 依次进行： 内容 1：2 分钟 / 组，间歇 30 秒，3 组。 内容 2—5：30 秒 / 组，间歇 20 秒，3 组。 内容 6：25 米 / 组，间歇 60 秒，3 组。 2. 教学环节实施建议： 准备部分后程内容 1—5；基本部分后面内容 6。

续表

课时	项目学习内容	体能要素	专项体能练习内容	练习方式
5—6	仰泳腿部技术熟练运用	肌肉力量+爆发力+平衡	1. 俯卧自由泳打腿（陆上） 2. 仰卧仰泳打腿（陆上） 3. 水中原地高抬腿跑 4. 水中高抬腿跑接力比赛（浅水区） 5. 水中抱膝浮体转仰卧	1. 分组进行： 内容1—2：30秒/组，间歇30秒，3组。 内容3：20秒/组，间歇30秒，3组。 内容4：分组比赛，15米往返迎面接力，比一比哪一组最先完成接力。 内容5：根据教学需要可以反复学练。 2. 教学环节实施建议： 准备部分后程内容1—2；基本部分后面内容3—5。
7—8	仰泳腿、划臂与呼吸配合技术	肌肉力量+协调	1. 仰卧平衡划臂 2. 橡皮筋/滑轮拉力—背向飞鸟前拉 3. 反蛙泳	1. 依次进行： 内容1—2：30秒/组，间歇20秒，3组。 内容3：25米/组，间歇60秒，3组。 2. 教学环节实施建议： 准备部分后程内容1—2；基本部分后面内容3。
9—10	仰泳腿、划臂与呼吸配合技术实战运用	柔韧性+平衡	1. 站立后拉肘 2. 仰卧下压 3. 站立后拉肩 4. 跪姿后拉肩 5. 俯卧“8”字前划臂 6. 俯卧“8”字后划臂 7. 仰卧“8”字前划臂 8. 仰卧“8”字后划臂	1. 分组进行： 内容1—4：30秒/组，间歇30秒，3组。 内容5—8：可戴漂浮，15米/组，间歇60秒，3组。 2. 教学环节实施建议： 准备部分后程内容1—4；基本部分后面内容5—8。
11—12	仰泳完整配合技术	柔韧性—流线型+协调	1. 全身贴墙 2. 弹力带流线型 3. 完整配合模仿（仰卧体操凳上）	1. 依次进行： 内容1：2分钟/组，间歇30秒，3组。 内容2：30秒/组，间歇20秒，3组。 内容3：根据教学需要可以反复学练。 2. 教学环节实施建议： 准备部分后程内容1—3。

续表

课时	项目学习内容	体能要素	专项体能练习内容	练习方式
13—14	仰泳完整配合技术熟练运用	协调＋爆发力＋速度	1. 泳式节奏——多次划臂，少次打腿 2. 双人持板对抗仰泳打腿（可戴漂浮） 3. 触池壁到边转身＋滑行	1. 依次进行： 内容1：25米/组，间歇60秒，3组。 内容2：30秒/组，间歇30秒，3组。 内容3：根据教学需要可以反复学练。 2. 教学环节实施建议： 基本部分中间内容1—2；基本部分后面内容3。
15—16	仰泳完整配合技术实战运用	协调＋速度＋爆发力	1. 自由泳转仰泳滚动游 2. 前滚翻转身＋滑行 3. 水中阻力反向快冲游	1. 分组进行： 内容1：25米/组，间歇30秒，3组。 内容2：根据教学需要可以反复学练。 内容3：15米/组，间歇60秒，3组。 2. 教学环节实施建议： 基本部分后面内容1—3。
17—18	仰泳班级挑战赛	反应时＋灵敏性＋心肺耐力	1. 两人对抛球下蹲 2. 多人对抛球下蹲 3. 快速接落球 4. 快速接反弹球 5. 听指令出发＋短冲	1. 分组进行： 内容1—4：根据教学需要可以反复学练。 内容5：15米/组，间歇120秒，3组。 2. 教学环节实施建议： 准备部分后程内容1—5。

游泳——蝶泳模块 “技能＋专项体能”教学方案

课时	项目学习内容	体能要素	专项体能练习内容	练习方式
1—2	熟悉水性	柔韧性＋平衡＋灵敏性	1. 毛巾绕肩 2. 弹力带牵拉 3. 侧转体 4. 佩戴呼吸管沉浮 5. 水中抱膝浮体转仰卧 6. 水中滑行 7. 你说我做 8. 水下拾物	1. 分组进行： 内容1—3：30秒/组，间歇20秒，3组。 内容4—8：根据教学需要可以反复学练。 2. 教学环节实施建议： 准备部分后程内容1—4；基本部分中间内容5—6；基本部分后面内容7—8。

续表

课时	项目学习内容	体能要素	专项体能练习内容	练习方式
3—4	蝶泳腿部技术	爆发力	1. 蹬池底跳跃触标志物 2. 水中连续跳跃（浅水池） 3. 池边立定跳远	1. 分组进行： 内容 1：5 次 / 组，间歇 10 秒，3 组。 内容 2：5 米 / 组，间歇 30 秒，3 组。 内容 3：5 次 / 组，间歇 20 秒，1 组。 2. 教学环节实施建议： 准备部分后程内容 1—3。
5—6	蝶泳腿部技术熟练运用	心肺耐力 + 肌肉力量	1. 半陆半水蝶泳腿 2. 蝶泳呼吸管打腿抗阻游	1. 分组进行： 内容 1：根据教学需要可以反复学练。 内容 2：15 米 / 组，间歇 60 秒，3 组。 2. 教学环节实施建议： 准备部分后程内容 1；基本部分后面内容 2。
7—8	蝶泳腿、划臂与呼吸配合技术	协调 + 肌肉力量	1. 陆上蝶泳分解模仿 2. 橡皮筋 / 滑轮拉力—高肘抱水 3. 俯卧平衡划臂	1. 依次进行： 内容 1—3：12 次 / 组，间歇 30 秒，3 组。 2. 教学环节实施建议： 准备部分后程内容 1—3。
9—10	蝶泳腿、划臂与呼吸配合技术实战运用	协调 + 肌肉力量	1. 模仿蝶泳划臂橡皮筋 / 滑轮拉力 2. 持板单臂划臂加呼吸 3. 蝶泳呼吸管水下移臂 4. 泳式节奏——“多腿少手”	1. 依次进行： 内容 1：12 次 / 组，间歇 30 秒，3 组。 内容 2—4：15 米 / 组，间歇 60 秒，3 组。 2. 教学环节实施建议： 准备部分后程内容 1；基本部分中间内容 2—4。
11—12	蝶泳完整配合技术	爆发力 + 肌肉力量	1. 俯卧悬空划臂——蝶泳 2. 呼吸管划臂游 3. 穿戴单鳍脚蹼游泳快冲（蝶泳腿）	1. 分组进行： 内容 1：12 次 / 组，间歇 30 秒，3 组。 内容 2—3：15 米 / 组，间歇 60 秒，3 组。 2. 教学环节实施建议： 准备部分后程内容 1；基本部分中间内容 2—3。

续表

课时	项目学习内容	体能要素	专项体能练习内容	练习方式
13—14	蝶泳完整配合技术熟练运用	速度 + 反应时 + 心肺耐力	1. 听指令抢物 2. 游戏："打水板不落"（陆上） 3. 呼吸管双人协同游 4. 呼吸管三人组合游	1. 分组进行： 内容 1：两人一组挑战，看谁反应快，三局两胜制。 内容 2：分组比赛，看谁坚持到最后。 内容 3—4：15 米 / 组，间歇 60 秒，3 组。 2. 教学环节实施建议： 准备部分后程内容 1—2；基本部分后面内容 3—4。
15—16	蝶泳完整配合技术实战应用	肌肉力量 + 心肺耐力	1. 橡皮筋 / 滑轮拉力—直臂拉及交替后拉 2. 划水掌划臂游 3. 跟游和领游 4. 侧后方跟游	1. 依次进行： 内容 1：12 次 / 组，间歇 30 秒，3 组。 内容 2—4：25 米 / 组，间歇 30 秒，3 组。 2. 教学环节实施建议： 准备部分后程内容 1；基本部分中间内容 2—4。
17—18	班级蝶泳晋级赛	灵敏性 + 反应时	1. 你追我赶 2. 你争我夺 3. 听指令出发	1. 分组进行： 内容 1—2：两人一组挑战，30 秒 / 组，三局两胜制。 内容 3：根据教学需要可以反复学练。 2. 教学环节实施建议： 准备部分后程内容 1—3。

游泳模块　专项体能处方资源库

体能要素	序号	练习内容	练习方法	练习要求
心肺耐力	1	水中连续呼吸	1. 手扶池边。 2. 连续做抬头吸气，低头入水呼气的呼吸练习。	1. 用嘴深吸气，深呼气。 2. 有能力的同学可以不扶池边连续上下起伏蹬池底完成。
	2	钻水线换气 / 踩水钻水线	1. 手扶池边，连续低头钻水线。 2. 踩水低头连续钻水线。 3. 游泳低头连续钻水线。	1. 低头钻水线憋气或匀速吐气。 2. 连续过水线。 3. 按水平分别完成 3 个阶段的练习。
	3	潜深游	1. 深吸一口气，蹬池壁下潜。 2. 采取蛙泳长划臂，蛙泳腿或自由泳腿的姿势。	1. 在水中匀速吐气或憋气。 2. 划臂、蹬腿或打腿充分，幅度大。 3. 完成一定的深度。
	4	潜远游	1. 深吸一口气，蹬池壁下潜并潜远。 2. 采取蛙泳长划臂，蛙泳腿或自由泳腿的姿势。	1. 在水中匀速吐气或憋气。 2. 划臂、蹬腿或打腿充分，幅度大。 3. 根据能力水平完成一定的游进距离和深度。
	5	憋气游	1. 深吸一口气，蹬池壁出发。 2. 憋气完成自由泳。	1. 保持身体在水中的姿态，动作不变形。 2. 完成一定的游进距离。 3. 换气一次，继续憋气游进。
	6	短距离间歇游	1. 四种泳姿的反复间歇游。 2. 不同距离的反复间歇游。	1. 50—100 米，每次间歇 2—3 分钟，组间间歇 5 分钟。 2. 60% 的强度。
	7	梯形游	完成 400—300—200—100—50—25 米的游进距离。	1. 采取相同泳姿。 2. 强度由低到高，50 米及 25 米冲刺。

续表

体能要素	序号	练习内容	练习方法	练习要求
心肺耐力	8	跟游和领游	两人及以上练习者呈一路纵队游进。	1. 泳式根据教学内容进行调换。 2. 前后泳者间隔的距离区间为1—7米，从1—7米，跟游者的阻力系数逐渐增加，根据训练需要调整间距。 3. 速度根据教学安排进行变换，无论变换什么速度，跟游者与领游者的相对位置尽量保持不变。
	9	侧后方跟游	一人在另一泳者侧后方1米处跟游。	1. 泳式根据教学内容进行调换。 2. 跟游者的头部与领游者的髋部在一条线上，两者之间保持1米左右的距离。 3. 速度根据教学安排进行变换，无论变换什么速度，跟游者与领游者的相对位置尽量保持不变。
	10	分段变速游	1. 相同距离重复进行变速游。 2. 25米快速冲刺+25米放松游。	1. 25米一段，共100—150米，间歇2分钟。 2. 放松游与快速游的泳姿要相同。 3. 划臂和腿部动作等分解练习也可适用。
	11	变姿变速游	1. 变速游泳，四种泳姿交替进行。 2. 25米快速冲刺+25米放松游。	1. 25米一段，共100—150米，间歇2分钟。 2. 根据教学需要采取不同泳姿变速游。 3. 划臂和腿部动作等分解练习也可适用。
	12	计时游	采用不同的泳姿进行计时游。	1. 25—50米游进+休息时间，一共计时40—100秒。 2. 到边时水中跳跃式深呼吸调整。 3. 划臂和腿部动作等分解练习也可适用。
	13	追逐游	1. 2人一组，相距5米一前一后同时出发，进行追逐游。 2. 每次25米往返。	1. 不蹬池壁，直接出发。 2. 采取相同泳姿。

续表

体能要素	序号	练习内容	练习方法	练习要求
肌肉力量（肢体力量和核心力量）、肌肉耐力	14	橡皮筋 / 滑轮拉力—高肘抱水	1. 双脚分开站立，上体稍前倾，微低头。 2. 双手持橡皮筋两端，肘关节保持一定高度，进行抱水练习。	1. 肘关节高于肩关节，尽量保持位置不变。 2. 双臂同时发力。 3. 根据练习需要，可以加大身体前倾幅度。
	15	橡皮筋 / 滑轮拉力—直臂拉及交替后拉	1. 双脚分开站立，上体稍前倾，微低头。 2. 双手持橡皮筋两端，双臂伸直，做直臂推的动作	1. 快“推水”，慢还原。 2. 根据练习需要，可以加大身体前倾幅度。
	16	橡皮筋 / 滑轮拉力—背向飞鸟前拉	1. 双脚分开站立，上体稍前倾，微低头。 2. 双手持橡皮筋两端，双臂伸直，做直臂推的动作	
	17	橡皮筋 / 滑轮拉力—模仿蛙泳完整划臂	1. 站立，上身前屈，俯身。 2. 采取抓水、抱水、前送手臂的姿势完成拉力。	1. 高肘“抓水”“抱水”。 2. 模仿完整的周期手臂动作。
	18	橡皮筋 / 滑轮拉力—模仿自由泳划臂	1. 站立，上身前屈，俯身。 2. 采取抓水、抱水、推水、移臂的姿势完成拉力。	
	19	橡皮筋 / 滑轮拉力—模仿蝶泳划臂	1. 站立，上身前屈，俯身。 2. 采取抓水、抱水、推水、移臂的姿势完成拉力。	
	20	俯卧自由泳打腿	1. 俯卧于垫子，双手臂伸直夹紧，微低头，收下颌，大臂贴近耳朵。 2. 双腿悬空，模仿自由泳完成上下交替打腿动作。	1. 核心收紧，大腿发力，脚背绷紧。 2. 进阶动作：双手持轻器械做静力保持，同时双臂抬离垫子。
	21	俯卧平衡划臂	1. 俯卧于垫子，微低头，收下颌。 2. 双腿抬离地面保持稳定。 3. 双臂在空中持续做蛙泳划臂动作。	1. 腰腹部支撑并发力，核心收紧。 2. 进阶动作一：划臂时配合蛙泳抬头换气；进阶动作二：双手持轻器械。
	22	俯卧悬空划臂	1. 练习者俯卧于体操凳或软垫上，下半身固定或由同伴坐于大腿后侧，压紧，上半身悬空。 2. 双臂进行四种泳式划臂动作。	1. 注意安全，保证腰臀部以下的下半身固定。 2. 徒手或负重完成。 3. 腰腹发力，上半身抬起，加大动作幅度。

续表

体能要素	序号	练习内容	练习方法	练习要求
肌肉力量（肢体力量和核心力量）、肌肉耐力	23	仰卧仰泳打腿	1. 仰卧于垫子，双臂胸前交叉。 2. 双腿悬空，模仿仰泳腿完成上下交替打腿动作。	1. 核心收紧，大腿发力，脚背绷紧。 2. 进阶动作一：双臂夹紧伸直抬离垫子，大臂贴近耳朵；进阶动作二：减小上下肢折叠角度，继续做仰泳打腿动作。
	24	仰卧平衡划臂	1. 仰卧于垫子，使躯干“两头起”做静力保持，臀部支撑于垫子。 2. 双臂在空中持续做蛙泳划臂动作。	1. 腰腹部支撑并发力，核心收紧。 2. 进阶动作一：划臂时配合蛙泳抬头换气；进阶动作二：双手持轻器械。
	25	蛙式踩水	1. 身体垂直于水面，稍前倾，头露出水面。 2. 两臂稍弯曲，在体侧前做向外、向内的压水的动作。	1. 四肢活动的幅度不宜过大。 2. 头始终保持露出水面，正常均匀呼吸。
	26	蛙式踩水接力	1. 动作同“蛙式踩水”。 2. 分组，单手或双手持泳帽完成一定距离的传递或往返接力。	1. 保持泳帽干燥。 2. 最先完成泳帽传递任务的组获胜。
	27	双人持板对抗打腿（水中）	1. 两人一组，面对面手持一块漂浮板。 2. 尽全力完成自由泳快速、持续打腿动作。	1. 抬头扶板正常呼吸。 2. 持续对抗。
	28	双人抗阻游	两人一组，脚对脚，弹力带两端分别系到两人的脚踝处，然后练习者尽全力向相反的方向持续划臂。	1. 保持身体在水中的姿态。 2. 加呼吸完成划臂动作。 3. 可选择蛙泳划臂及自由泳划臂。
	29	手指分开游	1. 双手十指完全分开。 2. 完成四种泳式的完整配合游。	1. 强化腿部力量，腿部动作加深加大。 2. 根据教学、训练要求，改变泳式。 3. 可增加变速游内容强化速度训练，加快游进速度。

续表

体能要素	序号	练习内容	练习方法	练习要求
肌肉力量（肢体力量和核心力量）、肌肉耐力	30	划水掌划臂游	佩戴划水掌，完成划臂动作。	1. 佩戴划水掌，腿部夹板或者并腿不动的姿势。 2. 加深、加大划臂动作，配合正常呼吸。 3. 根据教学需要选择泳式。
	31	划水掌完整配合游	佩戴划水掌，完成完整配合动作。	1. 佩戴划水掌。 2. 加深、加大划臂动作，配合正常呼吸。 3. 根据教学需要选择泳式。
	32	自由泳 / 蝶泳呼吸管水下移臂	1. 佩戴呼吸管，在水中完成两种泳姿的移臂和推水动作。 2. 保持自由泳 / 蝶泳的打腿动作。	1. 推水带动身体上升。 2. 水下移臂，感受水的浮力和升力。
	33	自由泳 / 蝶泳呼吸管打腿抗阻游	1. 佩戴呼吸管，穿着阻力裤完成自由泳 / 蝶泳打腿。 2. 控制身体不要扭动，保持平衡。	1. 自由泳 / 蝶泳打腿可采取水下蛙泳划臂。 2. 身体尽量不要有太大起伏。
	34	呼吸管 + 划手掌游	佩戴呼吸管和划手掌持续完成自由泳划臂或完整配合动作。	1. 采取自由泳泳式。 2. 不加换气完成动作，减少身体转动产生的阻力。
	35	呼吸管双人协同游	两人一组，一前一后，后者握前者脚踝，前者划臂，后者打腿或蹬腿。	1. 两人保持在水中的游进姿态，动作不变形。 2. 协调配合。 3. 完成一定的游进距离。
	36	呼吸管三人组合游	1. 三人一组，“首尾相接”（第二人双手抓握第一人脚踝，第三人抓握第二人脚踝），连成一条直线。 2. 根据教学需要完成几种泳式练习。	1. 第一人划臂。 2. 第二人控制身体平衡，做好衔接。 3. 第三人打腿。

续表

体能要素	序号	练习内容	练习方法	练习要求
速度	37	蛙泳腿 / 自由泳腿短冲	扶板蛙泳腿 / 自由泳腿短冲。	1. 匀速呼吸，略低头，收下巴。 2. 或采取多次腿少次换气的形式。（低头憋气蹬蛙泳腿） 3. 加快速度完成。
	38	蛙泳 / 自由泳划臂短冲	腿夹板蛙泳划臂短冲。	1. 可采取不夹板，双腿并拢，做小幅度的蝶泳打腿动作。 2. 加快速度完成。
	39	蛙泳 / 自由泳短冲	配合出发完成 15 米短冲。	1. 自由泳可憋气完成冲刺。 2. 加快速度完成。 3. 配合出发反应时练习快速反应能力。
	40	穿脚蹼游泳	1. 左右脚各穿戴一只脚蹼，采取自由泳泳式上下交替打腿。 2. 加深加大打腿幅度。 3. 完成完整的周期配合动作。	1. 加快游进速度。 2. 采取短距离、多次重复练习。
	41	穿戴单鳍脚蹼游泳	1. 双脚穿戴一只单鳍脚蹼，采取蝶泳式打腿。（海豚式） 2. 加深加大打腿幅度。 3. 完成完整的周期配合动作。	
	42	前滚翻转身 + 滑行	快速前滚翻蹬池壁滑行。	1. 滚动圆滑，迅速，蹬池壁果断、有力。 2. 滑行时控制身体平衡，保持流线型。 3. 动作连贯、流畅，不“拖泥带水”。

续表

体能要素	序号	练习内容	练习方法	练习要求
速度	43	触池壁到边转身＋滑行	距池边 5—10 米，快速冲刺完成触壁及转身动作。	1. 触池壁迅速且不犯规。 2. 蹬池璧果断、有力。 3. 滑行时控制身体平衡，保持流线型。 4. 动作连贯、流畅，不“拖泥带水”。
	44	接力交接	4 人一组，跳水后迅速起水，继续完成练习。	1. 多次重复练习。 2. 避免犯规。
爆发力	45	蹬池底跳跃触标志物	1. 站立于浅水区，下蹲使身体没入水中，保持平衡。 2. 迅速蹬池底，双手伸至最高点触碰标志物。	1. 尽量大幅度下蹲。 2. 最快速发力。
	46	水中连续跳跃（浅水池）	1. 控制身体平衡，双脚同时起落。 2. 配合摆臂。	1. 尽量大幅度下蹲。 2. 最快速发力。 3. 连续跳跃前进。
	47	水中原地高抬腿跑	原地高抬腿练习。	1. 持续完成一定时间，注意结合摆臂。 2. 控制身体在水中的平衡。
	48	水中高抬腿跑接力比赛（浅水区）	行进间高抬腿往返跑比赛。	1. 分组比赛，比一比哪一组最先完成接力。 2. 可传递泳帽，增加游戏的趣味性。
	49	池边立定跳远	1. 站立于池边。 2. 同立定跳远动作相同，注意手臂的协助摆动。	1. 注意安全，跳入水中前观察池中情况。 2. 可结合听指令练习反应时。
	50	俯卧悬空蝶泳划臂	1. 练习者俯卧于体操凳或软垫上，下半身固定或由同伴坐于大腿后侧，压紧，上半身悬空。 2. 双臂进行蝶泳划臂。	1. 注意安全，保证腰臀部以下的下半身固定。 2. 徒手或负重完成。 3. 腰腹发力，上半身抬起，尽可能快速完成。

续表

体能要素	序号	练习内容	练习方法	练习要求
速度	51	水中阻力反向快冲游	1. 弹力带一端固定于水中池壁，另一端系于腰腹。 2. 在水中完成四种泳式快速抗阻力短冲。	1. 憋气完成动作。 2. 视情况佩戴划水掌。
反应时	52	听指令抢物	1. 陆上练习，两人一组，面对面站立，每组一个矿泉水瓶。 2. 当听到“各就位”的出发指令时，做出发准备姿势。 3. 当听到哨声，迅速抢夺面前水瓶。	1. 可多人分组，视情况增减抢夺物品。 2. 出发准备姿势采取出发台起跳姿势。
	53	听指令出发	1. 在池边或出发台做好准备。 2. 用短哨、击掌、打板等声音作为出发指令，快速完成跳水。	根据学习水平，采取“跳冰棍”入水，或者比赛的跳水技术入水。
	54	接力交接技术	两人一组，当同伴到边时，快速出发。	避免犯规动作。
	55	两人对抛球下蹲	1. 两人面对面站立。 2. 一人将网球向不同方向抛出，另一人快速做出反应起跳接球后下蹲一次，站起来时继续抛球给对方。	1. 提前做预判。 2. 快速接球做下蹲动作。 3. 下蹲时身体重心尽量低。
	56	多人对抛球下蹲	1. 多人围成圆圈站立。 2. 一人将网球向不同方向抛出，其余人快速做出反应起跳接球后下蹲一次，站起来时继续抛球给其他人。	1. 动作要求同两人对抛球下蹲。 2. 可抢球也可叫号抛接球。
灵敏性	57	水中滚翻	抱膝浮体做连续滚翻。	低头及时，憋气完成。
	58	连续钻水线	任选泳姿连续钻水线。	动作连贯、快速。

续表

体能要素	序号	练习内容	练习方法	练习要求
灵敏性	59	结网捕鱼	1. 多人一组，两人手拉手做网，其余人做小鱼。 2. 在水中快速游动抓鱼，抓住者原地踩水 30 秒惩罚。	浅水区可采取水中跑步，深水区可游泳。
	60	水下拾物	在规定时间内完成一定的游进距离并潜入水中捡拾物品后继续前行。	1. 根据人数分组。 2. 团队密切配合。
	61	压板跳越	双手抓握打水板两端，用力向水下压板，双腿同时跳越过打水板。	连续快速完成。
	62	游戏："打水板不落"（陆上）	1. 多人围成圆圈，每人下蹲手扶一块打水板的顶端，使板子立起来。 2. 统一听老师口令："换！" 所有人同时顺时针或逆时针移动，并且快速扶稳面前的打水板，板子倒掉者出局。	1. 重心不要上下起伏。 2. 逐渐增加圆圈的周长，以增加难度。
	63	你说我做	1. 两人一组，水中徒手或抱板踩水。 2. 一人说出身体任意部位，另一人快速用手摸对应的部位。	两人持续做踩水动作。
	64	你追我赶	1. 两人一组，分别是 1 号和 2 号，面对面徒手或抱板踩水。 2. 当听到一声哨声，2 号迅速向后转，往相反的方向快速游进。	1. 等候指令时，两人持续做踩水动作。 2. 根据教学内容，可以任意选择四种泳式或者潜泳。
	65	你争我夺	1. 两人一组，水中徒手或抱板踩水。 2. 听到指令时，迅速抢夺水中漂浮的矿泉水瓶子。	1. 两人持续做踩水动作。 2. 可潜入水底，抢夺水底的物品。

续表

体能要素	序号	练习内容	练习方法	练习要求
柔韧性	66	跪坐压踝	1. 跪坐于垫子，双腿并拢，脚背绷直压垫，臀部坐于足跟。 2. 双手身后支撑。	根据练习情况，身体后仰加深练习强度。
	67	坐姿蛙泳腿	1. 坐于垫子上，小腿、脚内侧及臀部完全贴地，双手身后支撑。 2. 小腿外翻于大腿外侧，勾脚。	1. 循序渐进完成，注意动作不能过猛。 2. 根据练习情况，身体后仰加深练习强度。
	68	站立后拉肘	1. 站立，双手交叉置于头后。 2. 双肘关节外展，向后、向外拉伸。	1. 腰背挺直。 2. 两人一组，同伴给予辅助拉伸。
	69	俯卧后拉	1. 俯卧垫上，上体后仰，两臂后伸。 2. 同伴坐在小腿上，握其双手向后拉。	循序渐进完成，注意动作不能过猛。
	70	俯卧前拉	1. 俯卧垫上，两臂后伸。 2. 同伴坐在小腿上，握其双手向前拉。	
	71	仰卧下压	1. 仰卧垫上，两臂后伸。 2. 同伴坐在小腿上，握其双手向下压。	1. 腰背挺直。 2. 两人一组，同伴给予辅助下压。
	72	站立后拉肩	1. 站立，两臂伸直侧举。 2. 由同伴抓住两手腕水平向后拉，向内压。	1. 腰背挺直。 2. 两人一组，同伴给予辅助后拉。
	73	跪姿后拉肩	1. 跪于垫上，两臂伸直侧举。 2. 由同伴抓住两手腕水平向后拉，向内压，轻轻振动。	
	74	压肩	1. 两脚开立，上体前倾。 2. 双手扶支撑物做压肩动作。	动作规范，充分伸展压肩。

续表

体能要素	序号	练习内容	练习方法	练习要求
柔韧性	75	拉肩	1. 两脚开立，背对肋木下蹲或坐。 2. 双手在身后反握肋木，做拉肩动作。	充分拉伸肩带。
	76	反手臂体前屈	1. 站立，两腿伸直并拢，两臂伸直，十指交叉身后互握。 2. 身体前屈，胸部尽量贴近大腿，两臂随身体前屈后伸下压。	可借助同伴加力拉伸。
	77	毛巾绕肩	1. 一只手从上向下伸，另一只手从下向上伸，双手在身后相握，双手握不着的人可以使用毛巾。 2. 两手向上伸直，屈肘，两手握住毛巾，向前、向后转动双臂，使双臂环绕。	根据自身情况选择双手握毛巾的距离。
	78	弹力带牵拉	1. 利用弹力带做多种组合的肩关节柔韧性牵拉动作。 2. 双臂直臂外拉、上拉、下拉、外展。	注意弹力带的张力，做到平稳牵拉。
柔韧性 — 流线型	79	下颌夹球	1. 两臂向上伸直，夹于耳朵后方。 2. 下颌夹住一个小球，提气收腹，双腿并站直。	球的大小适当，收紧下颌。
	80	挂手压肩	1. 双手掌张开挂（贴）在门框或横梁上，双臂平行夹头部，身体挺直，踮双足。 2. 颈椎与脊柱保持一直线，目光向前，坚持 1—2 分钟。	注意不要低头和仰头。
	81	举扣双手拉伸	1. 双手臂高举拉直、紧夹耳朵后部，大拇指扣住前掌，全身挺直，用脚尖站立。 2. 身体往下、往上两个方向拉伸，拉伸到极限，重复做 2—3 次。	

续表

体能要素	序号	练习内容	练习方法	练习要求
柔韧性—流线型	82	举扣双手拉伸体侧	1. 双手臂高举拉直、紧夹耳朵后部，大拇指扣住前掌，全身挺直，双足着地。 2. 身体左侧往下、往上两个方向拉伸到极限。	1. 身体不要前倾和后仰，核心收紧。 2. 重复做 2—3 次。换右侧，做 2—3 次。
	83	单手拉伸体侧	1. 左手臂高举拉直、紧贴耳朵，全身挺直，双足着地。 2. 身体左侧往下、往上两个方向拉伸，拉伸到极限。	
	84	弹力带流线型	站立，脚踩弹力带一端，手持弹力带另一端，经后背牵引拉伸至头上端，手臂做屈伸动作。	1. 身体直立，不弓背塌腰。 2. 有控制地完成动作。
	85	全身贴墙	1. 双手臂高举拉直平行，手掌向前，全身挺直，双足提踵或踮脚站立。 2. 手背、手臂、头部、背部、臀部、腿部、足跟从上到下尽量贴住墙壁，全身挺直。	1. 微低头，收下颌。 2. 身体从上到下尽量贴住墙壁，坚持 2—3 分钟。
	86	侧转体	1. 左手臂高举拉直、紧贴耳朵，全身挺直，双足着地。 2. 头部和身体向右侧转动，手臂保持不动。	1. 沿着纵轴左、右侧转体。 2. 重复做 2—3 次，换右侧。
平衡	87	俯卧两头起平衡	俯卧垫上，腰腹贴于垫上，上身与下肢抬离地面，保持平衡。	保持同步抬起，保持平衡状态。
	88	自由泳对侧展平衡	1. 屈双肘支撑在垫子或凳子上。 2. 对侧手腿同时做伸展。	1. 控制好腰臀，不要塌腰。 2. 头、腰、背、臀保持一条直线。
	89	水中行走（浅水池）	水中慢速、快速交替行走。	控制好平衡。

续表

体能要素	序号	练习内容	练习方法	练习要求
平衡	90	水中跳跃（浅水池）	水中单脚、双脚交替原地跳跃及前行。	逐渐加深跳跃高度，可低头在水中憋气，然后迅速蹬地跃起，落下时，控制身体平衡。
	91	水中俯卧漂浮及站立	1. 俯卧漂浮，身体呈“一”字形，手臂向前伸展，憋气一段时间然后站立。 2. 站立时，双腿向腹部同时收回，同时，双臂迅速向腹部下压，当双脚找到池底时将要站立时，手臂辅助身体平衡。	1. 手臂、头后脑、肩膀、臀部、脚呈一条直线。 2. 站立时，动作连贯、一气呵成。 3. 头露出水面时正常呼吸。
	92	水中仰卧漂浮及站立	1. 仰卧漂浮一段时间。 2. 身体转动成俯卧漂浮，接站立。	1. 仰卧漂浮时手臂可置于大腿两侧。 2. 身体保持平稳，展髋，挺腹，正常呼吸。
	93	抱膝浮体—站立	水中抱膝团身，憋气，然后在水中站立。	站立时，脚找池底，两臂辅助身体平衡，头迅速露出水面。
	94	水中抱膝浮体转仰卧	水中抱膝团身，憋气，然后蹬池底，转成仰卧姿势。	蹬池底后，两臂迅速向头顶方向伸直，身体充分展开，头露出水面，正常呼吸。
	95	佩戴呼吸管沉浮	1. 佩戴呼吸管。 2. 抓池边俯卧，低头，腿夹紧，使身体浮起来。	1. 在水中，用嘴换气，呼气下沉，吸气上浮。 2. 利用浮力和呼吸调整身体在水中的位置。 3. 注意呼吸管进水后，及时吹气将积水吐出。
	96	俯卧“8”字前划臂	1. 俯卧于水中，双手在头前方做“8”字小划臂动作。 2. 下半身保持不动，或做小幅度的自由泳打腿动作。	1. 身体保持平衡。 2. 配合抬头换气。
	97	俯卧“8”字后划臂	1. 俯卧于水中，双手在大腿两侧做“8”字小划臂动作。 2. 下半身保持不动，或做小幅度的自由泳打腿动作。	
	98	仰卧“8”字前划臂	1. 仰卧于水中，双手在头前方做“8”字小划臂动作。 2. 下半身保持不动，或做小幅度的仰泳打腿动作。	1. 身体保持平衡。 2. 正常呼吸。 3. 根据水平可佩戴浮漂完成。

续表

体能要素	序号	练习内容	练习方法	练习要求
平衡	99	仰卧“8”字后划臂	1. 仰卧于水中，双手在大腿两侧做8字小划臂动作。 2. 下半身保持不动，或做小幅度仰泳打腿动作。	1. 身体保持平衡。 2. 正常呼吸。 3. 根据水平可佩戴浮漂完成。
	100	水中滑行	1. 跳水或蹬池壁滑行。 2. 双手手臂前伸，大臂贴近耳朵，略低头。 3. 憋气滑行及漂浮。	1. 身体呈流线型姿态。 2. 根据教学需要选择仰卧滑行及漂浮。
协调	101	站立陆上泳姿模仿	按照泳式的要求完成动作模仿。	根据教学需要，完成分解或完整的动作配合。
	102	半陆半水泳姿模仿	按照泳式的要求完成动作模仿。	根据教学需要，选择上半身在水中，或身体一侧在水中。
	103	扶池边泳姿模仿	按照泳式的要求完成动作模仿。	配合呼吸做动作模仿。
	104	完整配合模仿（体操凳）	按照泳式的要求完成动作模仿。	俯卧或仰卧于体操凳上，做完整配合模仿。
	105	夹板游泳	腿夹打水板，完成蛙泳及自由泳的划臂动作。	配合呼吸完成。
	106	反蛙泳	仰卧水中，双腿完成蛙泳蹬腿动作，同时双手经体侧出水，向后绕环划臂，入水后完成推水动作。	注意挺胸，展髋，抬下巴，正常呼吸。
	107	自由泳转仰泳滚动游	变换自由泳及仰泳的泳式连续转动游进。	1. 注意保持身体在水中的姿态，泳姿变换时，身体沿纵轴完成转动。 2. 注意配合呼吸。
	108	持板单臂划臂加呼吸	单手持打水板，单臂划臂结合呼吸，配合腿部动作游进。	1. 控制身体，不脱离泳式要求。 2. 打水或蹬腿有力，协调配合上肢动作。
	109	泳式节奏	1. 多次划臂，少次呼吸。 2. 多次划臂，少次打腿。 3. 多次打腿，少次划臂。（“多腿少手”练习）	1. 结合分解动作进行四种泳式的节奏练习。 2. 可利用打水板、呼吸管等辅助器械进行动作分解练习。

第二节　高山滑雪

高山滑雪模块“技能＋专项体能”教学方案

课时	项目学习内容	体能要素	专项体能练习内容	练习方式
1—2	滑行基本姿势	肢体力量＋心肺耐力	1. 穿雪鞋蹲跳 2. 持雪板负重上举 3. 雪面双人侧拉伸 4. 雪杖静态前支撑 5. 游戏：雪面传递赛 6. 重复跑雪坡	1. 依次进行： 内容 1—3：20 个 / 组，间歇 30 秒，2 组。 内容 4：60 秒 / 组，间歇 40 秒，3 组。 内容 5：分组比赛，看哪组用时短。 内容 6：100 米 / 组，间歇 1 分钟，3 组。 2. 教学环节实施建议： 基本部分后面。
3—4	蹬滑技术	肢体力量＋心肺耐力	1. 靠墙手倒立 2. Tabata 哑铃负重组合 3. 持雪板直臂扩胸 4. 负重雪板深蹲 5. 穿雪鞋深蹲跳起头上击掌 6. 穿雪鞋跑	1. 依次进行： 内容 1—2：30 秒 / 组，间歇 40 秒，2 组。 内容 3—5：12 个 / 组，间歇 30 秒，4 组。 内容 6：200 米 / 组，间歇 90 秒，2 组。 2. 教学环节实施建议： 基本部分后面。
5—6	交叉滑步技术	核心力量＋平衡	1. 穿雪板交替压腿 2. 穿雪鞋弓步走 3. 穿雪鞋单脚支撑脚尖点地 4. 穿雪鞋变式燕式平衡	1. 依次进行： 内容 1—2：20 个 / 组，间歇 40 秒，3 组。 内容 3：50 秒 / 组，间歇 30 秒，2 组。 内容 4：分组进行，间歇 30 秒，3 组。 2. 教学环节实施建议： 准备部分后程或基本部分后面。
7—9	蹬冰式滑行及单只雪板蹬滑技术	肢体力量＋心肺耐力	1. 持雪板直臂扩胸 2. 穿雪鞋阻力带螃蟹步 3. 穿雪鞋屈体分腿跳 4. 穿雪鞋原地挺身跳 5. 游戏：间歇接力跑	1. 依次进行： 内容 1—2：20 个 / 组，间歇 40 秒，3 组。 内容 3—4：12 个 / 组，间歇 30 秒，3 组。 内容 5：分组进行。 2. 教学环节实施建议： 基本部分后面。

续表

课时	项目学习内容	体能要素	专项体能练习内容	练习方式
10—11	“八”字登坡技术	爆发力 + 平衡	1. 穿雪鞋负重宽距俯卧撑 2. 穿雪鞋负重窄距俯卧撑 3. 多人侧向蹲小跳 4. 瑞士球上单腿外展 5. 瑞士球屈膝抬腿卷腹 6. 瑞士球弓箭步	1. 依次进行： 内容 1—2：15 个 / 组，间歇 20 秒，3 组。 内容 3：20 米 / 组，间歇 40 秒，2 组。 内容 4—6：12 个 / 组，间歇 40 秒，3 组。 2. 教学环节实施建议： 基本部分后面。
12—13	横向登坡技术	灵敏性 + 心肺耐力	1. 游戏：雪面你追我赶 2. 穿雪鞋“十”字开合跳 3.“八”字登坡 4. 穿雪鞋跑	1. 依次进行： 内容 1：5 人 / 组，间歇 60 秒，2 组。 内容 2：20 秒 / 组，间歇 40 秒，4 组。 内容 3：50 米 / 组，间歇 90 秒，3 组。 内容 4：200 米 / 组，间歇 90 秒，2 组。 2. 教学环节实施建议： 基本部分后面。
14—15	犁式直滑降与制动	平衡 + 灵敏性	1. 瑞士球跪立 2. Bosu 球双人燕式平衡 3. Bosu 球双人深蹲击掌 4. Bosu 球转体跳下 5. 原地雪鞋犁式制动模仿	1. 依次进行： 内容 1：40 秒 / 组，间歇 1 分钟，4 组。 内容 2—4：60 秒 / 组，间歇 1 分钟，4 组。 内容 5：30 次 / 组，间歇 40 秒，5 组。 2. 教学环节实施建议： 准备部分后程。
16—18	高山滑雪比赛嘉年华	核心力量 + 速度 + 平衡	1. 双人平板支撑击掌 2. 双人脚踏风火轮 3. 穿雪鞋快速高抬腿 4. 直滑降 + 犁式刹车 5. 单脚 Bosu 球站立俯身前触标志物 6. 单脚 Bosu 球站立抛接实心球 7. 游戏：人体拱桥	1. 依次进行： 内容 1—2：12 个 / 组，间歇 40 秒，3 组。 内容 3：10 秒 / 组，间歇 40 秒，3 组。 内容 4：60 米 / 组，间歇 1 分钟，4 组。 内容 5—6：10 次 / 组，间歇 40 秒，3—4 组。 内容 7：5 人 / 组，间歇 1 分钟，2 组。 2. 教学环节实施建议： 基本部分后面。

高山滑雪模块　专项体能处方资源库

体能要素	序号	练习内容	练习方法	练习要求
心肺耐力	1	Tabata 心肺组合	跟随音乐节拍完成开合跳、高抬腿、后踢腿、弓箭步跳、纵跳、收腹跳、半蹲跳、立卧撑 8 个动作，每个动作做一次，持续 20 秒。	1. 跟上音乐节拍。 2. 每个动作尽可能标准，如弓箭步交换跳时，跳至最高点换腿，落地时要用臀腿肌肉缓冲，上下肢协调用力。
	2	Yoyo 折返跑	1. 在相距 20 米的两个标志物之间，以不断增加的速度进行带有间歇的折返跑。 2. 在完成每个 2×20 米后有 5 秒的间歇时间，节奏则由录音机播放的声音信号来控制。跑动速度从 8 级到 21 级被分为 12 档，开始速度是 8 级，不同的速度档要完成不同的几组 2×20 米折返跑：8 级、10 级、12 级各 2 组，13 级、13.5 级、14 级各 8 组，14.5 级、15 级各 3 组，15.5 级、16 级、16.5 级、17 级各 6 组。	1. 跟上音乐节奏，按照规定路线跑动。 2. 当声音信号响起时必须跑回到线上。 3. 克服极点，尽全力完成练习。
	3	HIIT 间歇训练组合	4 分钟时间，跟随音乐做 4 个动作，分别是高抬腿、开合跳、俯卧撑、深蹲跳起。	1. 动作规范。 2. 跟随音乐节奏完成。
	4	战绳	1. 双手紧握战绳，使绳子伸直，两脚分开脚尖朝外，双脚与肩同宽。 2. 降低重心，保持核心稳定，用力向下摆动战绳，两手交替进行。	1. 匀速呼吸，摆动节奏逐渐加快。 2. 坚持到力竭为止。
	5	穿雪鞋跑	1. 站立式起跑，两脚屈膝前后站，前脚在起跑线后沿。 2. 听到指令起跑后，身体慢慢抬起，以匀速步子跑进。 3. 上体直立稍前倾，手部放松，向前送髋动作明显。	1. 以 50% 左右的速度完成每组 200 米。 2. 途中跑时切勿大步，遵循后脚跟先着雪面原则，循序渐进地到全脚掌。

续表

体能要素	序号	练习内容	练习方法	练习要求
心肺耐力	6	1000 米重复跑	采用中长跑动作，重复 2—3 次。	1. 呼吸节奏：2—3 步一呼、一吸。 2. 动作协调，中等速度完成。
	7	“八”字登坡	1. 练习者手持雪杖，双脚呈“八”字形站立在雪坡上。 2. 当听到指令后，练习者将两脚滑雪板外刃立起来内刃卡住地面，（以先迈左腿为例）迈左腿的同时右手跟上，左腿落地后，右脚内刃发力向前，左手跟上，两腿交替进行。	1. 膝盖内扣，滑雪板内刃发力蹬地。 2. 身体稍前倾，左右脚协调发力。
	8	蹬冰式滑行	1. 脚尖外展，脚跟内收，使雪板呈倒“八”字。 2. 在雪场平地用蹬冰式进行滑行。	1. 身体协调发力。 2. 均匀呼吸。
	9	3 分钟双脚单摇跳绳	连续完成 3 分钟单摇跳绳。	1. 速度尽可能快。 2. 中断要快速恢复。
	10	2 分钟单脚单摇跳绳	前 30 秒用左脚起跳完成跳绳，后 30 秒用右脚起跳完成跳绳，依次轮换进行，连续跳 2 分钟。	1. 控制好节奏。 2. 减少失误，中断后快速恢复起跳。
	11	1 分钟立卧撑	由直立姿势开始，下蹲两手撑地，伸直腿呈俯撑，然后收腿呈蹲撑，再还原成直立，连续练习 1 分钟。	核心收紧，不塌腰。
	12	HIIT 间歇训练	4 分钟时间，跟随音乐做 4 个动作，分别是高抬腿、开合跳、俯卧撑、深蹲跳起，每个动作重复做 2 次。	1. 动作规范。 2. 跟随音乐节奏完成。
	13	游戏：间歇接力跑	跑道上，四人成两组，相距 200 米站立，听口令起跑，每人跑 200 米交接棒，每人重复 4—6 次。	1. 交接棒流畅。 2. 速度要快。
	14	重复跑雪坡	在初级道斜坡上进行上爬坡跑，距离 100 米左右，完成后，慢跑回起点。	1. 重心略前倾，用前脚掌蹬地，中速完成。 2. 跑下坡时尽量放松。

续表

体能要素	序号	练习内容	练习方法	练习要求
心肺耐力	15	穿雪鞋连续半蹲跑	穿雪鞋在0度雪面，呈半蹲姿势（大小腿呈100度角左右），向前跑进50—70米。	1. 中等速度跑完。 2. 步行返回时尽量放松。
	16	“八”字登坡＋犁式直滑降	首先采用“八”字进行跑坡40米，再进行直滑降40米跑。	1. 跑坡时频率尽可能快。 2. 犁式滑行时控制好速度，注意安全。
肌肉力量（肢体力量和核心力量）、肌肉耐力	17	穿雪鞋蹲跳	穿雪鞋在雪面保持基本滑行姿态，双手向前伸直，屈膝缓慢下蹲，跳起后还原成基本滑行姿态。	1. 重心保持在两腿间、控制重心向前。 2. 收腹、微屈膝。
	18	雪杖静态前支撑	保持基本滑行姿态基础上，手臂前伸，身体前倾，利用雪杖支撑雪面，收紧核心，保持静止。	1. 核心收紧。 2. 雪鞋保持在原地。
	19	雪面双人侧拉伸	两人一组，并排站立，相隔50厘米，两人伸出内侧脚，靠在一起，手牵手，身体向外侧倾倒，模拟做出雪板反弓姿态，保持静止30秒。	1. 内侧腿靠住，降低重心。 2. 核心收紧，上体正直。
	20	游戏：雪面传递赛	3—5人一组，穿雪鞋在0度雪道完成短距离奔跑进行雪杖传递，用时短的组获胜。	1. 协调配合。 2. 奔跑时注意跑步方式，应由后脚跟先接触雪面，再过渡到全脚掌。
	21	靠墙手倒立	直立，两臂前上举，上体前屈，两手向前撑地，一脚蹬地，另外一只腿后摆，当摆动腿至墙面时，两脚并拢呈靠墙手倒立，并坚持1—2分钟。	1. 匀速摆腿，控制好平衡。 2. 立腰夹臀，两手撑紧。
	22	持雪板直臂扩胸	分腿直立，一手握一支雪板中段，呈前平举动作，向两侧做直臂扩胸运动，再回到前平举。	1. 躯干保持正直。 2 手臂不能弯曲。
	23	Tabata哑铃负重组合	在音乐伴奏下，练习20秒，休息10秒，一共4个动作：哑铃侧举、哑铃上举、哑铃前平举、哑铃直臂扩胸。	1. 动作规范。 2. 跟随音乐节奏完成。

续表

体能要素	序号	练习内容	练习方法	练习要求
肌肉力量（肢体力量和核心力量）、肌肉耐力	24	持雪板负重上举	1. 穿雪鞋在0度雪面，雪板置于身前。 2. 用手握住雪板，缓慢举过头顶，静止5秒，缓慢放回原处。	1. 模仿挺举动作。 2. 动作流畅。
	25	双杠支撑前进	双杠上直臂支撑，两臂交替前移，两臂各前移5—6次再折返。	直臂顶肩，注意安全。
	26	负重雪板深蹲	两手举起滑雪板，两脚与肩同宽，腰背部挺直，做深蹲起。	1. 匀速完成蹲起动作。 2. 可以在蹲起的同时，将滑雪板举起。
	27	穿雪鞋深蹲跳起头上击掌	穿雪鞋在0度雪面，下蹲至深蹲后迅速跳起，在头顶上方击掌一次，落地后屈膝缓冲。	1. 起跳高度在25—30厘米。 2. 躯干挺直，膝关节尽量不超过脚尖。
	28	穿雪鞋阻力带螃蟹步	穿雪鞋在0度雪面，阻力带置于雪鞋脚踝处，双腿屈膝半蹲，上体直立，双脚沿侧向进行滑步走。	1. 始终保持躯干挺直。 2. 匀速移动。
	29	穿雪鞋原地挺身跳	1. 两脚并立，双臂自然下垂放于身体两侧。 2. 双脚发力，将身体推离地面，跃向空中，跳跃到最高点时，两手同时打开触摸脚尖，保持躯干挺直，落地缓冲。	1. 起跳时腰背部挺直。 2. 落地屈膝缓冲。
	30	穿雪鞋屈体分腿跳	1. 屈膝下蹲，两手后摆。 2. 屈膝全蹲，脚跟稍稍离地，双手撑地，保持身体平衡。 3. 双脚发力，将身体推离地面，跃向空中，跳跃到最高点时，双腿向两侧打开，展开手臂、手指去触碰脚尖。保持抬头、直腿、脚尖绷直的状态。 4. 落地缓冲，还原。	1. 手脚协调，背弓明显。 2. 尽量往高处跳。

续表

体能要素	序号	练习内容	练习方法	练习要求
肌肉力量（肢体力量和核心力量）、肌肉耐力	31	弹力带—交叉步蹲拉	1. 两腿前后开立弓步蹲，上体直立，左脚踩弹力带中段，两手握带，掌心向前。 2. 弹力带从下经手臂向上，缓慢直膝牵拉弹力带。 3. 缓慢屈膝弓步蹲还原到初始位置。交换右脚踩弹力带再做一次。	弹力带拉至最远端。
	32	弹力带—单腿站立外展牵拉	1. 两脚自然分开站立，弹力带从两足弓绕过，两手握弹力带于体侧。 2. 身体保持正直，右腿固定，缓慢伸直左腿外展。 3. 保持 3—5 秒，缓慢收回还原，交换腿再做一次。	腰背挺直，弹力带拉至最远端。
	33	穿雪鞋负重登坡	穿雪鞋在中高级雪面登坡练习，身上负重 5 千克沙袋。	1. 调整呼吸。 2. 步伐匀称。
	34	壶铃静蹲	1. 手握 5—10 公斤壶铃。 2. 马步静蹲 30 秒。	膝盖不超脚尖，躯干直立。
	35	壶铃蹲跳	1. 手握 5—10 公斤壶铃。 2. 半蹲跳 5—10 次。	快速跳起，下落缓冲。
	36	半蹲静力	躯干伸直，屈膝约 90 度，呈半蹲姿势后静止 30 秒至 1 分钟。	1. 保持核心稳定。 2. 膝关节尽量不超过脚尖。
	37	单腿半蹲	一条腿站立，另一条腿向前抬起，伸直或略微弯曲，双手向胸前伸出，弯曲髋部和支撑腿的膝盖，直到膝关节几乎弯曲成约 120 度，做半蹲起。	腰背部挺直，尽量保持平衡。

续表

体能要素	序号	练习内容	练习方法	练习要求
肌肉力量（肢体力量和核心力量）、肌肉耐力	38	穿雪鞋两人单腿半蹲	穿雪鞋在0度雪面，两人一组，手拉手，一条腿站立，另一条腿向前抬起，伸直或略微弯曲，双手向胸前伸出，弯曲髋部和支撑腿的膝盖，直到膝关节几乎弯曲成约120度，两人同时做半蹲起。	1. 腰背部挺直，尽量保持平衡。 2. 两人协调配合。
	39	穿雪鞋俯身侧提膝	斜板支撑，核心收紧，膝盖往侧腰提膝。	1. 提膝吐气，下落吸气。 2. 侧向提膝至90度
	40	双人平板支撑击掌	1. 两人一组，面面相对，距离30—40厘米，做平板支撑。 2. 两人同时伸出左手或者右手，互相击掌。	1. 核心收紧。 2. 身体始终保持一条直线，两人协调配合。
	41	双人脚踏风火轮	1. 两人一组，坐于垫上，两手撑地，两脚并拢，腿伸直，保持离地20厘米，臀部着地。 2. 两人同时收腹抬腿，在小腿处互相绕环。	核心收紧、脚不落地、协调配合。
	42	双人卷腹	1. 两人一组，仰卧，两脚相对并相互夹住，手放于头部两侧，保持不动。 2. 用力收腹抬起上身，两人击掌一次，再往下。	快起慢下，协调配合。
	43	穿雪鞋双人转体击掌	1. 两人一组，距离1米，朝同一方向坐于垫上。 2. 抬腿，屈膝收腹，两脚离地，臀部着垫。 3. 两人同时先向中间转体，再向外侧转体。在中间转体过程中互相击掌一次。	1. 练习过程中始终保持两脚离地。 2. 协调配合，互相激励。
	44	双人屈腿挺髋	两人一组，背靠背坐在垫上，再错肩躺下，两手分别抓紧对方的大臂部位，两人同时向上举腿至垂直面，再收紧腰腹，屈膝向上挺髋，臀部离地，返回至举腿位置。	1. 核心收紧，匀速完成。 2. 每次练习臀部必须腾空，向上挺髋至最高点，快起慢下。

续表

体能要素	序号	练习内容	练习方法	练习要求
肌肉力量（肢体力量和核心力量）、肌肉耐力	45	Tabata 核心组合	1. 在音乐伴奏下，练习 20 秒，休息 10 秒。 2. 一共 4 个动作：伏地登山跑、平板支撑、直腿仰卧两头起、俯卧两头起。	1. 动作规范。 2. 紧跟音乐节奏。
	46	穿雪板交替压腿	1. 开始前保持基本滑行姿态。 2. 前后脚交替前伸，后拉，保持节奏，体会雪板前后转换过程。	1. 核心收紧，重心处于两板之间。 2. 注意雪板前后拉开幅度，循序渐进。
	47	穿雪鞋弓步走	穿雪鞋在 0 度雪面，进行大幅度弓步走练习，上体正直，双手掐腰。	1. 匀速练习，不能过快。 2. 重心微前倾，弓步走幅度适合。
	48	平衡半球上俄罗斯回转	1. 坐于平衡半球上，双手重叠于胸前，背部挺直不弯曲。 2. 双腿弯曲并缓慢地抬起直至双脚在空中，左侧肘关节靠近右侧膝关节，右侧肘关节靠近左侧膝关节。	1. 确保脚始终腾空。 2. 核心收紧，控制好平衡。
	49	仰卧双腿夹瑞士球举腿	1. 仰卧姿势准备，自然平躺于地面上，手臂放在身体两侧。 2. 双腿夹紧瑞士球缓慢地抬起直至双腿与躯干垂直，再回到开始动作。	瑞士球始终在双腿之间不能掉下，双腿不能弯曲。
	50	“V”字交叉腿	仰卧于垫上，上身坐起，双肘支撑于身体两侧，双腿膝盖脚尖绷直抬起，离地面 45 度，双腿进行快速交叉，交叉幅度不大于 30 度，在保证身体姿态不变的情况下，速度越快越好。	腰背挺直，动作规范。
	51	“十”字交叉	1. 仰卧姿势准备，慢慢抬起双腿至与地面垂直。 2. 双腿缓慢地向左方下落直至脚与地面接触，再缓慢抬起至与地面呈垂直姿势，再次双腿缓慢地向右方下落直至脚与地面接触，即为完成一次动作。	1. 保持直腿，且两脚并拢。 2. 慢速完成动作。

续表

体能要素	序号	练习内容	练习方法	练习要求
速度	52	穿雪鞋快速高抬腿	穿雪鞋，在雪地快速完成高抬腿 10 秒。	1. 尽最快速度完成。 2. 大腿尽可能抬高。
	53	30 米蹬冰式快速启动	穿上旱冰鞋，利用滑冰蹬冰式进行滑行 30 米往返。	1. 滑行速度逐渐加快。 2. 控制好身体平衡，注意安全。
	54	初级道犁式滑行	在坡度 10—15 度的雪道犁式滑行。	1. 控制好速度和方向。 2. 一路纵队，保持间隔，注意安全。
	55	初级道平行式滑行	在坡度 10—15 度的雪道平行式滑行。	1. 排头控制速度，每列滑行路线尽量一致 2. 注意安全，戴好护具。
	56	中级道犁式滑行	在坡度 15—18 度的雪道犁式滑行。	1. 中慢速滑行，控制好速度和方向。 2. 拉开距离，戴上护具，注意安全。
	57	中级道平行式滑行	在坡度 15—18 度的雪道平行式滑行。	1. 控制好重心，速度逐渐加快。 2. 拉开前后距离，注意安全。
	58	中级道卡宾滑行	1. 保持低的滑行站姿，板刃始终刻进雪面。 2. 入弯时身体逐渐向弯内倾斜，快速伸长外腿，同时翻脚掌，控制好平衡。	1. 弯形要圆，控制好速度。 2. 弯与弯衔接好，整段滑行流畅进行。
	59	直滑降	双腿、双脚与肩同宽，重心前倾，在练习道，直滑降 30 米。	1. 下滑时保持稳定身体姿态。 2. 板头、板尾间距保持不变。
	60	直滑降 + 犁式刹车	双腿、双脚并拢，重心前倾，直滑降 30 米后采用犁式刹车练习。	1. 下滑时控制好身体平衡。 2. 犁式刹车时，板头迅速靠拢，板尾迅速分开，用内刃卡雪。
	61	中级道小回转滑行	设置好小回转滑行路线，并在转弯处设置相应旗门，在中级坡道上完成 6—10 次小回转滑行，记录最好成绩。	1. 快速通过旗门，提前入弯。 2. 合理选择滑行路线。

续表

体能要素	序号	练习内容	练习方法	练习要求
速度	62	中级道大回转滑行	设置大回转滑行路线，并在转弯处设置相应旗门，在中级坡道上完成 6—10 次大回转滑行，记录最好成绩。	1. 大回转时控制好重心，保持身体平衡。 2. 合理选择滑行路线，注意安全。
	63	高级道平行式滑行	在坡度 18—25 度的雪道上，用平行式滑行技术反复练习。	1. 控制好速度，拉开距离。 2. 穿戴好护具，注意安全。
	64	高级道卡宾滑行	1. 保持低的滑行站姿，板刃始终刻进雪面。 2. 入弯时身体逐渐向弯内倾斜，快速伸长外腿，同时翻脚掌。	1. 多做内倾，少做反弓。 2. 弯形要圆，可控范围内，快速滑行。 3. 转弯衔接好，整段滑行流畅。
	65	高级道小回转滑行	设置小回转滑行路线，并在转弯处设置相应旗门，在高级坡道上完成 6—10 次小回转滑行，记录最好成绩。	1. 快速通过旗门，提前入弯。 2. 合理选择滑行路线。
	66	高级道大回转滑行	设置大回转滑行路线，并在转弯处设置相应旗门，在高级坡道上完成 6—10 次大回转滑行，记录最好成绩。	1. 大回转时控制好速度，保持身体平衡。 2. 合理选择滑行路线，注意安全。
	67	游戏：猜时赛	中级道旗门回转练习，分别猜同伴、自己的滑行时间，时间接近者获胜。	1. 选择合理路线，控制好时间。 2. 佩戴护具，注意安全。
	68	弹力带阻力跑	两人一组，帮助者用弹力带拉住练习者的腰部，练习者做加速跑动作，克服阻力完成 50 米加速跑。	弹力带始终拉紧，不能松。 两人交换进行。
	69	上坡跑、下坡跑	10—15 度、30 米左右的坡道进行快速的上坡、下坡跑。	1. 上坡跑时减小步幅、加快步频。 2. 下坡跑时加大步幅、保持稳定。
	70	跑楼梯	1. 快速跑过每节台阶。 2. 上下肢协调发力。	1. 动作频率快。 2. 脚下轻盈。
	71	快速深蹲跳	直立两脚与肩同宽，腰背挺直，屈膝深蹲跳起，落地缓冲，快速连续做。	1. 动作规范，尽可能跳得更高。 2. 膝关节尽量不超过脚尖。

续表

体能要素	序号	练习内容	练习方法	练习要求
爆发力	72	俯身划船	1. 双脚开立与肩同宽，略微弯曲双膝，上身前倾，头部向上抬起，背部保持挺直，双手持哑铃自然下垂。 2. 将上臂拉起使肘关节超过背部。	1. 腰背部挺直。 2. 快起慢下。
	73	击掌俯卧撑	俯撑，屈肘，用爆发力用力推地，使身体在地面的反作用力下腾空，在最高点击掌，回落后，屈肘缓冲。	1. 速度要快。 2. 把握好击掌时机。
	74	快速推举哑铃	坐在凳子上，举臂连续上推举哑铃或者杠铃片，可依据练习者个人的力量逐步增加重量。	推举速度快，推举到直臂再放下。
	75	仰卧推举杠铃	仰卧躺在凳子上，上背支撑体重，双脚着地，连续上推杠铃。	1. 保护下进行。 2. 较快速度完成。
	76	高阶俯卧撑	1. 练习者两脚放在一定高度的、折叠好的小体操垫上，做俯卧撑练习。 2. 根据自身力量大小，选择合适的高度。	1. 核心收紧，不塌腰。 2. 爆发式练习，快起快下。
	77	穿雪鞋负重宽距俯卧撑	双臂垂直于地面，两手比肩膀稍宽 15 厘米左右，两腿向身体后方伸展，依靠双手和两脚脚尖保持平衡，保持头、后背、臀部以及双腿在一条直线上，在肩背部放 4—5 千克的沙袋，屈臂 90 度，再直臂，平起平落，快速练习。	1. 宽距支撑，核心收紧，不塌腰。 2. 快起慢下。
	78	穿雪鞋负重窄距俯卧撑	双臂垂直于地面，两手比肩膀稍窄 20 厘米左右，两腿向身体后方伸展，依靠双手和两脚脚尖保持平衡，保持头、后背、臀部以及双腿在一条直线上，在肩背部放 4—5 千克的沙袋，屈臂 90 度，再直臂，平起平落，快速练习。	1. 窄距支撑，核心收紧，不塌腰。 2. 快起慢下。
	79	蹲跳起	1. 双脚左右开立，脚尖平行，屈膝向下半蹲，两手抬起，放在耳侧，手臂平行于地面。 2. 两腿迅速蹬伸，使髋、膝、踝三个关节充分伸直。	1. 蹬伸充分，尽量高跳。 2. 落地半蹲缓冲。

续表

体能要素	序号	练习内容	练习方法	练习要求
爆发力	80	钟摆跳	1. 双脚并拢，屈膝半蹲，进行左右跳跃。 2. 设置中线，双脚越过中线即可。	1. 跳动频率快。 2. 双臂随之摆动。
	81	挺举雪板	1. 半蹲，挺胸抬头，手持合适重量的雪板置于身体两侧。 2. 手臂开始爆发性地摆动，同时两脚迅速用力蹬地，将雪板向上举起，挺髋收腹，身体直立，还原。	1. 保持背部挺直，腹部收紧，挺举速度要快。 2. 选择合适的重量、避免受伤。
	82	小重量杠铃高翻	1. 半蹲，挺胸抬头，从地面拉起杠铃。 2. 杠铃超过膝盖时，开始爆发性地向上提拉杠铃。稍作停顿，利用硬拉产生向上的惯性，将杠铃拉起到胸部高度，迅速翻转前臂，同时屈髋关节、膝关节，降低重心，将杠铃杆架在肩上锁骨位置。	1. 保持背部挺直，核心收紧。杠铃向上翻起要快。 2. 选择合适的重量、避免受伤。
	83	收腹跳	1. 两脚打开与肩同宽，原地起跳。 2. 跳起后在上半身往前同时收腹，两腿往上方抬起，落地后下蹲缓冲。	1. 动作要快。 2. 大腿上抬至胸腹部。
	84	连续跳直立小体操垫	1. 将小体操垫直立，摆成一路纵队，间隔 1.5 米左右。 2. 用双脚起跳，连续跳过每一个体操垫，落地马上弹跳起。	1. 速度要快，摆臂协调配合。 2. 大腿屈膝高抬。
	85	连续跳深	站在 60—80 厘米高的台阶或跳箱上双脚向下跳，落地后迅速接着向上跳到 30—50 厘米高的台阶或跳箱上。	动作连贯，越快越好。
	86	负重连续轻跳	肩负杠铃杆等轻器械做连续原地轻跳或提踵练习。	1. 腰背挺直。 2. 起跳要快。
	87	雪面高抬腿跑	1. 保持上身挺直的情况下，两腿交替抬至水平。 2. 高抬腿 20 次后向前跑 20 米。	1. 重心稍向前。 2. 频率快。
	88	侧马步转换	支撑腿下蹲，另一腿伸直，重心快速转换至另一侧。	低重心，支撑脚转换迅速。
	89	连续跳小栏架	使用收腹跳的方式快速跳过 10 个小栏架。	核心稳定，快速连贯弹跳。

续表

体能要素	序号	练习内容	练习方法	练习要求
反应时	90	手背接球	1. 两人一组，一人双手分别拿一个网球，双臂抬平与肩同宽，另一人双手放松搭在同伴手背上。 2. 拿球人随机松开一个球，同伴快速反应，并快速移动去接住网球。	1. 注意力集中。 2. 反应迅速尽量球不落地。
	91	“米”字形跑	1. 用 8 个标志桶分别在不同方向摆成一个“米”字形，中心点到各点距离是 10 米。 2. 从“米”字形中心出发，听声音信号或者看手势快速冲刺到各个标志桶，到每个标志桶之后马上后转身返回中间点，准备下一次冲刺跑。	反应快、加速快。
	92	反应突变	1. 把各种步法编上序号如 1 为左滑步、2 为右滑步、3 为左上步、4 为右上步、5 为向左交叉步、6 为向右交叉步。 2. 练习者听到喊号后快速反应做出相应步法。	集中注意力，反应快。
	93	快速穿雪板	1. 左右各放一副雪板，听教师口令，单数穿左侧雪板，双数穿右侧雪板。 2. 可两人或多人同时进行比赛，数字可做加减乘除。	快速做出判断，并迅速穿好雪板。
	94	九宫格	分 A、B 两组，每组三个物品，听口令后迅速滑行至九宫格内将物品放置在九宫格内先行完成三点连线即为获胜。	反应快，动作灵敏。
	95	换位扶棒	1. 两人相距 2 米面对面站立，一人手扶住竖立的体操棒。 2. 听到信号后，快速跑步与同伴交换位置并尽快扶住棒，体操棒倒下算失败。	集中注意力，反应快。
	96	转体扶体操棒	用手扶住体操棒，然后松手转身击掌再扶住体操棒使其不倒。	强调转体，速度要快，不要求跳得高。

续表

体能要素	序号	练习内容	练习方法	练习要求
反应时	97	跳动猜拳	两人相对 1 米，一边喊“剪刀、石头、布”，一边纵跳 2 次后用脚做出相对应的动作，输的去追赢的，赢的转身跑过 15 米的边线，看能否追上。	遵守规则，15 米以内追上有效。
	98	变式抢雪杖	1. 两人一组面对面间隔 10 米，在 10 米中间放置一个雪杖。 2. 教师吹一声长哨，两人同时向后做高抬腿、后踢腿、单脚跳、双脚跳等，教师吹两声短哨，队员迅速后转身跑到中间抢雪杖，抢到为胜。	1. 注意力集中。 2. 听到口令后快速做出反应。
灵敏性	99	游戏：雪面你追我赶	1. 将 4 个标志桶在雪面摆放成“十”字形，每个标志桶距离 15 米。 2. 以小组为单位，在“十”字形中心出发，绕标志桶加速跑一圈。每个人经过标志桶时要做出各种技巧类动作，如滚翻、侧手翻、倒立等等，另一名队员紧随其后，并完全复制前面队员的运作路径。结束后小组队员互换顺序，重新追逐，再完成一遍。	1. 遵守规则。 2. 加速跑尽全力。 3. 尽量躲开同伴的追逐。
	100	游戏：六角球 21 分	1. 两人一组，轮流投掷六角球，六角球在被抓住之前必须至少弹跳一次。 2. 在抓住球之前，球每弹跳 1 次得 1 分。例如，在球弹跳 3 次后才抓住球，那么就会得 3 分。先得到 21 分的人为胜。	反应迅速，加速快。
	101	穿雪鞋“十”字形开合跳	1. 全脚掌着地，手臂协调配合。 2. 向前后左右四个方向移动。	1. 动作协调自然。 2. 频率尽可能快。
	102	原地雪鞋犁式制动模仿	穿雪鞋在 0 度雪面，保持基本滑行姿态，以脚尖为轴，两脚向外侧打开，模拟行进间犁式制动。	1. 两脚前全程距离保持一致。 2. 全程保持基本滑行姿态。

续表

体能要素	序号	练习内容	练习方法	练习要求
灵敏性	103	四角灵敏性练习	1. 4 个标点组成一个 5 米正方形。 2. 练习者在场地中间，听声音或者看手势迅速跑向所指示的标点，然后迅速返回中间位置。	遵守规则，跑动速度要快。
	104	游戏：荆轲刺秦	小组为单位进行，1 人为荆轲，其余 5—6 人手拉手围成一个圈，其中选定 1 人为秦王。游戏开始，荆轲通过跑动抓秦王，其他人手拉手围成圈移动保护秦王。在 20 秒时间内看能否抓到秦王。不能通过穿越、钻人缝的方式去抓。	1. 遵守游戏规则。 2. 20 秒时间到，交换人进行。
	105	穿雪鞋“Y”字形跑	1. 在 0 度雪面把 4 个标志桶标上序号摆成“Y”字形，中间标志桶到其他点的距离是 10 米。 2. 跑动路线是：1—2—1—2—3—2—2—1，要绕过每一个标志桶，采用冲刺跑进行练习。	1. 按照规定路线前进。 2. 加速快、减速明显。
	106	内布拉斯加跑	1. 6 个标志桶摆成前后 2 个 10 米的等边三角形，其中两个三角形的各个顶点也距离 10 米，且都在一条直线上。 2. 给每个标志桶按顺序分别标上 ABCDEF 的顺序。沿着 A—B—C—D—E—F—A 的路线进行快速冲刺；规定 B—C 路线做面向外侧的横向滑步，C—D 路线做面向内侧的横向滑步，D—E 路线做后退跑，E—F—A 路线做折线加速跑。	要求按规定路线和步法前进，不能触碰标志桶。
	107	穿雪鞋正压腿	穿雪鞋在 0 度雪面进行正面压腿练习，上体正直，前腿膝盖不要超过脚尖，进行纵向振荡。	1. 上体正直，髋要正。 2. 上下振动。
	108	正方形追逐跑	1. 4 个标志桶摆成 10 米的正方形，每个标志桶旁站 1 名练习者。 2. 听哨声 4 人同时顺时针跑向下一个标志桶，减速摸桶，进行横向滑步移动至下一个标志桶，以此类推。	1. 加速、减速节奏要清晰。 2. 跑步和滑步区分清楚。 3. 速度尽可能快。

续表

体能要素	序号	练习内容	练习方法	练习要求
灵敏性	109	绳梯单脚、双脚跳	单脚、双脚跳进绳梯，前进两格，后退一格。	1. 前脚掌着地，频率快。 2. 上下肢协调配合。
	110	绳梯同进同出	站在绳梯一侧，右脚进、左脚进，右脚出、左脚出，两臂自然摆动。	频率快，不踩绳梯。
	111	绳梯转体跳	面对绳梯站立，双脚同时跳进绳梯，跳出的同时向左侧或右侧转体 90 度，依次前进。	髋关节灵活摆动，快速跳跃。
	112	穿雪鞋角力游戏	1. 穿雪鞋在 0 度雪面，两人一组，弓步，相对而站。 2. 双方握手推拉，迫使对方失去平衡，如有一方有一只脚离地，就算失败，两手交换进行。	1. 全身用力。 2. 保持身体平衡。
柔韧性	113	踢腿（前、侧、后）	挺胸抬头，身体挺直，腿伸直脚尖勾起来，以胯为轴，向前（侧、后）用力踢腿，支撑腿也要伸直。	1. 踢到最高处。 2. 躯干保持正直。
	114	盘坐压腿	双腿分开盘坐在垫子上，左手放在左腿上，右手放在右腿上，躯干直立，两侧手用力下压双腿。	匀速下压。
	115	左右摆腿	1. 手扶器械做左、右摆腿练习。 2. 每次摆动到最远端，摆腿 15 次，交换脚。	1. 身体保持高重心和较大的摆动幅度。 2. 双腿都要伸直，脚尖上勾。
	116	前后摆腿	1. 手扶器械做前、后的摆腿练习。 2. 每次摆动到最远端，摆腿 15 次，交换脚。	支撑腿不要弯曲，始终保持伸直状态。
	117	把杆上前（侧、后）压腿	一只脚搭在把杆上，另一脚撑地保持平衡，躯干向前（侧、后）压腿，30 秒交换脚。	1. 尽可能下压至最远端。 2. 支撑腿伸直。
	118	分腿下压	坐在垫上，双腿左右分开到最大限度，上体尽可能地向前倾，使身体往下压，用双手握住脚背，保持 1 分钟。	勾脚尖，匀速下压。

续表

体能要素	序号	练习内容	练习方法	练习要求
柔韧性	119	弓步正压腿	向前迈一大步，前腿弓后腿绷直，前脚掌全掌着地，上身挺直，双手叉腰，头部向前方看，用力向下压。	用力下压，躯干挺直。
	120	弓步侧压腿	1. 一腿弯曲，另一腿勾脚尖伸直蹲下，重心在弯曲的腿上。 2. 保持躯干挺直，用力向直腿的反方向往下压腿。	1. 一侧腿保持直腿，勾脚尖。 2. 下压力度逐渐加大。
	121	跨栏步压腿	1. 坐于垫上，一腿向前伸直并勾脚尖，另一腿向后折叠，脚靠近臀部，两腿之间的角度为 90 度或稍大。 2. 手臂前伸，用力往前下方压腿。	1. 前腿保持伸直状态。 2. 下压力度逐渐加大。
	122	拉伸臀大肌	坐在垫上，右手支撑住身体，左腿伸直，右腿跨越左腿膝盖上方，左手抓住右腿膝盖，用力向身体内侧下压，直到感觉肌肉绷紧为止。停留 15—20 秒，换另外一侧，交换进行。	牵拉方向是内侧下压，逐渐加大力度。
	123	拉伸腘绳肌	上体保持垂直坐在垫上。左腿伸直微向外，右脚掌贴于左大腿内侧，左脚尖朝外，双手伸直向前，上身前倾向大腿靠近，至最远端停留 15—20 秒。	保持上身挺直，左腿伸直。
	124	拉伸腰腹肌	坐姿，两腿在体前伸直，一侧腿伸直摆向躯干外侧，同时躯干侧倾，用躯干外侧去贴近大腿，另侧手臂顺势向头侧下压至最远端，停留 15—20 秒。	动作到位，匀速牵拉。
	125	拉伸股四头肌	单脚站立，身体保持直立。一手可以扶墙保持平衡，另一只手向上用力拉同侧脚尖，至最远端停留 15—20 秒。	躯干伸直，控制好平衡。
	126	拉伸大腿外侧	被拉伸侧大腿向斜后方伸出，小腿与脚外侧面着地，另一侧大腿向前弓步膝关节屈曲，双手扶地支撑，拉伸时身体重心移向被伸拉的一侧，至最远端停留 15—20 秒。	动作到位，匀速牵拉。两脚交换进行。

续表

体能要素	序号	练习内容	练习方法	练习要求
柔韧性	127	拉伸胸肌、背阔肌	两手交叉，相互握住，用力向后上方牵拉，直到手臂伸直为止，保持 20 秒以上。	牵拉动作到位，至最远端停留 20 秒。
平衡	128	穿雪鞋单脚支撑脚尖点地	1. 双脚自然站立，双臂可自然抬起保持身体平衡。 2. 单腿支撑，非支撑腿在自己身体的前、后、左、右四个方向点地，落点尽量远，坚持 15—30 秒，交换腿进行。	1. 点地时，脚尖轻点，即在脚尖碰到地面后快速离开。 2. 练习时，支撑腿最好保持在开始时的位置，不要左右移动。
	129	穿雪鞋变式燕式平衡	单脚站立于地面上，另一条腿后举，两臂呈侧平举，支撑腿微微弯曲，膝盖不超过脚尖，转动上肢，手指碰触雪面，保持 5 秒，左右腿交换进行。	整个动作一次性完成，控制好平衡。
	130	平衡垫上燕式平衡	单脚站立在平衡垫上，另一条腿后举，两臂呈侧平举的姿势，支撑腿不得弯曲，后举腿慢慢抬高，保持姿势 2—3 秒，左右腿交换进行。	1. 腰背部挺直。 2. 慢速完成动作，后举腿尽量平行地面。
	131	平衡垫上抛接篮球	两人一组，均双脚站立于平衡垫上，做抛接篮球动作并保持平衡。	抛接球幅度要大。
	132	平衡垫上蹬摆腿	单脚站立在平衡垫上，两手前上举握住体操棒，另外一腿往上方做摆腿动作。	匀速摆腿，幅度逐渐加大。
	133	平衡垫上负重深蹲起	两脚站在平衡垫上，手持哑铃在身体两侧，屈膝深蹲下，再蹲起，还原直立。	背挺直，匀速完成蹲起动作。
	134	平衡垫上转体	1. 单脚站立在平衡垫上，另一脚腾空，两臂侧举保持平衡。 2. 以支撑脚为轴，躯干向左右两侧转体 90 度、180 度，练习 8—10 次，交换脚进行。 3. 可手持哑铃，加大难度。	转体速度要慢，两脚尽量不落地，保持好平衡。

续表

体能要素	序号	练习内容	练习方法	练习要求
平衡	135	游戏：人体拱桥	1. 练习者仰卧在体操垫上，两脚全脚掌踩在瑜伽球上并做挺髋动作，使身体与瑜伽球之间形成一座“拱桥”。 2. 比一比规定时间内谁撑得久、谁的重心稳、谁的次数多、谁的桥高。	肩和手臂支撑，挺髋，伸臂压垫，上体与大腿呈一条直线，瑜伽球与身体之间的距离尽可能靠近。
	136	Bosu 球双人燕式平衡	1. 两人一组，分别单脚支撑站立于 Bosu 球上，手拉手，保持平衡。 2. 另一条腿慢速后举，逐渐平行于地面，保持 2 秒，左右腿交换进行。	1. 支撑腿不弯曲。 2. 两人协调配合。
	137	Bosu 球双人深蹲击掌	两人一组，面对面分别站立在两个 Bosu 球上，同时做深蹲，蹲起时击掌一次。	1. 背部挺直，控制好平衡。 2. 匀速完成蹲起动作。
	138	单脚 Bosu 球站立抛接实心球	1. 单脚站立在 Bosu 球上，双手持实心球，快速用力向地面砸球，再将球捡起。 2. 可双手持球过头顶，增加砸球难度。	1. 砸球和捡球过程中非支撑脚尽量不落地。 2. 实心球出手速度要快。
	139	单脚 Bosu 球站立俯身前触标志物	1. 单脚站立在 Bosu 球上，另一脚腾空，两臂侧举保持平衡。 2. 在 Bosu 球左右两侧及正前方放置 3 个标志桶。练习者支撑腿屈膝，屈伸分别去触摸这 3 个标志桶。 3. 可逐渐加大标志桶的距离，加大练习难度。	屈膝俯身要慢，触摸标志桶要控制好平衡。
	140	Bosu 球转体跳下	两脚站在 Bosu 球上，稍屈膝，两脚蹬球，分别向左右两侧转体 180 度、360 度跳下。	转体幅度逐渐加大，落地要稳，且屈膝缓冲。

续表

体能要素	序号	练习内容	练习方法	练习要求
平衡	141	游戏：双人雪面单腿支撑抛接球	1. 穿雪鞋在 0 度雪面，单腿支撑，抬起非支撑腿，大腿与地面平行。 2. 两人一组，单腿支撑，抬起非支撑腿，距离 3—4 米，两人互相抛接篮球，每组练习 20—30 秒。 3. 可以适当加大抛球、接球的难度，比如加大距离或用实心球进行。	1. 抛球力度要适当。 2. 非支撑脚不能触地。
	142	瑞士球上单腿蹲起	单腿放至瑞士球之上，另一条腿作为支撑腿，与地面垂直，做下蹲动作，保持身体平衡。	匀速下蹲。
	143	瑞士球上推举哑铃	背部仰卧在瑞士球上，两腿伸直，两脚撑地，保持平衡。两手持哑铃两侧，做推举哑铃动作。	核心收紧，快起慢下，保持好平衡。
	144	瑞士球弓箭步	弓箭步准备，前脚位于地面，后脚置于瑞士球上，做弓箭步蹲起。	匀速完成动作。
	145	瑞士球上单腿坐	坐在瑞士球上，保持背部挺直，髋向前，眼睛直视前方，单脚离地，双臂呈侧平举，保持平衡 10 秒，交换脚。	1. 离地的单脚要抬起，高于球面。 2. 核心收紧，保持平衡。
	146	瑞士球上滑雪	双臂与地面垂直并以双手作为支撑，双脚放置瑞士球上并向前后左右四个方向滚动球体。	双手支撑要稳，滚动速度要慢。
	147	瑞士球上卷腹	仰卧，背部躺在瑞士球上，两脚撑地，保持不动，背部收紧，向上挺髋，坚持 2—3 秒，还原。	挺髋要求快起慢下，落下时控制好平衡。
	148	瑞士球挺髋	仰卧垫上，两脚放在瑞士球上，左右手臂平放身体两侧，躯干伸直，呈一条直线，核心收紧，向上挺起髋部，保持 2—3 秒，返回到起始位置。	两脚支撑要稳，保持好躯干平衡。

续表

体能要素	序号	练习内容	练习方法	练习要求
平衡	149	瑞士球背起	俯卧于瑞士球上，双腿伸直，双脚支撑地面，腰背部发力将上半身抬起做上下运动。	快起慢下。
	150	瑞士球屈膝抬腿卷腹	仰卧于瑞士球上，双手抱头，腿部弯曲，大小腿之间夹角为 90 度，收腹使胸部尽量贴近大腿侧边，同时确保小腿和地面位于平行状态。	匀速完成动作，控制好平衡。
	151	瑞士球上“Y”“T”“W”	在瑞士球上呈俯卧状态，然后保持身体与地面平行，以腹部为支撑点，胸部脱离球面，手臂向两侧平伸与身体保持“Y”“T”两种姿势。拇指向上与地面垂直，肩胛骨收缩，呈现“W”姿势。	尽可能坚持更长时间。
	152	瑞士球跪立	双膝略分开跪于瑞士球上，上身挺直，两臂向上伸直双手合并，确保身体平衡。	核心收紧，保持平衡。
协调	153	单双脚交替跳	单脚跳起后，双脚落地，之后迅速换脚，继续练习。	动作不停顿。
	154	侧摆腿摆臂跳	1. 直立开始，右脚向左侧摆的同时左手向左侧斜上方摆动，手脚协调配合呈一条斜线。 2. 右腿斜下屈膝，同时左臂下摆，依次重复此动作。	手脚协调配合。
	155	穿雪鞋行进间单腿跳	穿雪鞋在 0 度雪面，行进间跳跃过程中，做单腿跳练习接跨步跳或者连续两次单腿跳接一次跨步跳或者两次单腿跳接两次跨步跳练习，依次行进 50 米。	单腿跳与跨步跳的转换及时、准确。
	156	穿雪鞋异侧脚够手	穿雪鞋在 0 度雪面左脚够右手，右脚够左手，前前后后。	按顺序完成，逐渐加快。
	157	站蹲撑立	先站立后蹲，然后双手撑地双脚向后蹬直，双脚再收回原地，最后站起。	动作由慢到快。

续表

体能要素	序号	练习内容	练习方法	练习要求
协调	158	立卧撑跳起转体360度	1. 由俯卧撑姿势开始，双腿屈膝抬大腿，呈全蹲。 2. 起立后即刻双脚蹬地，全力、快速纵跳，双臂积极上摆，在空中转体360度。 3. 衔接下一个动作时要迅速屈膝下蹲，在双手即将撑地的同时，双脚向后伸蹬，呈俯卧撑。	动作要连贯。
	159	行进间单腿跳	在行进间跳跃过程中，做单腿跳练习接跨步跳或者连续两次单腿跳接一次跨步跳或者两次单腿跳接两次跨步跳练习，依次行进50米。	单腿跳与跨步跳的转换及时、准确。
	160	绳梯分合脚跳	准备好的20级软梯，从第一级开始逐级做：合脚—左脚—合脚—右脚—合脚—左右分脚……以此为序进行连续跳跃。	明确左右脚跳跃顺序。
	161	弓步交换腿跳＋击掌	在弓步交换腿跳起腾空中，分别在体前、胯下、身后进行击掌。	1. 弓步交换腿跳动作要标准。 2. 击掌时机把握好。
	162	颠跳踢腿	支撑腿颠步，摆动腿前踢腿＋前抬腿＋侧踢腿＋侧抬腿，交换腿重复练习。	颠跳与抬腿协调配合。

第三节　短道速滑

短道速滑模块　“技能 + 专项体能”教学方案

课时	项目学习内容	体能要素	专项体能练习内容	练习方式
1—2	短道速滑双手牵引训练	协调	1. 手脚结合 2. 垫步踢腿 3. 站蹲撑立 4. 异侧脚够手	1. 依次进行： 内容 1—4：30 次 / 组，间歇 30 秒，2 组。 2. 教学环节实施建议： 准备部分后程。
3—4	冰上滑冰姿势，直道侧蹬技术	心肺耐力 + 下肢力量	1. 滑冰姿势分并跳 30 秒接 15 米屈膝走 2. 静蹲 30 秒接 15 米屈膝走 3. 高抬腿 30 秒接 15 米屈膝走 4. 弓步跳 30 秒接 15 米屈膝走 5. 立卧撑 30 秒接 15 米屈膝走 6. 高跳分腿 30 秒接 15 米屈膝走 7. 滑行跳 30 秒接 15 米屈膝走	1. 依次进行： 内容 1—7：循环练习，项间歇 20 秒，组间歇 3 分钟，5 组。 2. 教学环节实施建议： 基本部分后面。
5—6	短距离直道滑行技术	肌肉力量 + 速度 + 心肺耐力	1. 蹲跳起 + 滑步跳 2. 动协练习 3. 跪姿战绳 4. 战绳双摆	1. 依次进行： 内容 1：20 次 / 组，间歇 30 秒，3 组。 内容 2：30 次 / 组，间歇 20 秒，4 组。 内容 3—4：连续坚持 2 分钟，间歇 60 秒，3 组。 2. 教学环节实施建议： 基本部分后面。
7—8	直道滑行和弯道滑行技术	平衡 + 肌肉力量	1. 滑行板训练 2. 滑行板单向侧蹬 3. 滑行板双向侧蹬 4. 滑行板俯卧登山 5. 直线移动重心 6. 单腿半蹲	1. 分两大组轮换： 内容 1—4：1 分钟 / 组，间歇 30 秒，2 组。 内容 5—6：单侧 20 次 / 组，间歇 50 秒，3 组。 2. 教学环节实施建议： 基本部分后面。

续表

课时	项目学习内容	体能要素	专项体能练习内容	练习方式
9—10	较快速滑进技术	心肺耐力+下肢力量	1. 综合练习2（滑行1分钟+快跑1分钟+侧跳1分钟+快跑1分钟+屈膝走1分钟+快跑1分钟+大步跑1分钟+快跑1分钟） 2. 阻力带螃蟹步 3. 布带滑行	1. 分两大组轮换： 内容1—2：按综合练习2时间完成后练习内容2，持续2分钟，间歇40秒，2组。 内容3：500米/组，间歇2分钟，2组。 2. 教学环节实施建议： 基本部分后面。
11—12	短道速滑尾随与超越	速度	1. 弯道滑行小入小出 2. 弯道滑行小入大出 3. 弯道滑行大入小出 4. 弯道滑行大入大出 5. 冰上多人外道超越	1. 依次进行： 内容1—4：3圈/组，间歇90秒，3组。 内容5：4人/小组，4圈/组，间歇3分钟，6组。 2. 教学环节实施建议： 基本部分后面。
13—14	小组滑行接力	心肺耐力	1. 综合练习1（滑行30秒+屈膝走30秒+快跑30秒+滑跳30秒+快跑30秒+后屈走30秒+快速跑10秒+快跑50秒） 2. 综合练习3（滑行40秒+慢跑20秒+弯道交叉走40秒+慢跑20秒+滑跳40秒+慢跑20秒+动协40秒+慢跑20秒）	1. 分两大组轮换： 内容1：每个动作无缝衔接，间歇2分钟，6组。 内容2：每个动作无缝衔接，间歇2分钟，6组。 2. 教学环节实施建议： 基本部分后面。
15—16	短道速滑技术	速度+心肺耐力	1. 快速深蹲跳 2. 连续跳过小栏架 3. 动协练习 4. 滑冰姿势侧向交叉步 5. 滑冰姿势单足跳 6. 1000米背手滑行	1. 依次进行： 内容1—2：15次/组，间歇30秒，4组。 内容3—5：连续动作1分钟，间歇40秒，3组。 内容6：跟随音乐快速完成，1组。 2. 教学环节实施建议： 基本部分后面。
17—18	冰上短道速滑比赛嘉年华	柔韧性	1 跪姿后仰 2. 侧腹伸展 3. 蝴蝶压 4. 跨栏步压腿 5. 屈膝夹球转体	1. 依次进行： 内容1—5：跟随音乐，每个内容练习40秒，间歇20秒，3组。 2. 教学环节实施建议： 基本部分后面。

短道速滑模块　专项体能处方资源库

体能要素	序号	练习内容	练习方法	练习要求
心肺耐力	1	4000 米滑行	背手滑行。	间歇期慢滑调整心率。
	2	1000 米快速滑行	保持标准滑行姿势，快速完成 1000 米滑行。	保持心率维持在 160—180 次 / 分钟。
	3	20 圈长滑	中速滑行，可采取固定一人或多人领滑。	1. 重心尽量压低。 2. 支撑腿大小腿角度小于 90 度。
	4	变速跑	快跑 75 米 /15 秒，快走 25 米 /20 秒，重复 30 次。	规定时间内完成相应距离。
	5	战绳双摆	双手握绳同时上下甩动，坚持 2 分钟。	1. 控制摆动频率及频率。 2. 核心收紧，保持身体姿势。
	6	跪姿战绳	1. 双手握绳交替上下甩动。 2. 双腿跪地，上体直立。	1. 控制摆动频率及频率。 2. 控制间歇提高心率。
	7	陆地直线滑行	1. 左腿半蹲，右腿伸直。 2. 跳至右腿半蹲，左腿伸直。 3. 两臂做滑冰摆动。	1. 1 分—1 分 30 秒 / 组，控制好间歇时间。 2. 交换迅速，上体保持滑冰姿态。 3. 滑行动作协调。
	8	40 圈长滑	1. 单人或小组进行练习，一路纵队，固定一人领滑或多人领滑。 2. 双手背后控制节奏。	1. 领滑队员控制速度。 2. 跟滑队员注意节奏跟随。
	9	10 分钟滑行	1. 小组进行训练，采用分别领滑的方式，每人领滑 1—2 分钟。 2. 听到哨声后，领滑队员从外侧减速至队尾跟滑。	1. 跟滑队员注意节奏变化。 2. 保持好跟滑节奏，注意滑行姿态。
	10	小间歇滑行	1. 单人或多人练习听哨声变化速度。 2. 20 秒快速滑行 10 秒中速滑行。	1. 10 组快滑加 10 组慢滑。 2. 调节呼吸，快速滑行时要全力滑行。

续表

体能要素	序号	练习内容	练习方法	练习要求
心肺耐力	11	大间歇滑行	1. 单人或多人练习听哨声变化速度。 2. 40 秒中快速滑行 20 秒中慢速滑行。	1. 10 组中快速滑加 10 组中慢速滑行。 2. 调节呼吸，快速滑行时要全力滑行。
	12	1500 米计时滑行	1. 单人或多人进行滑行。 2. 采用侧向平行式起跑，最后 3 圈进行冲刺。	1. 完成 2—3 次计时。 2. 间歇 15—25 分钟。
	13	3000 米计时滑行	1. 单人或多人进行滑行。 2. 采用侧向平行式起跑，最后 2 圈进行冲刺。	
	14	综合练习 1	滑行 30 秒 + 屈膝走 30 秒 + 快跑 30 秒 + 滑跳 30 秒 + 快跑 30 秒 + 后屈走 30 秒 + 快速跑 10 秒 + 快跑 50 秒。	每个动作无缝衔接，练习时注意呼吸节奏
	15	综合练习 2	滑行 1 分钟 + 快跑 1 分钟 + 侧跳 1 分钟 + 快跑 1 分钟 + 屈膝走 1 分钟 + 快跑 1 分钟 + 大步跑 1 分钟 + 快跑 1 分钟。	
	16	综合练习 3	滑行 40 秒 + 慢跑 20 秒 + 弯道交叉走 40 秒 + 慢跑 20 秒 + 滑跳 40 秒 + 慢跑 20 秒 + 动协 40 秒 + 慢跑 20 秒。	
	17	综合练习 4	屈膝走 150 米 + 滑跳 100 次 + 大步跑 250 米 + 动协 30 秒。	
	18	综合练习 5	屈膝走 50 秒 + 屈膝跳 60 秒 + 动协 20 秒 + 大步跑 30 秒。	
	19	综合练习 6	屈膝走 1 分钟 + 自行车台 1 分钟 + 动协 1 分钟 + 三角走 1 分钟 + 滑跳 1 分钟 + 慢跑 1 分钟。	

续表

体能要素	序号	练习内容	练习方法	练习要求
肌肉力量（肢体力量和核心力量）、肌肉耐力	20	蹲跳起＋滑步跳	1. 下蹲至半蹲后迅速跳起。 2. 落地后接滑步跳。	1. 踝关节落地缓冲。 2. 核心收紧，保持稳定。
	21	全面力量	1. 滑冰姿势分并跳 30 秒接 15 米屈膝走。 2. 静蹲 30 秒接 15 米屈膝走。 3. 高抬腿 30 秒接 15 米屈膝走。 4. 弓步跳 30 秒接 15 米屈膝走。 5. 立卧撑 30 秒接 15 米屈膝走。 6. 高跳分腿 30 秒接 15 米屈膝走。 7. 滑行跳 30 秒接 15 米屈膝走。	1. 每项之间间歇 20 秒。 2. 动作幅度到位、频率要快。
	22	阻力带螃蟹步	1. 脚踝固定阻力带。 2. 双腿屈膝半蹲，上体直立。 3. 双脚沿侧向进行滑步走。	1. 保持低重心，核心收紧。 2. 步幅稳定，保持固定的阻力强度。
	23	静蹲	双腿蹲屈角度 90—110 度，上体前倾呈 10—30 度夹角，双手放松背在腰部。	1. 双腿稳定保持角度不变。 2. 配合均匀呼吸。
	24	滑行	1. 单腿支撑屈膝下蹲，支撑腿蹲屈角度 90—110 度，另一腿自然后摆，上体前倾重心压低。 2. 收腿，支撑腿侧向发力，换另一腿支撑。	1. 换腿时身体保持平衡。 2. 每条腿支撑 2—3 秒。
	25	直线移动重心	基本姿势，一条腿向侧蹬直，重心完全落在支撑腿上，鼻、膝关节及脚尖呈直线，身体保持平行横向移动，摆动手臂，直至重心完全交换到另外一条腿上。	1. 重心移动至一侧时，鼻子、膝盖、脚尖在一条线上。 2. 重心保持稳定平移。

续表

体能要素	序号	练习内容	练习方法	练习要求
肌肉力量（肢体力量和核心力量）、肌肉耐力	26	布带滑行	1. 腰部绑好拉力绳，拉力绳横右侧给予拉力，右手扶绳。 2. 上体前倾，左脚半蹲支撑，右脚向外侧做蹬冰。 3. 交换至右脚支撑，左腿屈腿后引，交换腿练习。	1. 支撑脚向右侧给予发力。 2. 交换频率要快，重心保持稳定。
	27	蛙跳 + 滑雪跳	连续蛙跳两次 + 左右滑雪跳两次。	1. 双腿充分蹬伸，两臂自然引摆。 2. 身体姿势稳定，核心发力。
	28	单腿半蹲	一条腿站立，浮腿向前抬起，伸直或略微弯曲，双手向胸前伸出，弯曲髋部和支撑腿的膝盖，直到膝关节几乎弯曲成约 120 度，做半蹲起。	腰背部挺直，尽量保持平衡。
	29	俯身侧提膝	斜板支撑，核心收紧，膝盖往侧腰提膝。	1. 提膝吐气，下落吸气。 2. 侧向提膝至 90 度。
	30	壶铃静蹲	手握 5—10 公斤壶铃静蹲。	膝盖不超脚尖，躯干直立
	31	壶铃蹲跳	手握 5—10 公斤壶铃，腰背立直，做连续蹲跳。	快速跳起，下落缓冲。
	32	屈膝走	保持滑冰基本姿势向前迈步走。	保持重心平稳。
	33	滑冰姿势单腿深蹲或跳跃	支撑腿三点一线保持平衡，做连续深蹲或跳跃。	另一腿搭物上（物体高 30 厘米以上）。
	34	弯道双支撑	布带固定在某物体上，运动员把固定好的布带放置在髋部偏上位置，双脚微微打开，向布带右侧移动一脚宽的距离，右髋平行推向左髋部，呈下蹲倾倒姿势。右手放松抓住布带，右肩放松压低，左肩略高于右肩，左手自然背在左腰部。	上体与髋、膝、踝关节依次左倾。

续表

体能要素	序号	练习内容	练习方法	练习要求
肌肉力量（肢体力量和核心力量）、肌肉耐力	35	弯道双腿蹲起	弯道基本姿势蹲好，双脚向斜上方蹬起，蹬直后，双腿下蹲。	双腿同时用力蹬出。
	36	弯道单支撑	弯道基本姿势蹲好，向侧蹬出右腿，重心完全在左腿上，蹬直后放松右腿，并收回右腿，重心移动到右腿上。	身体整体倾倒，在一个斜面上。
	37	跳跃组合 1	直立高跳抱膝 半蹲单支高跳 蹲屈左右跳 半蹲高跳分腿 弯道跳 滑冰姿势，单足高跳	每种跳跃间歇 30 秒，全力去做。
	38	跳跃组合 2	滑冰姿势双足跳起，单足落下支撑 滑冰姿势左右跳垫子（40 厘米宽） 滑冰姿势双摆侧跳 前屈大弓步跳 双摆髋滑跳 滑冰姿势单足高跳 滑冰姿势高跳用力左右分腿 滑冰姿势单足支撑高跳，双手触双脚尖，落下呈单足支撑	
	39	布带弯道压步	蹲至滑冰姿势向左侧倾倒，右踝、右膝、右髋、右肩向内侧压住要低于左肩。右腿蹬冰时尽量发力，要用脚掌后部分发力，然后左腿收至右腿脚后跟向外侧落地，落地后要注意左脚的倾斜角度，左腿用左脚掌的外侧发力蹬冰，右腿紧贴地面向左侧和左腿交叉后落地。	抬落腿时，保持动作角度和稳定性。

续表

体能要素	序号	练习内容	练习方法	练习要求
肌肉力量（肢体力量和核心力量）、肌肉耐力	40	直线模仿	基本姿势，单腿引腿回收至脚后跟位置后，支撑腿开始向侧发力蹬冰，浮腿注意摆臂和蹬冰的同步性。	身体重心移动，保持基本姿势不变形。
	41	冰上弯道单腿支撑	单腿支撑时，右肩、右髋、右膝、右踝向内侧压住，左侧身体尽量向冰面贴近。	起速要充分，支撑点要准确。
	42	弯道右腿侧蹬	右腿单腿支撑蹲至滑冰姿势向左侧倾倒，右踝、右膝、右髋、右肩向内侧压住要高于左侧。	蹬出和收回时，保持动作稳定性。
	43	弯道左腿侧蹬	左腿单腿支撑蹲至滑冰姿势向右侧倾倒，左踝、左膝、左髋、左肩向内侧压住要高于右侧。	蹬出和收回时，保持动作稳定性。
速度	44	跑楼梯	快频率、连续跑过台阶。	1. 动作频率快，上下肢协调发力。 2. 脚下轻盈、落地缓冲。
	45	30 米蹬冰式快速启动	1. 利用滑冰蹬冰式滑行。 2. 由静止状态快速滑行通过 30 米。	合理利用冰刀内刃，快速滑行。
	46	冰上起跑 10 米	听教练发令进行冰上 10 米起跑。	1. 起跑时蹬冰充分，脚下频率要快。 2. 核心收紧，摆臂协调。
	47	突然启动滑行	中慢速滑行 10 秒，听哨声冲刺滑行 10 秒。	1. 速度转换自如，冲刺滑行要全速。 2. 注意力集中，加速要快。
	48	弯道滑行小入小出	1. 团紧身体，重心内倾，两腿交替。 2. 弯道入弯，出弯紧贴弯道标志滑行。	1. 倾斜滑行发挥惯性。 2. 右压左拉两腿交替配合好。 3. 选择合理的滑行路线。
	49	弯道滑行小入大出	1. 团紧身体，重心内倾，两腿交替。 2. 弯道入弯紧贴弯道标志滑行。 3. 出弯道逐渐远离标志滑行。	

续表

体能要素	序号	练习内容	练习方法	练习要求
速度	50	弯道滑行大入小出	1. 团紧身体，重心内倾，两腿交替。 2. 远离标志进入弯道滑行。 3. 出弯道紧贴弯道标志。	1. 倾斜滑行发挥惯性。 2. 右压左拉两腿交替配合好。 3. 选择合理的滑行路线。
	51	弯道滑行大入大出	1. 团紧身体，重心内倾，两腿交替。 2. 远离标志进入弯道滑行。 3. 出弯道远离标志滑行。	
	52	侧向平行式起跑	1. 侧向面对起跑线站立，后腿发力蹬出进行起跑。 2. 前腿快速抬离冰面，提膝向前，髋部外展，踝关节外旋。	1. 听哨声快速启动滑行。 2. 根据站位选择合理的路线切入。 3. 反应迅速，腿部蹬伸充分。
	53	交叉式起跑	1. 侧向面对起跑线站立，前腿发力蹬出。 2. 后腿体前交叉，提膝向前，髋部外展，踝关节外旋。	1. 听哨声快速启动滑行。 2. 根据站位选择合理的路线切入。 3. 反应迅速，腿部蹬伸充分。
	54	快速深蹲跳	直立两脚与肩同宽，腰背挺直，屈膝深蹲跳起，落地缓冲，快速连续做 20 次。	1. 动作规范，尽可能跳得更高。 2. 膝关节尽量不超过脚尖。
	55	连续跳过小栏架	分别用双脚、单脚，从正面、侧面跳过一排小栏架。	1. 起跳速度要快，落地即跳起。 2. 不碰倒小栏架。
	56	500 米速滑	1. 采用交叉式起跑，听哨声快速完成 500 米滑行。 2. 弯道采用压步滑行法。	完成 3 次计时滑，间歇 20—30 分钟。
	57	间歇滑行	1. 听哨声变换速度，30 秒快滑，30 秒慢滑。 2. 两腿交替完成蹬冰，弯道采用压步滑行法。	1. 全力完成快滑 30 秒。 2. 听哨声后迅速完成由慢至快的加速。
	58	动协练习	从基本姿势，右腿侧蹬冰开始，收回右腿的同时，迅速向侧蹬出左腿，双摆臂。	重心超过中心点。

续表

体能要素	序号	练习内容	练习方法	练习要求
速度	59	滑冰姿势侧蹬	基本姿势蹲好，一条腿向侧蹬冰，同时摆臂，完全蹬直后，重心落在支撑腿上，浮腿放松收回。	上下肢配合，蹬摆同步。
	60	滑冰姿势侧向交叉步	滑冰姿势，向左快速交叉步后接向右快速交叉步。	交叉步支撑腿呈三点一线。
	61	滑冰姿势单足跳	保持滑冰姿势，单腿向前连续跳过标志块。	发力快，落地稳。
	62	屈膝走接滑进	基本姿势开始，屈膝走 6 次接滑进 6 次，反复练习。	移动重心时，上体保持平稳。
	63	冰上多人外道超越	四人一组，1、2、3、4 顺位，共练 4 圈。第 2 圈加速后进行超越。顺位变成 4、3、2、1，要求 4 号位起速后，3、2 号位从外侧尾随超越。	注意超越路线的判断与启动时机的选择。
	64	冰上连续外道超越	三人一组，1、2、3 顺位，共练 3 圈，第 2 圈后，3 号位连续加速，从外道超越 1、2 位后领滑。	
爆发力	65	屈膝蹲跳	1. 双脚左右开立，脚尖平行，屈膝向下半蹲。 2. 两腿迅速蹬伸，使髋、膝、踝三个关节充分伸直。	1. 蹬伸充分，尽量高跳。 2. 落地半蹲缓冲。
	66	双腿钟摆跳	1. 双脚并拢，屈膝半蹲，进行左右跳跃。 2. 设置中线，双脚越过中线即可。	1. 频率快，前脚掌支撑力落地。 2. 双臂随之摆动。
	67	单腿钟摆跳	1. 单腿支撑站立，屈膝半蹲，进行左右跳跃。 2. 设置中线，双脚越过中线即可。	1. 频率快。 2. 双臂随之摆动。
	68	双腿蹲屈收腹跳	1. 双腿下蹲小于 90 度，身体前倾。 2. 迅速向上跳跃做收腹跳。	1. 下落时注意屈膝缓冲。 2. 两臂充分上摆。
	69	单腿蹲屈收腹跳	1. 单腿下蹲小于 90 度，另一腿后引，身体前倾。 2. 后腿收回，同时迅速向上跳跃做收腹跳。	1. 下落时注意屈膝缓冲。 2. 两臂充分上摆。

续表

体能要素	序号	练习内容	练习方法	练习要求
爆发力	70	阻力带 15 米起跑	1. 腰部系好阻力带，迅速加速跑 30 米。 2. 双脚外“八”字，脚掌内侧触地。	1. 蹬地充分，摆臂有力。 2. 脚下频率快。
	71	俯身划船	双脚开立与肩同宽，略微弯曲双膝，上身前倾，头部向上抬起，背部保持挺直，双手持哑铃自然下垂。将上臂拉起使肘关节超过背部，连续做 20 次。	1. 腰背部挺直。 2. 快起慢下。
	72	快速推举哑铃	坐在凳子上，举臂连续上推举哑铃或者杠铃片，可依据练习者个人的力量逐步增加重量。	推举到直臂。
	73	小重量杠铃高翻	1. 半蹲，挺胸抬头，从地面拉起杠铃。 2. 杠铃超过膝盖时，开始爆发性地向上提拉杠铃。稍作停顿，利用硬拉产生向上的惯性，将杠铃拉起到胸部高度，迅速翻转前臂，同时屈髋关节、膝关节，降低重心，将杠铃杆架在肩上锁骨位置。	1. 保持背部挺直，腹部收紧。杠铃向上翻起要快。 2. 选择合适的重量、避免受伤。
	74	连续跳体操垫	1. 将小体操垫直立，摆成一路纵队，间隔 1.5 米左右。 2. 用双脚起跳，连续跳过每一个体操垫，落地马上弹跳起，连续跳 12 次。	1. 速度要快，摆臂协调配合。 2. 大腿屈膝高抬。
	75	连续跳深	站在 60—80 厘米高的台阶或跳箱上双脚向下跳，落地后迅速接着向上跳到 30—50 厘米高的台阶或跳箱上，连续跳 10—15 次。	1. 动作连贯，越快越好。 2. 落地缓冲、稳定。
	76	负重连续轻跳	肩负杠铃杆等轻器械做连续原地轻跳或提踵练习，每组 20—30 次。	1. 腰背挺直，核心发力。 2. 落地缓冲，起跳要快。
	77	行进间高抬腿	1. 保持上身挺直的情况下，两腿交替抬至水平。 2. 向前行进 20 米。	1. 重心稍向前。 2. 频率快，上肢协调发力摆臂。

续表

体能要素	序号	练习内容	练习方法	练习要求
爆发力	78	侧马步转换	支撑腿下蹲，另一腿伸直，重心快速转换至另一侧。连续完成 20 次转换，完成 4—6 组	1. 低重心，支撑脚转换迅速。 2. 下肢发力，核心收紧，保持身体姿势稳定。
	79	滑冰姿势单足高跳	滑冰姿势呈单腿支撑，向上跳，落地后还原单腿支撑动作。	发力快，落地稳。
	80	滑冰姿势双足高跳	滑冰姿势双腿支撑，向上高高跳起后，膝盖向胸部靠拢。	
	81	滑冰姿势高跳分腿	滑冰姿势双腿支撑，向上跳起后左右分腿，落地后还原滑冰姿势。	
	82	滑冰姿势大幅度滑跳	滑冰姿势呈单腿支撑后，向另一侧滑行跳跃，上体保持平稳，不要上下起伏，浮腿落地后支撑稳定，向另一个方向侧滑跳，双摆臂。	
	83	滑冰姿势侧跳	滑冰姿势，双脚发力向一侧跳起，落地呈滑冰基本姿势。	
	84	滑冰姿势左右跳体操凳	滑冰姿势，双脚发力向左跳起越过体操凳，落地后呈滑冰姿势再向右跳起越过体操凳。	
	85	滑冰姿势连续单足侧跳	滑冰姿势呈单腿支撑，向一侧跳起，起跳腿落地，呈单腿支撑后，向同一方向继续跳跃，连续进行。	
	86	双腿跳上跳下	滑冰姿势，双腿支撑位于板凳的右侧，向左上方跳起，双脚缓冲落于凳子上，再跳下落于凳子左侧。	双腿瞬间向一侧同时发力，落地稳定。

续表

体能要素	序号	练习内容	练习方法	练习要求
反应时	87	手背接球	1. 两人一组，一人双手分别拿一个网球，双臂抬平与肩同宽。 2. 另一人双手放松搭在同伴手背。 3. 拿球人随机松开一个球，同伴快速接球。	1. 注意力集中。 2. 反应迅速尽量球不落地。
	88	方向跑	1. 原地高抬腿在队友给出提示后迅速做出反应。 2. 另一队友拿颜色不同两个物品，随机举起一个。 3. 提示 A 迅速向左加速跑出。 4. 提示 B 迅速向右加速跑出。	1. 注意力集中。 2. 做出快速反应，正确选择方向。
	89	冰上起跑	听教练发令进行冰上 10 米起跑。	1. 注意力集中，反应迅速。 2. 蹬地有力，加速要快。
灵敏性	90	绳梯滑雪跳	1. 左右脚并拢，左脚在绳梯外右脚在绳梯内向右前跳出。 2. 调至，右脚在绳梯外左脚在绳梯内，同时向前跳跃一格。	1. 上体直立，核心稳定，控制好前进速度。 2. 落地缓冲，减少损伤。
	91	单腿开合跳	双脚站于绳梯两侧，快速跳起，变为单脚在格内支撑迅速跳起，前进一格同时，双脚站于绳梯两侧。	1. 开合频率要快。 2. 单脚支撑时核心收紧保持稳定。
	92	“Z”字形移动	“Z”字形设置标记桶，通过侧滑步移动，用手触碰每个标记桶。	1. 身体放松保持直立。 2. 脚下移动迅速。
	93	绳梯单脚跳	单脚跳绳梯，前进两格，后退一格。	1. 全脚掌着地，快速跳完。 2. 争取不失误，不踩绳梯。
	94	绳梯双脚跳	双脚跳绳梯，前进两格，后退一格。	
	95	绳梯进进出出	绳梯一侧，右脚进、左脚进，右脚出、左脚出，两臂自然摆动。	1. 脚下不乱，不踩绳梯，频率越快越好。 2. 前脚掌着地，落地缓冲。

续表

体能要素	序号	练习内容	练习方法	练习要求
灵敏性	96	绳梯同进同出	绳梯一侧，双脚同时跳进绳梯，再同时向右前跳出。	1. 髋关节灵活摆动，快速跳跃。 2. 前脚掌着地，加快步频。
	97	绳梯转体跳	双脚同时跳跃，每前进一格向一侧转体 90 度。	转动灵活，不失误完成每一格跳跃。
	98	滑冰姿势过标志块	从弯道加速滑，直道双脚支撑呈“S”形线路，快速移动，通过三个标志块。	滑行中双脚同时变刃移动重心。
	99	跳越标志块	站立单足跳，用左脚外侧过右边的标志块，过块后换右脚过左边的标志块。	过标志块时，身体侧对标志块，和前进方向一致
	100	钻栏练习	呈滑冰姿势，侧对栏架，两臂自然下垂不要背手，钻过栏架，栏间只能用一步过。	脚不能碰到栏架底下的横杆，头和躯干不能碰到栏架的横板，躯干、腿、脚与行进方向呈 90 度。
柔韧性	101	跪姿后仰	双腿并拢跪地坐下，身体后仰慢慢躺下，保持。	1. 动作舒展，充分拉伸。 2. 静力拉伸，充分延展。
	102	侧腹伸展	两腿左右开立，单臂上举向反向慢慢侧展。	
	103	屈膝夹球转体	仰卧位，屈膝屈髋 90 度将健身球置于膝关节下方转动髋关节。	1. 尽可能地接触地面。 2. 动作速度中慢速。
	104	跨栏步压腿	坐垫上，一腿向前伸直并勾脚尖，另一腿向后折叠，脚靠近臀部，两腿之间的角度为 90 度或稍大。手臂前伸，用力往前下方压腿。	1. 前腿保持伸直状态。 2. 下压力度逐渐加大。
	105	蝴蝶压	1. 坐姿膝盖弯曲向外侧打开，两脚掌贴地。 2. 握住双脚轻提，向髋部拉近。 3. 双肘压腿。	1. 脚跟尽量靠近髋部。 2. 两膝盖贴近地面为好。
平衡	106	滑行板训练	1. 在滑行板上进行模拟滑冰步练习。 2. 侧蹬、后引，控制平衡 1—2 秒。	上体前倾，自然摆臂。

续表

体能要素	序号	练习内容	练习方法	练习要求
平衡	107	滑行板单向侧蹬	1. 单腿站滑行板外，另一腿在滑行板上侧蹬。 2. 支撑腿随侧蹬半蹲，呈滑行姿态。	支撑腿控制平衡，重心压在支撑腿上。
	108	滑行板双向侧蹬	1. 双脚并拢站在滑行板中间，一腿向侧发力蹬出。 2. 另一腿支撑，腿随侧蹬半蹲，呈滑行姿态。	
	109	滑行板俯卧登山	双手俯撑在滑行板一侧外地面上，双腿在滑行板上进行快速高抬腿。	1. 练习过程中双脚不离开滑行板。 2. 频率快，髂腰肌充分发力。
	110	单腿长滑行	直线滑行，单腿支撑滑行，另一腿侧蹬后引。	1. 尽量单腿长时间支撑滑行 50 米以上。 2. 核心发力，控制好平衡。
	111	平衡球上双脚蹲起	双脚站在平衡球上，基本姿势开始做双腿蹲起练习。	保持身体平衡，控制好重心，尽可能地不要晃动。
	112	滑行接单腿跳	单腿支撑开始，浮腿收到支撑腿脚跟的同时，腰臀腿向侧推出，交接重心后，原地单腿跳跃。	腰臀腿用力一致。
	113	冰上单脚蹬滑	基本姿势单脚连续向上蹬滑，单脚接身体重心，反复完成动作。	保持平衡，单脚蹬滑要求全脚掌用力。
	114	冰上行进间单腿向后蹲起	单腿支撑开始，浮腿落于支撑腿踝关节下，支撑腿进行蹲起。	全脚掌支撑重心，蹲起上体不要抬起。
	115	冰上行进间单腿向前蹲起	单腿支撑开始，浮腿屈膝前伸，支撑腿进行蹲起。	
协调	116	手脚结合	1. 身体直立，踢左脚，右手摸左脚脚弓。 2. 身体直立，踢右脚，左手摸右脚脚弓。 3. 身体直立，后踢左脚，右手摸左脚脚弓。 4. 身体直立，后踢右脚，左手摸右脚脚弓。	手脚协调配合，频率逐渐加快。

续表

体能要素	序号	练习内容	练习方法	练习要求
协调	117	弓步击掌	弓步交换跳，每次交换跳分别在体前、胯下、身后进行击掌。	弓步标准，击掌与弓步，协调进行。
	118	垫步踢腿	支撑腿颠跳，摆动腿前踢腿＋前抬腿＋侧踢腿＋侧抬腿。换腿重复。	1. 颠跳与抬腿协调配合。 2. 踢腿动作幅度逐渐加大。
	119	全身波浪起	两脚左右开立，先做直腿体前屈，然后依次进行向前跪膝（收腹、含胸、低头）、向前挺髋（收腹、含胸、低头）、向前挺腹（含胸、低头）、挺胸、抬头，呈反的“S”形波动，两臂在体侧画圆，连续做。	1. 按顺序依次完成。 2. 控制力度，展现体育美。
	120	身体同侧动作组合	上右步的同时右手上举，上左步的同时左手上举，右步后退右手叉腰，左步后退左手叉腰，变换节奏。	1. 按步骤顺序完成。 2. 注意力集中，协调发力。
	121	站蹲撑立	先站立后蹲，然后双手撑地双脚向后蹬直，双脚再收回原地，最后站起。	动作由慢到快。
	122	异侧脚够手	左脚够右手，右脚够左手，前前后后。	
	123	滑冰姿势摸标志块	滑冰姿势，从起点到终点，用左手摸左边的标志块，用右手摸右边的标志块。	要求频率快，身体重心移动快。
	124	换块练习	短道比赛用标志块7—9个。听到口令后，左手拿起副块，右手拿起第一个正块，把副块放到1号块，然后把1号块换到2号块，再用2号块换3号块，以此类推。	拿到块后不可以换手。
	125	原地弯道跳	左腿蹲至滑冰姿势，右腿向外侧伸直。左腿跳起落地后，右腿接重心左腿后引。	注意蹬冰和摆臂的协调性，支撑腿的稳定性。

第六章
新兴体育类运动

第一节　跆拳道

跆拳道模块 “技能 + 专项体能”教学方案

课时	项目学习内容	体能要素	专项体能练习内容	练习方式
1	基本动作技术练习	协调 + 柔韧性	1. 行进间 1+2 提膝 2. 横叉 3. 竖叉 4. 跨栏坐 5. 蝴蝶压	1. 依次进行： 内容 1：跟随音乐，行进间 20 米 / 组，间歇 50 秒，2 组。 内容 2—5：动态拉伸 30 秒 / 组，间歇 30 秒，3 组。 2. 教学环节实施建议： 基本部分后面。
2	基本动作技术学练与应用	灵敏性 + 协调	1. 左右跳 + 反应击掌 2. 前后步 3. 侧滑步 + 左右提膝 4. 行进间连续单腿提膝	1. 依次进行： 内容 1—3：30 秒 / 组，间歇 30 秒，2 组。 内容 4：20 米 / 组，间歇 30 秒，3 组。 2. 教学环节实施建议： 准备部分后程。
3	基本功技术动作挑战赛	动作速度 + 下肢力量	1. 双护具连续后踢 2. 单脚靶多个连续快速前踢 3. 仰卧直腿绕靶	1. 依次进行： 内容 1—2：10 次 / 组，间歇 30 秒，2 组。 内容 3：20 次 / 组，间歇 40 秒，3 组。 2. 教学环节实施建议： 基本部分后面。

续表

课时	项目学习内容	体能要素	专项体能练习内容	练习方式
4	横踢+下劈组合技术实战与运用	下肢力量+位移速度	1. 皮筋连续单腿前腿横踢 2. 皮筋连续单腿后腿横踢 3. 对角冲刺 4. 抱膝跳+冲刺跑	1. 依次进行： 内容1—2：10次/组，间歇30秒，2组。 内容3：5圈/组，间歇90秒，2组。 内容4：20米/组，间歇60秒，3组。 2. 教学环节实施建议： 基本部分后面。
5	横踢+双飞踢组合技术实战与运用	下肢力量+平衡	1. 弓箭步+后腿横踢 2. 蹲起接左右横踢 3. 横踢控腿 4. 横踢弹腿	1. 依次进行： 内容1—2：10次/组，间歇40秒，2组。 内容3—4：20次/组，间歇60秒，2组。 2. 教学环节实施建议： 基本部分后面。
6	组合技术运用挑战赛	动作速度+反应时	1. 单脚靶两左两右前踢 2. 纵跳+前腿横踢 3. 横踢口令靶 4. 下劈口令靶	1. 依次进行： 内容1：20次/组，间歇40秒，2组。 内容2：15次/组，间歇40秒，2组。 内容3—4：20次/组，间歇50秒，2组。 2. 教学环节实施建议： 基本部分后面。
7	双飞踢+旋风踢组合技术综合实战	灵敏性+平衡	1. 倒退跑+双飞踢 2. 交叉步+提膝 3. 旋风步法	1. 依次进行： 内容1：10次/组，间歇40秒，2组。 内容2：15次/组，间歇40秒，2组。 内容3：20次/组，间歇50秒，2组。 2. 教学环节实施建议： 基本部分后面。
8	进攻组合技术实战	心肺耐力	1. 单脚靶连续里合腿 2. 腿法自由靶	1. 分组轮换： 内容1：跟随音乐，持续练习4分钟。 内容2：跟随音乐，1分钟/组，间歇30秒，3组。 内容1和内容2轮换，2组。 2. 教学环节实施建议： 基本部分后面。

续表

课时	项目学习内容	体能要素	专项体能练习内容	练习方式
9	进攻中边角战术的实战运用	肢体力量＋位移速度	1. 打圈靶 2. 毛毛虫爬 3. 蜘蛛爬 4. 负重冲刺跑	1. 分组轮换： 内容 1：3 圈 / 组，间歇 40 秒，2 组。 内容 2：20 米 / 组，间歇 50 秒，2 组。 内容 3：30 米 / 组，间歇 50 秒，3 组。 内容 4：30 米 / 组，间歇 50 秒，3 组。 2. 教学环节实施建议： 基本部分后面。
10	进攻中贴靠技术的实战运用	肢体力量＋核心力量	1. 战绳小波浪 2. 战绳开合跳 3. 仰卧直腿绕靶 4. 负重转腰	1. 分组轮换： 内容 1：30 秒 / 组，间歇 40 秒，2 组。 内容 2：30 次 / 组，间歇 40 秒，2 组。 内容 3：30 次 / 组，间歇 40 秒，3 组。 内容 4：30 次 / 组，间歇 40 秒，3 组。 2. 教学环节实施建议： 基本部分后面。
11	加时金腿战术实战运用	肢体力量＋核心力量	1. 横踢击打 2. 箭步蹲＋战绳小波浪 3. 鳄鱼爬 4. 悬垂举腿	1. 分组轮换： 内容 1：20 秒 / 组，间歇 30 秒，2 组。 内容 2：30 秒 / 组（前后换腿），间歇 40 秒，2 组。 内容 3：30 米 / 组，间歇 60 秒，3 组。 内容 4：20 次 / 组，间歇 50 秒，3 组。 2. 教学环节实施建议： 基本部分后面。
12	战术分析及运用（假动作）	动作速度＋反应时	1. 行进间摸肩摸膝 2. 变式抢头盔 3. 攻防空击	1. 依次进行： 内容 1：60 秒 / 组，轮换，各 2 组。 内容 2：在音乐中，听哨看谁先抢到，6 组。 内容 3：10 次 / 组，间歇 40 秒，3 组。 2. 教学环节实施建议： 基本部分后面。
13	进攻战术分析及实战运用	肢体力量＋灵敏性	1. 侧踢控腿绕脚靶 2. 蹲起接左右横踢 3. 倒退跑＋双飞踢	1. 依次进行： 内容 1：50 秒 / 组，间歇 50 秒，2 组。 内容 2：10 次 / 组，间歇 50 秒，2 组。 内容 3：10 次 / 组，间歇 50 秒，3 组。 2. 教学环节实施建议： 基本部分后面。

续表

课时	项目学习内容	体能要素	专项体能练习内容	练习方式
14	跆拳道裁判规则与裁判方法实战运用	柔韧性+协调	1. 青蛙趴 2. 正踢腿、外摆腿、里合腿 3. 涮腰 4. 绳梯组合	1. 依次进行： 内容 1—3：50 秒 / 组，间歇 40 秒，2 组。 内容 4：4 种练习，每种 5 次 / 组，间歇 30 秒，2 组。 2. 教学环节实施建议： 基本部分后面。
15	校园跆拳道锦标赛设计与实施	平衡+协调	1. 侧踢控腿 2. 连续旋风踢 3. 连续手触脚 4. 行进间连续单腿提膝	1. 依次进行： 内容 1—2：20 次 / 组，间歇 40 秒，2 组。 内容 3：40 次 / 组，间歇 30 秒，2 组。 内容 4：30 米 / 组，间歇 50 秒，2 组。 2. 教学环节实施建议： 基本部分后面。
16	第一阶段校园跆拳道锦标赛	柔韧性	1. 横叉 2. 竖叉 3. 横踢 + 侧压腿 4. 正踢腿 + 弓步压腿	1. 依次进行： 内容 1—2：50 秒 / 组，间歇 30 秒，3 组。 内容 3—4：行进间 30 米完成 8 次以上，间歇 50 秒，3 组。 2. 教学环节实施建议： 基本部分后面。
17	第二阶段校园跆拳道锦标赛	灵敏性	1. 前后步 2. 横向移动抱膝跳 3. 实战架侧后移动 4. 侧后移动 + 左右提膝	1. 依次进行： 内容 1—4：14 米 / 组，连续 3 组。 2. 教学环节实施建议： 基本部分后面。
18	校园跆拳道锦标总决赛	柔韧性	1. 分腿坐 2. 分腿坐（双人） 3. 压肩 4. 蝴蝶压	1. 依次进行： 内容 1—4：50 秒 / 组，间歇 30 秒，3 组。 2. 教学环节实施建议： 基本部分后面。

跆拳道模块　专项体能处方资源库

体能要素	序号	练习内容	练习方法	练习要求
心肺耐力	1	连续双飞踢	1. 右实战姿势站立，身体侧身前后脚开立，由后脚蹬地起跳，身体腾空右转（注意：腾空高度在膝关节以上），上动不停，身体微后仰，继续向前抬膝使小腿收缩，同时支撑腿蓄势，以髋关节为轴将后脚跟向前方旋转带动臀部，使攻击腿与地面平行。 2. 以膝关节为轴让小腿呈半月弧度向前方弹出，同时另外一腿快速抬膝将小腿收缩折叠，并以膝关节为轴使小腿以半月弧度向前方踢出。 3. 连续踢靶完成动作。	1. 第一腿横踢目标的同时，后脚蹬地发力。第一腿的攻击高度，可从低到高，根据对动作的熟练程度，慢慢提升攻击高度。 2. 起动后攻击腿要迅速随身体旋转踢击目标，两腿膝关节内扣。 3. 身体在腾空时，两腿在空中依靠腰部力量进行交换，第一攻击腿要先落地。
	2	连续高位横踢	1. 以右架为例，右腿蹬地提膝至胸前。 2. 向左转髋，支撑脚以前脚为轴向前旋转。 3. 弹小腿击打脚靶，快速收腿落地。 4. 接左腿高位横踢。	1. 击打高度与自身头部同高。 2. 充分提膝至胸前。 3. 左右腿衔接连贯。
	3	连续提膝 + 横踢	1. 右实战姿势站立，右腿大小腿夹紧提膝至水平，双手下压至腰部，支撑脚垫一步。 2. 快速下落至体前，再次提右膝转髋，弹腿收腿。 3. 落脚于体前，循环以上动作。	1. 提膝动作快。 2. 横踢动作弹腿发力。 3. 动作间要垫步，横踢垫步要转髋。
	4	连续单腿横踢	1. 以右架为例，右腿蹬地提膝至腰腹高度。 2. 向左转髋，支撑脚以前脚为轴向前旋转。 3. 弹小腿击打对手中位护具，快速收腿落地至体前或体侧。 4. 接下一腿。	1. 击打效果明显。 2. 击打腰部以上。 3. 动作衔接连贯。
	5	连续单腿里合外摆	1. 两人一组，一人根据练习高度弯腰低头。 2. 练习人在同伴对面单腿高抬向内跨过同伴肩部。 3. 落地后再次高抬，向外跨过同伴肩部。	1. 贴近实战，可以单手扶同伴。 2. 每腿出腿都要加垫步。 3. 每腿尽量高抬。

续表

体能要素	序号	练习内容	练习方法	练习要求
心肺耐力	6	横踢 + 后踢	1. 以右架为例，右腿蹬地提膝至腰腹高度。 2. 向左转髋，支撑脚以前脚为轴向前旋转。 3. 弹小腿击打脚靶，快速收腿落地还原至实战架。 4. 以前脚为轴向右旋转，右脚后撤抬至膝关节处，两手握拳置于胸前。 5. 左脚蹬地腿伸直，右脚自左腿大腿内侧直线向后方踢出，力达脚跟。 6. 踢击后右脚原路线收回，还原实战式。	1. 横踢后快速收腿。 2. 击打效果明显。 3. 击打腰部以上。 4. 动作衔接连贯。
	7	连续前腿下劈	1. 10 人一组进行练习，一路纵队每人间隔一块垫子，高举下劈脚靶。 2. 第一名同学开始，右架为例，快速前腿提膝触胸。 3. 弹小腿，展胯下压。 4. 落地后向前重复前腿下劈动作，直至踢完最后一个脚靶后，站到队尾拿脚靶。	1. 注意屈腿提膝。 2. 展胯下压。 3. 踢击后重心前移。 4. 前一位同学踢完四个脚靶下一位同学开始踢靶，循环练习。
	8	单脚靶连续里合腿	1. 每人自己拿脚靶，头部高度或以上，左脚踢腿右手拿靶。 2. 大腿带动小腿，脚高抬，向内侧摆腿。 3. 脚内侧触脚靶落地，继续下一腿。	1. 脚靶不低于头部。 2. 注意动作的连续性。
	9	连续后撤步前腿下劈	1. 两人一组行进间拿头盔或脚靶。 2. 拿靶人快速上步给靶。 3. 踢靶人后撤步，前腿提膝触胸。 4. 弹小腿，展胯下压。 5. 落地重复 2—4 动作。	1. 动作衔接快。 2. 快速提膝弹腿。 3. 脚靶至少拿到对方头部高度。

续表

体能要素	序号	练习内容	练习方法	练习要求
心肺耐力	10	连续反击后腿横踢	1. 两人一组行进间双护具。 2. 拿靶人快速上步给靶。 3. 踢靶人以右架为例，左脚向后移动到右脚位置。 4. 右脚快速提膝大小腿夹紧。 5. 转髋转脚，弹腿收腿。 6. 落地在身体后侧进行下一腿。	1. 踢靶时髋关节积极转动。 2. 每次踢靶把脚回撤到身后。
	11	腿法自由靶	1. 两人一组，一人执靶，一人击靶。 2. 一人运用腿法拳腿组合技术进行 1 分钟连续打靶练习，两名练习者交替进行练习。	1. 腿法组合动作连贯，速度快，有一定力度。 2. 两人配合默契，练习密度大。
肌肉力量（肢体力量和核心力量）、肌肉耐力	12	侧踢控腿绕脚靶	1. 以右架为例，提膝，小腿与地面平行，脚尖及脚内侧后勾，脚后跟发力，大腿与身体呈 90 度。 2. 支撑脚以脚掌为轴，脚后跟向前旋转，上体直立，髋关节迅速打开，大腿发力，小腿快速向脚靶踢出。 3. 全身力量集中至后脚跟，肩部、髋关节、后脚跟保持一条线。 4. 右脚缓缓在中位实战靶位置绕脚靶画圆。	1. 肩髋膝一条线。 2. 脚掌向下做出脚刀。 3. 身体保持稳定。 4. 控腿脚缓缓绕“8”字。
	13	弓箭步 + 后腿横踢	1. 前后脚尖都朝正前方。 2. 前脚髋关节往外旋开让臀部出力。 3. 后脚髋关节内旋让臀部往前送夹紧。 4. 上半身挺直。 5. 下降过程是直上直下，想象后脚膝盖往下轻碰地板。 6. 双腿同时向上发力，右腿蹬地提膝至腰腹高度。 7. 向左转髋，支撑脚以前脚为轴向前旋转。 8. 弹小腿击打脚靶，快速收腿落地至体前。	1. 腹部收好不拱腰。 2. 想象动作全程头往上延伸而且下巴收好。 3. 横踢注意转髋。

续表

体能要素	序号	练习内容	练习方法	练习要求
肌肉力量（肢体力量和核心力量）、肌肉耐力	14	皮筋连续单腿前腿横踢	1. 以右实战架为例，左脚在前，踝关节上 5 厘米系皮筋，根据个人能力确定皮筋向后拉长距离。 2. 左腿提膝大小腿夹紧，脚背绷直。 3. 髋关节向右旋转，支撑脚脚后跟向前转脚，弹腿收腿。 4. 脚落身体前侧，落地后重复。	1. 击打高度中位或以上。 2. 击打脚靶时准确有力。 3. 弹腿要充分。
	15	皮筋连续单腿后腿横踢	1. 以右实战架为例，右脚在后，踝关节上 5 厘米系皮筋，根据个人能力确定皮筋向后拉长距离。 2. 右腿提膝大小腿夹紧，脚背绷直。 3. 髋关节向左旋转，支撑脚脚后跟向前转脚，弹腿收腿。 4. 脚落身体后侧，落地后重复。	
	16	蹲起接左右横踢	1. 两脚左右开立，与肩同宽，进行深蹲起。 2. 蹲起后立即做一次左横踢，继续一次深蹲，起身后接右横踢，连续交替进行。	1. 深蹲时腰背挺直，膝关节不可超伸。 2. 蹲起与鞭腿连接速度快。
	17	仰卧剪刀腿	两人一组，一人仰卧，两手抓另一人脚踝，同时两腿伸直，做连续交换剪刀腿。	1. 仰卧身体保持平稳，不乱晃动。 2. 上下剪刀腿，保持连续性，直腿完成。
	18	鳄鱼爬	双手支撑在地面上，左手在前，右手在后，右脚上抬抬离地面，左腿保持伸直，向前连续爬行一定距离。	1. 呼吸均匀。 2. 核心绷紧，感受胸部、手臂肌群发力。
	19	俯卧撑叠罗汉	1. 2—4 人一组，力量较大者在下一层，做好俯卧支撑动作。 2. 第二名练习者将两手握紧下面一层练习者脚踝，同时脚面绷直，放于下面一层练习者肩膀两侧，腰背挺直，核心收紧。呈叠罗汉形式，依次增加练习人数。	1. 练习者全程核心收紧，不可塌腰。 2. 练习者注意配合，根据力量能力调整叠罗汉的层数。

续表

体能要素	序号	练习内容	练习方法	练习要求
肌肉力量（肢体力量和核心力量）、肌肉耐力	20	悬垂举腿	手握单杠，躯干伸直，用力收缩腹肌将伸直的双腿抬高到水平位置，然后慢慢放下，身体回到悬垂位置后再开始下一次动作。	1. 两手正握单杠，全身直垂杠下。 2. 控制身体重心，核心收紧。
	21	负重转腰	肩背牛角包或者重量合适的杠铃，两脚分开比肩略宽，核心收紧，下肢不动，上体控制好重物进行左右转动。	1. 转动时靠核心和躯干力量控制速度。 2. 负重不宜过大。
	22	横踢击打	面对沙包站立，听到口令后，连续用横踢击打沙包，完成 20 秒的击打动作。	1. 击打沙包有一定力度。 2. 手做好回防动作，攻防兼备。
	23	战绳开合跳	面对战绳站立，两脚左右开立，手持战绳，做开合跳练习。	1. 甩绳幅度大，上下肢协调配合。 2. 腰背挺直，不塌腰。
	24	箭步蹲 + 战绳小波浪	手持战绳呈弓箭步，上肢做战绳小波浪，上下甩绳，做一定次数后箭步蹲交换腿的前后位置。	1. 练习全程腰背挺直。 2. 弓箭步蹲时，甩绳速度不减慢。
	25	毛毛虫爬	俯撑于地面，腿伸直，脚踝发力双脚向手靠近，直至无法再向前进，双手开始向前交替移动，直至手臂与后背呈 90 度，重复。	1. 手动脚不动手脚交替进行。 2. 手臂双腿要伸直。
	26	蜘蛛爬	面朝上，手脚向上发力使臀部离开地面，双脚交替向前伸，双手协调发力，同时向前推动身体。	1. 臀部持续离开地面。 2. 脚尽量前伸。
	27	战绳小波浪	两脚马步开立，半蹲，手持战绳做上下甩绳练习，两臂交替上下甩动。	1. 甩绳时两臂交替进行。 2. 全程腰背挺直，下肢呈半蹲姿势。
	28	仰卧直腿绕靶	两人一组，一人坐在垫子上，身体呈直角，上肢身后支撑平稳，下肢并腿，直腿绕圈脚靶（另一人持靶）。	1. 身体保持平稳，不晃动。 2. 直腿绕靶。
	29	打圈靶	1. 10 人一组，9 人执靶，一人踢靶。 2. 9 个执靶人拿相同的打靶动作，站成一个圈，1 名练习者在圈内，面朝执靶人进行循环打靶，完成所有脚靶后站在点位上拿靶同学依次轮换。	1. 结合步伐踢靶动作连贯。 2. 连接紧密，按顺序依次做轮换。

续表

体能要素	序号	练习内容	练习方法	练习要求
速度	30	连续 1+1 左右提膝	1. 右实战姿势站立，右腿大小腿夹紧提膝至水平，双手下压至腰部，支撑脚垫一步。 2. 右腿快速下落支撑，双手抬高至肩部，快速将左腿大小腿夹紧提膝至水平，双手下压至腰部，支撑脚垫一步。 3. 连续左右交替进行。	1. 提膝时大小腿夹紧，脚背绷直。 2. 身体保持直立。 3. 每次提膝注意发声。 4. 频率快。
	31	对角冲刺	1. 学生排成一列纵队。 2. 围绕场地边线慢跑。 3. 场地四个转弯处分为 1—4，1—2—3 慢跑，3—1 冲刺跑，以此类推。	1. 慢跑时注意队形，前后摆臂。 2. 冲刺跑加快摆臂，注意拐弯处提前减速。
	32	抱膝跳 + 冲刺跑	1. 双脚原地起跳。 2. 大腿快速向腹部收，双腿在空中呈半蹲姿势，同时双手向上体前摆，绕膝呈环抱姿势。 3. 落地重复 10 次。 4. 快速冲刺跑 20 米。	1. 连续性强，不垫步。 2. 快速。 3. 落地轻盈。
	33	双护具连续后踢	1. 两人一组双护具行进间。 2. 听到哨音后拿靶人快速给靶。 3. 踢靶人实战姿势开始，转身后腿后撤背对对方。 4. 重心后移至左腿右腿蹬地提膝，右脚贴近左膝，两手握拳置于胸前。 5. 左脚蹬地腿伸直，右脚自左腿大腿内侧直线向后方踢出，力达脚跟。 6. 踢击后右脚原路线收回，还原实战式再次快速跳起接下一腿。	1. 所有后踢动作都为跳后踢。 2. 踢腿瞬间压肩。 3. 提膝时注意脚贴膝盖。

续表

体能要素	序号	练习内容	练习方法	练习要求
速度	34	单脚靶多个连续快速前踢	1. 每人一个脚靶自拿自踢。 2. 提膝大小腿夹紧脚背绷直。 3. 弹小腿踢击脚靶。 4. 落地后快速接下一腿。	1. 踢腿中间加垫步。 2. 速度要快要连贯。
	35	单脚靶两左两右前踢	1. 每人一个脚靶自拿自踢。 2. 提膝大小腿夹紧脚背绷直。 3. 弹小腿踢击脚靶。 4. 落地后快速接下一腿。 5. 连续两腿后换腿，另一腿再次踢两腿。	1. 踢腿中间加垫步。 2. 速度要快要连贯。 3. 每次踢腿支撑脚向前移动距离越远越好。
	36	行进间摸肩摸膝	1. 两人一组，保持实战姿势相对站立。 2. 利用步法快速移动，用手掌拍击对方肩部，同时利用步法移动躲闪对方的进攻。	1. 两手半握拳，必须用手掌进行拍击。 2. 步法移动灵活，注意力集中。
	37	抗阻跑	1. 两人一组，一人将阻力带绕过练习者的腋下。 2. 辅助者给予练习者一定的阻力，跟随练习者跑 30 米，之后松开弹力带，练习者再做一次短距离加速跑。	1. 身体前倾，蹬地摆臂充分。 2. 加速明显。
	38	负重左右移位跑	将杠铃片扛在肩上，运用实战步法左右快速移动，反复进行 10—20 次的重复。	密切结合实战步法。
	39	负重冲刺跑	穿上全套护具进行 20—30 米的冲刺跑。	1. 选择合适的重量。 2. 循序渐进。
	40	双脚快速跳绳	1. 双脚并拢，膝盖微屈。 2. 前脚掌同时发力跳起。 3. 手臂协调摇绳。	1. 保持膝盖微屈。 2. 手脚协调发力。

续表

体能要素	序号	练习内容	练习方法	练习要求
速度	41	单脚快速跳绳	1. 单脚着地，膝盖微屈。 2. 前脚掌发力跳起。 3. 手臂协调摇绳。	1. 保持膝盖微屈。 2. 手脚协调发力。
	42	竞赛跳绳	1. 多人进行竞赛，同样时间多者胜。 2. 双脚并拢，膝盖微屈。 3. 前脚掌同时发力跳起。 4. 手臂协调摇绳。	1. 保持膝盖微屈。 2. 手脚协调发力。 3. 控制距离相互不干扰。
	43	纵跳＋前腿横踢	1. 右实战架为例，双腿同时发力，向上高高跃起。 2. 双脚同时落地后，后腿往前垫步，移动至前腿的位置，同时重心往前移动。 3. 前腿在向前垫步的同时用横踢进攻前方。	1. 踢击时注意弹收小腿。 2. 纵跳踢腿衔接快。
	44	推地起俯卧撑	1. 俯撑姿势准备，俯身下去胸部接近地面，然后两臂迅速发力，将身体推离地面，双手离地，手臂伸直。 2. 双手落地屈臂缓冲，连续完成一定数量。	1. 全程要求腰背部挺直，核心收紧。 2. 双臂推离地面速度快，落地屈臂要缓冲。
	45	负重蹲起＋原地纵跳	1. 两人一组，面向墙壁站立，一人骑在练习者肩上。 2. 练习者做负重蹲起，一定数量后，将辅助者放下，迅速做5次原地纵跳。	1. 练习者注意全程腰背挺直，核心收紧。 2. 辅助者可以根据情况，给予练习者一定帮助，如手扶墙面，减轻一定负重。
	46	负重收腹	1. 平躺于垫子上，将两腿并拢举起，垂直于地面，双手置于胸前，手持杠铃片。 2. 利用收腹动作抬上体，使杠铃片接近双脚，重复20—30次。	1. 收腹时手臂伸直。 2. 收腹快起快落，连续进行。
	47	行进间抱膝跳	慢跑，采用单起双落的形式起跳，双手摆臂配合向上跳起，跳起时上体挺直，大腿与小腿保持90度，同时大腿向胸部靠拢，落地缓冲。	1. 跳起时头向上顶，不弓腰。 2. 落地缓冲。

续表

体能要素	序号	练习内容	练习方法	练习要求
反应时	48	听令转身跑	1. 背对老师做原地小步跑。 2. 听到哨音后快速转身做冲刺跑。	1. 注意力高度集中。 2. 小步跑时频率快。
	49	横踢口令靶	1. 两人一组固定靶或行进间。 2. 听到哨音后拿靶人快速给靶。 3. 踢靶人以右架为例，右腿蹬地提膝至腰腹高度。 4. 向左转髋，支撑脚以前脚为轴向前旋转。 5. 弹小腿击打脚靶，快速收腿落地还原。	1. 擦支撑腿提膝。 2. 大小腿夹紧。 3. 横踢击打效果好。
	50	下劈口令靶	1. 两人一组固定靶或行进间。 2. 听到哨音后拿靶人快速给靶。 3. 踢靶人快速后腿提膝触胸。 4. 弹小腿，展胯下压。 5. 落地还原。	1. 注意屈腿提膝。 2. 展胯下压。 3. 踢击后重心前移。
	51	后踢口令靶	1. 两人一组固定靶或行进间。 2. 听到哨音后拿靶人快速给靶。 3. 踢靶人实战姿势开始，完成后踢动作。 4. 踢击后右脚原路线收回，还原实战式。	1. 大小腿折叠。 2. 转身，提膝，踢腿连贯完成。 3. 踢腿同时压肩。
	52	双飞踢口令靶	1. 两人一组固定靶或行进间。 2. 听到哨音后拿靶人快速给靶。 3. 右实战姿势站立，身体侧身前后脚开立，由后脚蹬地起跳，身体腾空右转（注意：腾空高度在膝关节以上），上动不停，身体微后仰，继续向前抬膝使小腿收缩，同时支撑腿蓄势，以髋关节为轴将后脚跟向前方旋转带动臀部，使攻击腿与地面平行。 4. 以膝关节为轴让小腿呈半月弧度向前方弹出，同时另外一腿快速抬膝将小腿收缩折叠，并以膝关节为轴使小腿以半月弧度向前方踢出。	1. 第一腿横踢目标的同时，后脚蹬地发力。第一腿的攻击高度，可从低到高，根据对动作的熟练程度，慢慢提升攻击高度。 2. 起动后攻击腿要迅速随身体旋转踢击目标，两腿膝关节内扣。 3. 身体在腾空时，两腿在空中依靠腰部力量进行交换，第一攻击腿要先落地。

续表

体能要素	序号	练习内容	练习方法	练习要求
反应时	53	旋风踢口令靶	1. 两人一组固定靶或行进间。 2. 听到哨音后拿靶人快速给靶。 3. 踢靶人右脚上步，换成右脚在前的实战式。 4. 以右脚为轴，身体向左旋转 180 度，左脚经过身后绕到身体前方，悬空左脚。 5. 快速向上抬左脚，使身体向上跳起后，左脚往下支撑，右脚快速提膝抬起踢横踢。 6. 左脚先点地，然后右脚落地，恢复实战式。	1. 旋转动作快。 2. 核心收紧发力。 3. 头快速转动。 4. 手臂贴近身体。
	54	口令抢头盔	1. 两人一组面对面间隔两块垫子。 2. 两块垫子中间放置一个头盔。 3. 教师吹哨，两人同时双手抢头盔。 4. 抢到为胜。	1. 注意力集中。 2. 听到口令后快速做出反应。
	55	变式抢头盔	1. 两人一组面对面间隔两块垫子。 2. 两块垫子中间放置一个头盔。 3. 教师吹哨，两人同时向后做高抬腿 / 分腿跳 / 折返跑 / 各种踢腿。 4. 再吹哨，返回后抢头盔抢到为胜。	
	56	攻防空击	练习者根据教师或者同伴的手势，迅速做出相应的进攻腿法或防守腿法。	1. 反应速度快。 2. 进攻或防守动作有针对性，空击动作完整。
	57	腿法“反应靶”	两人一组，练习者根据同伴给出的随机腿法靶位，迅速做出相应的腿法动作，击打脚靶。	1. 击打脚靶有一定力度。 2. 反应迅速。

续表

体能要素	序号	练习内容	练习方法	练习要求
反应时	58	转身追逐跑	两人一组，前后相距 1 米背向站立，听到信号后，一人迅速冲刺，另一方做转身后冲刺，做追逐跑。	1. 注意力集中，反应迅速。 2. 根据双方情况，调整站位距离。
	59	躲避头盔	三人一组，两名同学相距 5 米，一名同学手持头盔抛向另一边，练习者站中间，做前、后的躲闪练习。	躲闪时机把握好。
	60	摸肩躲闪	1. 两人一组，采用实战姿势相对站立。 2. 利用步法快速移动，用手掌拍击对方肩部，同时利用步法移动躲闪对方的进攻。	1. 两手半握拳，必须用手掌进行拍击。 2. 步法移动灵活，注意力集中。
	61	横踢攻防得分赛	两人一组，运用横踢腿技术进行条件实战，记录 2 分钟双方的得分情况。	1. 反应迅速。 2. 攻防兼备。
	62	防守步法格挡躲避	两人一组，一人横踢中高位进攻，一人利用步法和格挡进行防守练习。	1. 反应迅速。 2. 有意识做出合理格挡。
灵敏性	63	前后步	1. 在 14 米长道垫接缝处。 2. 双脚与肩同宽站在接缝一侧。 3. 先左脚踏入接缝另一侧，再右脚踏入接缝另一侧。 4. 重复 3 步动作，同时向右移动。 5. 到尽头后动作相同方向相反向回做。	1. 保持动作的高频率。 2. 到接缝一侧后手触地快速折返。 3. 膝关节微屈。 4. 重心保持在两腿中间。
	64	波速球步法组合	1. 左脚单脚踏于波速球实战式站好。 2. 左右脚快速交换位置（换式）。 3. 左脚自由向左或向右移动，右脚踏于波速球。 4. 左右脚快速交换位置。	1. 动作之间不能停顿。 2. 换式时双腿同时落于波速球与地面上。

续表

体能要素	序号	练习内容	练习方法	练习要求
灵敏性	65	左右跳＋反应击掌	1. 三人一组练习，两名同学站在 4 米线两端。 2. 练习同学在 4 米长道垫一端接缝处。 3. 双脚并拢站在接缝左侧。 4. 向右前跳动髋关节向右转。 5. 向左前跳动髋关节向左转。 6. 上体保持面向前方高频持续跳到辅助同学面前。 7. 双脚开立，辅助同学尽量快速伸出收回左手或右手。 8. 练习同学快速寻找机会触碰到辅助同学手，做 3—5 动作向另一端继续练习。	1. 保持动作的高频率。 2. 辅助同学可向两侧跨步，做假动作。 3. 练习同学注意力集中。 4. 练习过程中注意髋关节的转动。
	66	横向移动抱膝跳	1. 双脚开立与肩同宽，前脚掌同时发力横向跳步。 2. 跳至左侧 4 米终点后双脚原地起跳。 3. 大腿快速向腹部收，双腿在空中呈半蹲姿势，同时双手向上体前摆，绕膝呈环抱姿势。 4. 落地后，继续保持双脚开立与肩同宽，前脚掌同时向右发力横向跳步。	1. 双脚同时跳步，保持身体重心在两腿之间。 2. 步法清晰，脚下步法节奏性强。 3. 抱膝跳动作规范。
	67	交叉步＋提膝	1. 双脚开立与肩同宽，双手两臂侧平举，站在 4 米线一端。 2. 以向右侧移动为例，左脚从右脚前向右跨一小步，髋关节向右旋转。 3. 右脚撤步向右跨一小步，髋关节还原。 4. 左脚从右脚后向右跨一小步，髋关节向左旋转。 5. 右脚撤步向右跨一小步，髋关节还原。 6. 重复 2—5 动作到右侧端点，右实战姿势站立，右腿大小腿夹紧提膝至水平，双手下压至腰部，支撑脚垫一步。 7. 右腿快速下落支撑，双手抬高至肩部，快速将左腿大小腿夹紧提膝至水平，双手下压至腰部，支撑脚垫一步。 8. 连续左右交替进行两次，向反方向做交叉步。	1. 交叉步注意髋关节转动幅度要大。 2. 提膝时大小腿夹紧，脚背绷直。 3. 身体保持直立。 4. 每次提膝注意发声。 5. 提膝频率快。

续表

体能要素	序号	练习内容	练习方法	练习要求
灵敏性	68	侧滑步＋左右提膝	1. 实战架站在 4 米线一端，面向另一端。 2. 以右架为例，微微抬起左脚，右脚蹬地发力向左前方滑动 20 厘米，左腿大小腿夹紧提膝至水平，双手下压至腰部，支撑脚垫一步。 3. 左腿快速下落支撑，双手抬高至肩部，快速将右腿大小腿夹紧提膝至水平，双手下压至腰部，支撑脚垫一步。 4. 落地后，左脚在右脚后侧。 5. 微微抬起右脚，左脚蹬地发力向右前方滑动 20 厘米，左右提膝同上。 6. 重复 2—5 动作到端点折返。	1. 像前滑步一样，先抬前腿，后脚发力。 2. 步法清晰。 3. 提膝时大小腿夹紧，脚背绷直。 4. 身体保持直立。 5. 每次提膝注意发声。 6. 提膝频率快。
	69	倒退跑＋双飞踢	1. 三人一组练习，两名同学站在 4 米线两端。 2. 练习同学站在一端小步频快速后退向另一端同学跑。 3. 跑到另一端同学处，辅助同学给靶，右实战姿势站立，身体侧身前后脚开立，由后脚蹬地起跳，身体腾空右转（注意：腾空高度在膝关节以上），上动不停，身体微后仰，继续向前抬膝使小腿收缩，同时支撑腿蓄势，以髋关节为轴将后脚跟向前方旋转带动臀部，使攻击腿与地面平行。 4. 以膝关节为轴让小腿呈半月弧度向前方弹出，同时另外一腿快速抬膝将小腿收缩折叠，并以膝关节为轴使小腿以半月弧度向前方踢出击打脚靶。 5. 重复 2—4 动作折返。	1. 倒退跑保持身体平衡，小步频快跑。 2. 第一腿横踢目标的同时，后脚蹬地发力。第一腿的攻击高度，可从低到高，根据对动作的熟练程度，慢慢提升攻击高度。 3. 起动后攻击腿要迅速随身体旋转踢击目标，两腿膝关节内扣。 4. 身体在腾空时，两腿在空中依靠腰部力量进行交换，第一攻击腿要先落地。

续表

体能要素	序号	练习内容	练习方法	练习要求
灵敏性	70	实战架侧后移动	1. 实战架站在 4 米线一端，面向另一端。 2. 背对另一端，以右架为例，微微抬起右脚，左脚蹬地发力向右后方滑动 20 厘米，连续做两次。 3. 左脚向左后方迈一步，微微抬起左脚，右脚蹬地发力向左后方滑动 20 厘米，连续做两次。 4. 重复 2—3 动作到端点折返。	1. 像后滑步一样，先抬后腿，前脚发力。 2. 连续两次，步法清晰。
灵敏性	71	侧后移动 + 左右提膝	1. 实战架站在 4 米线一端，面向另一端。 2. 背对另一端，以右架为例，微微抬起右脚，左脚蹬地发力向右后方滑动 20 厘米，右腿大小腿夹紧提膝至水平，双手下压至腰部，支撑脚垫一步。 3. 右腿快速下落支撑，双手抬高至肩部，快速将左腿大小腿夹紧提膝至水平，双手下压至腰部，支撑脚垫一步。 4. 落地后，左脚在右脚后侧。 5. 微微抬起左脚，右脚蹬地发力向左后方滑动 20 厘米，左右提膝动作相同，左右相反。 6. 重复 2—5 动作到端点折返。	1. 像后滑步一样，先抬后腿，前脚发力。 2. 提膝时大小腿夹紧，脚背绷直。 3. 身体保持直立。 4. 每次提膝注意发声。 5. 提膝频率快。
柔韧性	72	跨栏坐	1. 双腿尽量左右分开，坐在地面上。 2. 呈跨栏坐姿势，呼气，转体，上体前倾贴在一条腿上。 3. 双手扶在身体前倾一侧腿的踝关节前部，充分伸展双腿和腰部。	1. 两大腿夹角大于 90 度。 2. 前脚向上直立。
柔韧性	73	横叉	1. 受训者两腿伸直，左右分开下压。 2. 上身直立，手可扶物或人。	1. 膝盖伸直。 2. 压到不能下压为止保持不动 20 秒。
柔韧性	74	竖叉	1. 两腿伸直，前后分开下压。 2. 上身直立，手可扶地。	

续表

体能要素	序号	练习内容	练习方法	练习要求
柔韧性	75	横踢 + 侧压腿	1. 行进间向前横踢。 2. 接做侧压腿，压支撑腿。 3. 还原实战式，继续。	1. 横踢注意转脚、绷脚背。 2. 压腿压三次。
	76	正踢腿 + 弓步压腿	1. 行进间向前正踢。 2. 接做弓步压腿，压支撑腿。 3. 还原实战式，继续。	1. 正踢腿膝盖伸直。 2. 压腿压三次。
	77	蝴蝶压	1. 坐姿膝盖弯曲向外侧，两脚掌贴一起。 2. 握住双脚脚跟轻轻向胯拉。 3. 双肘压腿。	1. 脚跟尽量靠近胯。 2. 两膝盖贴近地面为好。
	78	分腿坐	1. 双腿尽量左右分开，坐在地面上，双手体前扶地。 2. 呼气，转体，上体前倾贴在一条腿上。 3. 双手扶在身体前倾一侧腿的踝关节前部。充分伸展双腿和腰部。	1. 两脚尖直立。 2. 膝盖伸直。
	79	分腿坐（双人）	1. 两人一组辅助练习。 2. 练习同学双腿尽量左右分开，坐在地面上。 3. 辅助同学坐在对面，用脚蹬在练习同学小腿上辅助分腿。 4. 练习同学呼气，辅助同学握住练习同学双手缓缓后仰。 5. 练习同学双手尽量前伸。	1. 两脚尖直立。 2. 膝盖伸直。 3. 辅助同学注意力度，缓缓向后。 4. 练习同学下压时注意呼吸放松。
	80	压肩	1. 两人一组或练习者面对把杆、墙面，两脚左右开立，比肩略宽。 2. 将手搭在辅助者肩部或者把杆上，手臂伸直，挺胸、抬头、塌腰，向下俯身做压肩动作。	1. 压肩时缓缓下压，拉伸背部、肩部肌群。 2. 辅助者可以给予一定的压力，帮助练习者更好地拉伸肩部柔韧。

续表

体能要素	序号	练习内容	练习方法	练习要求
柔韧性	81	青蛙趴	俯卧，屈膝，腿的内侧贴地，把膝盖慢慢向两侧打开，大腿和上身呈 90 度，大腿和小腿呈 90 度。完全呼吸，深呼吸 3—5 次。	1. 不可塌腰。 2. 收紧小腹。
	82	正踢腿	行进间进行左右腿的踢腿练习。	1. 快起快落。 2. 腿部伸直，勾脚尖，不弓腰。
	83	里合腿	1. 上肢保持实战姿势，右腿伸直，右脚尖勾起，右脚向右、向上踢至头的右侧上方，随之右脚摆至头的左侧上方，向下落于左脚的左侧前方，右脚掌着地；目视前方。 2. 两腿交替进行。	1. 头正、颈直、立腰。 2. 踢腿时快起快落。
	84	外摆腿	身体直立；一腿伸直支撑，脚尖外摆，另一腿挺直勾脚斜踢，再经面前（或贴头顶）向体侧画弧摆动落下。	1. 挺胸、塌腰、松髋、展髋。 2. 外摆幅度要大，呈扇形。
	85	涮腰	1. 两脚左右开立，比肩宽，俯身下去，左手触右脚脚尖，右手向后抬起。 2. 左手带动右手，俯身向左侧经体后转腰，做涮腰动作，转动一周后呈右手摸左脚脚尖；相反方向重复练习。	1. 俯身时不可弓腰。 2. 向后涮腰时幅度逐步加大，避免摔倒。
平衡	86	横踢弹腿	1. 大小腿夹紧转髋转脚保持身体直立。 2. 单腿向前跳跃并向前做弹腿收腿。	1. 支撑腿跳跃一次，横踢腿弹腿一次。 2. 横踢腿保持大腿与地面平行。
	87	旋风步法	1. 上步。 2. 以前脚为轴向后转身 180 度。 3. 后脚向前落地，继续循环上步。	1. 步法衔接快。 2. 脚下走直线。 3. 摆头快。

续表

体能要素	序号	练习内容	练习方法	练习要求
平衡	88	侧踢控腿	1. 以右架为例，提膝，小腿与地面平行，脚尖及脚内侧后勾，脚后跟发力，大腿与身体呈 90 度。 2. 支撑脚以脚掌为轴，脚后跟向前旋转，上体直立，髋关节迅速打开，大腿发力，小腿快速向脚靶踢出。 3. 全身力量集中至后脚跟，肩部、髋关节、后脚跟保持一条线。	1. 肩髋膝一条线。 2. 脚掌向下做出脚刀。
	89	横踢控腿	1. 以右架为例，右腿蹬地提膝至腰腹高度。 2. 向左转髋，支撑脚以前脚为轴向前旋转。 3. 弹小腿腿伸直。	1. 身体直立保持重心。 2. 脚背绷直，两腿保持 90 度夹角。
	90	波速球横踢弹腿	1. 左腿站在波速球上。 2. 右腿大小腿夹紧转髋转脚保持身体直立。 3. 向前做弹腿收腿。	1. 尽量保持好重心。 2. 大腿与地面平行。
	91	连续旋风踢	1. 两人一组固定靶或行进间。 2. 听到哨音后拿靶人快速给靶。 3. 踢靶人连续踢旋风踢，恢复实战式后继续下一腿。	1. 旋转动作快。 2. 核心收紧发力。 3. 头快速转动。 4. 手臂贴近身体。
	92	波速球马步半蹲	将波速球平面朝上放置于地面上，练习者用马步站于波速球上，马步半蹲，控制平衡。	1. 练习时核心收紧。 2. 腰背挺直。
	93	波速球“金鸡独立”	将波速球平面朝上放置于地面上，单脚站在波速球的平面正中处，另一只脚悬空，单脚独立，保持平衡。	1. 核心收紧。 2. 腰背挺直。
	94	波速球平板支撑	将波速球球面朝上，练习者将手臂放在波速球上，双脚并拢放在地面上，呈平板支撑姿势，保持身体平衡，保持这个姿势到一定的时间。	

续表

体能要素	序号	练习内容	练习方法	练习要求
平衡	95	跳跃平衡	将波速球球面朝下放置，双脚平行站立，通过半蹲、摆臂、双脚同时跳到波速球上，同时身体保持平衡。	1. 核心收紧。 2. 维持身体平衡。
	96	波速球斜板支撑	将波速球球面朝下，练习者身体直立，双手紧握波速球平面两端，呈斜板支撑，核心收紧，双腿伸直，保持这个姿势。	1. 手臂伸直。 2. 核心收紧。
	97	波速球屈腿仰卧起坐	身体呈仰卧于波速球上，双腿在膝关节处弯曲，两手抱头，随后完成仰卧起坐动作。	动作缓慢，匀速完成。
	98	波速球俯卧撑	将波速球球面朝下，练习者身体直立，双手紧握波速球平面两端，进行俯卧撑练习，完成一定数量。	1. 控制身体平衡，核心收紧。 2. 身体尽量下沉至胸部接触波速球平面。
协调	99	行进间 1+2 提膝	1. 右实战姿势站立，右腿大小腿夹紧提膝至水平，双手下压至腰部，支撑脚垫一步。 2. 右腿快速下落支撑，双手抬高至肩部，快速将左腿大小腿夹紧提膝至水平，双手下压至腰部，支撑脚垫一步。 3. 再次将左腿大小腿夹紧提膝至水平，双手下压至腰部，支撑脚垫一步。 4. 连续左右交替进行。	1. 提膝时大小腿夹紧，脚背绷直。 2. 身体保持直立。 3. 每次提膝注意发声。 4. 频率快。
	100	连续手触脚	1. 右侧脚从内侧高抬尽量与膝盖齐平，左手向下触脚。 2. 右脚快速落地支撑，左侧脚从内侧高抬尽量与膝盖齐平，右手向下触脚。 3. 连续左右交替进行。	左右脚衔接快，尽量跑起来。
	101	行进间连续单腿提膝	1. 右实战姿势站立，右腿大小腿夹紧提膝至水平，双手下压至腰部，支撑脚垫一步。 2. 右腿快速下落，再次将右腿大小腿夹紧提膝至水平，双手下压至腰部，支撑脚垫一步。	1. 提膝时大小腿夹紧，脚背绷直。 2. 身体保持直立。 3. 每次提膝注意发声。 4. 频率快。

续表

体能要素	序号	练习内容	练习方法	练习要求
协调	102	外翻里合拍脚踝	1. 原地站立，两腿依次向外侧打开，用左右手掌分别拍击左右脚脚踝。 2. 落地后，两腿小腿内翻做里合动作，同样用左右手掌拍击左右脚脚踝部位。 3. 连续、交替进行。	1. 做外翻、里合拍脚踝时上身尽量挺直，靠腿的力量向上快速翻腿。 2. 动作速度快，尽可能每次都拍到脚踝处。
	103	行进间外翻拍脚踝	慢跑，小腿依次外翻，用左右手分别拍打两脚脚踝外侧。	1. 行进间练习，腰背挺直。 2. 尽量拍到脚踝外侧，连续性要好。
	104	行进间里合拍脚内侧	慢跑，小腿依次做里合内扣，用左右手分别拍打两脚脚踝内侧。	1. 行进间练习，腰背挺直。 2. 尽量拍到脚踝内侧，动作连贯、快速。
	105	行进间跳起转髋	慢跑开始，单脚或双脚跳起，两手臂侧平举打开，同时迅速转动髋部。	1. 起跳有高度，落地有缓冲。 2. 转髋幅度大，速度快，手臂侧平举打开。
	106	绳梯交叉转髋	面向横向摆放的绳梯，一脚在格子里，一脚在外，两脚前后交换、转髋，并向一侧横向移动。	1. 转髋幅度大。 2. 转髋时手臂抬高。
	107	绳梯开合跳	面向绳梯双脚并拢于第一个格子中，每个格子做一次开合跳动作依次向前做完绳梯。	1. 前脚掌发力。 2. 开合幅度大且快速。
	108	绳梯跳步转髋	面向绳梯双脚开立，一脚在格子里，一脚在外，两脚交换转髋，并向前移动。	1. 转髋幅度大。 2. 步法衔接连贯、快速。
	109	绳梯转髋单侧进出	双脚并拢站在绳梯一侧，向前快速迈两步，快速转动髋关节外侧脚向绳梯内踩一次快速还原。	1. 小步幅频率快。 2. 膝关节微屈，髋关节转动。

第二节　冰壶

冰壶模块“技能＋专项体能”教学方案

课时	项目学习内容	体能要素	专项体能练习内容	练习方式
1	单脚支撑技术（地面）	下肢力量＋柔韧性	1. 单足跳过冰刷 2. 单足站立 3. 单足支撑传球 4. 单足蹲起	1. 分组轮换： 内容 1：10 米 / 组（左右脚交替），间歇 10 秒，4 组。 内容 2：10—30 秒 / 组，间歇 30 秒，3 组。 内容 3—4：10—20 次 / 组，间歇 20 秒，4 组。 2. 教学环节实施建议： 准备部分后程。
2	冰上滑行技术	平衡＋下肢力量	1. 单足跳站立 2. 平衡球单足支撑 3. 推冰壶跑 4. 单足闭眼站立	1. 分组进行： 内容 1：直线 10 米 / 组（左右脚交替），间歇 10 秒，4 组。 内容 2：竞赛形式，看谁坚持到最后。 内容 3：10—20 米 / 组，间歇 20 秒，4 组。 内容 4：10—30 秒 / 组，间歇 30 秒，3 组。 2. 教学环节实施建议： 准备部分后程。
3	单脚支撑滑行技术	平衡＋协调	1. 单足支撑模仿动物游戏 2. 单足跳障碍 3. 单足跳起变向	1. 轮换进行： 内容 1：分组进行，练习 2 组，间歇 30 秒。 内容 2：10 米 / 组，设置 5—8 个障碍，间歇 20 秒，4 组。 内容 3：20 次 / 组，间歇 20 秒，4 组。 2. 教学环节实施建议： 准备部分后程。
4	快速滑行技术	爆发力＋下肢力量	1. 单足跳冲刺跳 2. 青蛙跳 3. 单脚支撑时间比赛	1. 轮换进行： 内容 1—2：直线 10 米 / 组（左右脚交替），间歇 10 秒，4 组。 内容 3：练习 4 组，间歇 10 秒。 2. 教学环节实施建议： 准备部分后程。
5	撑杆滑行技术	平衡＋下肢力量	1. 单足跳捡物 2. 单足绳梯跳 3. 蹲着走 4. 双臂推墙	1. 依次进行： 内容 1—3：20 米 / 组，间歇 30 秒，4 组。 内容 4：30 次 / 组，间歇 30 秒，4 组。 2. 教学环节实施建议： 准备部分后程。

续表

课时	项目学习内容	体能要素	专项体能练习内容	练习方式
6	助滑器滑行技术	平衡 + 柔韧性	1. 持助滑器蹲起 2. 单足闭眼转圈跳 3. 仰卧举腿	1. 依次进行： 内容 1—3：30 次 / 组，间歇 30 秒，4 组。 2. 教学环节实施建议： 准备部分后程。
7	带杆滑行技术	平衡 + 四肢力量	1. 双人单足推臂游戏 2. 冰壶提举 3. 冰壶步交换跳	1. 分组轮换： 内容 1：练习 4 组，间歇 30 秒。 内容 2—3：20 次 / 组，间歇 30 秒，4 组。 2. 教学环节实施建议： 准备部分后程。
8	徒手滑行技术	下肢力量 + 平衡	1. 马步蹲腿 2. 双脚跳上台阶单脚站立 3. 仰卧两头起	1. 分组轮换： 内容 1—3：15 次 / 组，间歇 30 秒，4 组。 2. 教学环节实施建议： 准备部分后程。
9	带壶滑行技术	四肢力量 + 柔韧性	1. 俯卧撑击掌 2. 弓箭步行走 3. 仰卧车轮跑	1. 依次进行： 内容 1：20 次 / 组，间歇 30 秒，4 组。 内容 2：20 米 / 组，间歇 60 秒，4 组。 2. 教学环节实施建议： 基本部分后面。
10	投壶出手技术	上肢力量 + 灵敏性	1. 抛接篮球、排球、足球 2. 单手不同距离抛网球 3. 定距离抛物比赛	1. 分组轮换： 内容 1：30 次 / 组，间歇 60 秒，4 组。 内容 2—3：10 米、20 米 / 组，间歇 30 秒，4 组。 2. 教学环节实施建议： 基本部分后面。
11	投壶完整技术	上肢力量 + 协调	1. 冰壶推 2. 弓步支撑 3. 冰壶步跳	1. 分组进行： 内容 1—2：30 秒、40 秒、50 秒、60 秒 / 组，间歇 20 秒，4 组。 内容 3：30 次 / 组，间歇 60 秒，4 组。 2. 教学环节实施建议： 基本部分后面。
12	投壶方向技术	灵敏性 + 核心力量	1. 冰壶场地横向投壶 2. 定点滚球比赛	1. 分组进行： 内容 1：8 次 / 组，间歇 30 秒，4 组。 内容 2：20 米 / 组，间歇 30 秒，4 组。 2. 教学环节实施建议： 基本部分后面。

续表

课时	项目学习内容	体能要素	专项体能练习内容	练习方式
13	对点投壶技术	速度+柔韧性	1. 抛物投准比赛 2. 滚球撞击标志桶 3. 陆地冰壶打点	1. 分组进行： 内容 1—2：10 次 / 组，间歇 30 秒，4 组。 内容 3：分组比赛，看看谁击中的目标次数多。 2. 教学环节实施建议： 基本部分后面。
14	投壶进营技术	平衡+上肢力量	1. 陆地冰壶投固定距离 2. 投壶标准动作 3. 靠墙手倒立	1. 分组轮换： 内容 1：10 米、15 米、20 米 / 组，间歇 30 秒，3 组。 内容 2：10 次 / 组，间歇 30 秒，4 组。 内容 3：20 秒 / 组，间歇 30 秒，2 组。 2. 教学环节实施建议： 基本部分后面。
15	投壶击打技术	速度+核心力量	1. 陆地冰壶定点击打游戏 2. 短距离旋转投壶 3. 固定线路投壶比准	1. 分组进行： 内容 1：分组比赛，看看谁击打得最准。 内容 2：10 次 / 组，间歇 10 秒，4 组。 内容 3：6 次 / 组，间歇 20 秒，4 组。 2. 教学环节实施建议： 基本部分后程。
16	扫冰技术	四肢力量+灵敏性	1. 快速俯卧撑比赛 2. 原地撑杆 3. 立卧撑	1. 分组进行： 内容 1：练习 3 组，间歇 30 秒。 内容 2：20 秒、30 秒、40 秒、50 秒 / 组，间歇 30 秒，4 组。 内容 3：10 次 / 组，间歇 10 秒，4 组。 2. 教学环节实施建议： 基本部分后面。
17	团队配合	灵敏性+核心力量	1. 一抛一接游戏接力 2. 五人组合垫排球 3. 双脚传球接力	1. 依次进行： 内容 1—3：练习 3 组，间歇 60 秒。 2. 教学环节实施建议： 基本部分后面。
18	实战比赛	四肢力量+柔韧性	1. 投壶比准游戏 2. 投壶过障碍游戏 3. 投壶动作坚持时间比赛 4. 陆地冰壶战术比赛	1. 依次进行： 内容 1—2：练习 3 组，间歇 60 秒。 内容 3：40 秒、50 秒 / 组，间歇 30 秒，4 组。 内容 4：练习 2 组，间歇 60 秒。 2. 教学环节实施建议： 基本部分后面。

冰壶模块 专项体能处方资源库

体能要素	序号	练习内容	练习方法	练习要求
肌肉力量（肢体力量和核心力量）、肌肉耐力	1	单足跳过冰刷	在平整的地面上，抬起一只脚，另一脚支撑，保持单脚支撑的状态跳过横向摆放的冰刷，根据个人的能力设定冰刷之间的距离。	1. 前脚掌用力蹬地，髋和大腿发力。 2. 蹬地用力向前上方跳起，跳起后大小腿折叠，下落向前的同时伸小腿扒地，缓冲落地。 3. 上下肢协调配合，积极主动摆臂。 4. 跳越中注意安全，保持重心的稳定。
	2	单足站立	在宽阔平坦的区域，一只脚抬起离开地面，另一脚保持站立状态，身体保持直立姿势。	1. 身体直立，腰腹控制身体，减少身体晃动。 2. 上下肢协调配合。
	3	推冰壶跑	双手推动冰壶从一边的起踏线推到另一边的起踏线，推冰壶时上体向下弯，两腿自然放松，保持奔跑姿势，双手臂支撑用力，奔跑时两腿发力，上下肢协调配合。	两腿用力蹬伸，保持奔跑姿势，上下肢身体协调用力。
	4	青蛙跳	蹲撑开始，双腿发力，双脚前脚掌用力蹬地向前上方跳起，手臂向身体跳起的方向摆动，落地缓冲还原蹲撑状态。	起跳时前脚掌快速向下蹬地，身体协调用力，充分展体摆臂。
	5	单脚支撑时间比赛	单人计时或多人定时进行，身体保持单脚支撑状态开始，直至抬起脚落地为止，在支撑过程中，可以通过身体晃动保持平衡。	保持单脚支撑状态，腿部发力支撑身体。
	6	蹲着走	蹲撑开始，双腿发力，保持蹲姿状态连续向前行进，手臂随身体行进自然摆动。	摆臂蹬地充分，保持重心稳定，充分展髋，伸腿，连续完成。
	7	双臂推墙	根据个人能力，面对墙面 1—2 米保持直立，身体前倾，双臂向前伸，手掌支撑于墙面，屈臂双肩靠近墙面，然后双掌用力推墙，双臂发力，把身体推至直立状态。	双腿控制重心移动，保持身体稳定，手脚配合，身体自然放松。
	8	冰壶提举	单手持冰壶，在平整的地面上进行冰壶的提举动作，上提冰壶，前平举提冰壶，侧平举提冰壶。	手臂积极用力，身体放松根据个人能力设定提举冰壶的数量和高度。

续表

体能要素	序号	练习内容	练习方法	练习要求
肌肉力量（肢体力量和核心力量）、肌肉耐力	9	冰壶步交换跳	弓步动作开始，双腿用力蹬地，手臂自然摆动向上跳起，在空中双腿交换动作，落地缓冲。	身体协调用力，双脚蹬地充分，双腿蹬地有力，腰腹控制好身体平衡。
	10	马步蹲腿	两腿自然分开，上体保持直立，小腿直立，大腿与地面平行，两手臂自然放松。	两腿充分用力蹬地，腰腹紧张保持上体直立。
	11	俯卧撑击掌	保持俯卧撑基本姿势，双臂用力撑地把上体向上推起，同时双臂离开地面完成击掌动作。	双臂充分用力撑地，身体协调用力，腰腹控制好身体平衡，动作迅速。
	12	抛接篮球、排球、足球	双手、单手向上抛起篮球、排球、足球，然后接住。	1. 双手、单手抛起难度逐渐加大。排球、足球、篮球抛接器械重量逐渐加大。 2. 尽量保持身体不动，抛接动作稳定，上下肢协调配合。
	13	冰壶推	在冰壶场地上，每手各推一只冰壶，两脚自然放松，两腿伸直（双膝跪地），把两个冰壶向前推至身体与冰面平行，然后再用双手把冰壶拉回，根据个人能力设定向前推冰壶的远度。	腰腹控制身体平衡，双臂和双脚充分发力支撑，身体协调用力，上下肢配合。
	14	靠墙手倒立	背对墙壁，双臂自然分开，双手撑地，双腿向上蹬在墙面上，保持身体静止直立状态，可单人计时，也可多人比赛。	保持腹部核心收紧，双臂用力撑直，身体放松。
	15	短距离旋转投壶	两人一组，以冰壶场地横向距离为标准，每个人蹲撑在一边，通过顺时针和逆时针的形式往返推壶。	1. 提高上肢力量对冰壶的稳定控制 2. 锻炼学生身体协调用力，自然放松的状态下投壶。
	16	固定线路投壶比准	在冰面上，通过设置不同的投壶线路进行投壶准度的比赛，统一投壶线路，统一投壶方向。	1. 核心收紧，保持正确的投壶姿势，抬头向前看。 2. 身体保持稳定，人与壶协调统一。

续表

体能要素	序号	练习内容	练习方法	练习要求
肌肉力量（肢体力量和核心力量）、肌肉耐力	17	快速俯卧撑比赛	保持俯卧撑基本姿势，听到口令以最快速度完成相应数量动作。	动作标准，身体协调用力，可以自我定数量也可以几个人同时计时进行。
	18	原地撑杆	双手持冰壶杆，双腿自然开立，身体前倾，冰壶杆撑地，双臂发力，双腿支撑，保持静止姿势。	1. 保持腰腹核心收紧，双臂持杆充分用力支撑。 2. 双腿充分蹬地，身体保持稳定。
	19	双脚传球接力	3—10 人进行，每个人头脚相连顺序平躺在地面上，一端的人用双脚从地面把球夹起，用举腿动作将球传给下一个人，接球人也要用双脚接，然后用同样的方法传给下一个人，循环往复，直至球传到最后一个，最后一个人将球接住后，用脚将球平稳放在地面上。	身体保持稳定，腰腹核心用力，身体协调放松。
	20	投壶动作坚持时间比赛	两腿蹲撑在起踏器上，通过蹬腿起身半蹲—向后撤步，重心后移—蹬腿向前形成投壶动作，保持标准静止投壶动作。可以采用单人定时间或多人淘汰等形式。	1. 双腿充分用力蹬伸。 2. 腰腹核心控制平衡。
速度	21	抛物投准比赛	以 10 米、20 米、30 米等不同距离进行抛掷篮球，用单手在固定位置运用投掷冰壶姿势，抛掷到指定线，以抛到离规定位置最近为胜利。	1. 准确感觉抛掷物的重量。 2. 控制好抛掷物的出手速度。 3. 抛掷物品时身体协调用力。
	22	陆地冰壶定点击打	在长 11 米、宽 2 米的陆地冰壶场地，按照陆地冰壶规则进行定点击打。分成两组站在陆地冰壶场地两侧，一侧队员在大本营摆放冰壶位置，另一侧队员进行击打，击中得 1 分，未击中不得分，然后本方队员继续击打，直至击中该冰壶。按照此形式循环进行。	1. 控制冰壶出手速度。 2. 控制冰壶出手角度。 3. 冰壶出手与身体摆动协调用力。
	23	原地快速高抬腿	在平整的地面上，以髋关节带动大腿，两腿交换抬腿，抬腿标准：大腿与地面平行，小腿自然放松，两臂屈肘自然摆动，两腿交换快速进行。	1. 保持抬腿标准。 2. 双臂摆动和抬腿速度协调统一。 3. 以髋带腿向上方抬腿。

续表

体能要素	序号	练习内容	练习方法	练习要求
速度	24	快速摆臂	两臂以肩关节为轴自然摆动，两脚前后开立，身体稍前倾，通过击掌来控制动作速度。	1. 摆动时两肩膀放松，身体放松。 2. 提高摆动速度，加强肩关节的稳定性和上肢力量。
	25	20 米滑行扫冰	在支撑滑行过程中，听到扫冰口令立刻以扫冰的动作缓慢向前边扫冰边滑行。	1. 加强扫冰动作的稳定性和扫冰力度。 2. 提高扫冰频率和滑行与扫冰转换的连贯性。
	26	两侧移动	1. 两脚快速左右移动还原。 2. 快速侧向移动触标志。 3. 两脚快速左右移动还原时走出地面，反复进行。	移动及转体速度要快。
	27	迎面接力跑	1. 30 米加速跑。 2. 30 米迎面接力跑。	相互合作要默契。
	28	快速小步跑	1. 小步跑 15—30 米。 2. 原地小步跑 15—30 米加速跑。 3. 行进间小步跑 15—30 米加速跑。	小腿放松，膝踝关节放松，前脚掌积极“扒地”。
	29	小步跑转加速跑	1. 原地小步跑。 2. 30 米小步跑。 3. 原地小步跑—加速跑。 4. 行进间小步跑—加速跑。	起动快，在高速下完成练习。
	30	动作速度	1. 看手势做同向的起跑。 2. 看手势做异向的起跑。 3. 看手势快速做规定的动作。	反应快，起动迅速。

续表

体能要素	序号	练习内容	练习方法	练习要求
爆发力	31	单足跳冲刺跳	以单足跳动作进行快速向前行进，可设置 20 米、30 米、50 米等不同距离，增设难度，向前过程中不允许非着地脚触地，可以采用单边依次进行，每次交换脚，也可以采用连续往返进行，可在折返点换脚等形式。	1. 跳跃过程中注意大小腿充分蹬伸。 2. 起跳时蹬地充分，向前上方起跳，空中做好大小腿折叠，落地时充分蹬伸小腿。 3. 提高每次蹬地和落地的速度，积极主动做动作。
	32	持壶向上跳	在开阔平坦的场地上原地双腿用力，双脚蹬地向上跳起的同时，双手持一只冰壶，动作完成后迅速缓冲落地。	1. 双腿充分发力，双脚蹬伸有力。 2. 手臂配合身体向上积极摆动。 3. 身体协调放松，腰部挺直，核心力量控制好身体平衡。
	33	蹲踞式起跑	完成 10—20 米距离的蹲踞式起跑：两脚前后自然开立，单膝触地，两手四指并拢与拇指分开，虎口向前撑在起跑线前，听到预备口令后臀部慢慢抬起略高于肩，重心稍前移，听到跑的口令双脚用力蹬地把身体向前蹬出，重心低，频率快。	1. 蹲踞式起跑动作标准。 2. 反应迅速，蹬地有力。
	34	躲闪摸肩	1. 两人一组，一定范围内的躲闪摸肩练习。 2. 3—5 人一组，在一定范围内的躲闪摸肩练习。 3. 两人一组的躲闪摸肩比赛练习（三局两胜）。	不许出规定的范围。
	35	小腿里盘外拐	1. 两手于体侧做两腿依次外拐触手练习。 2. 一手于体侧，一手于体前，两腿做里盘外拐触手练习。 3. 踢毽子练习。	动作协调。
灵敏性	36	单手不同距离抛网球	用单手在固定位置运用各种姿势抛掷，将网球抛掷到不同方位、不同距离的目标点位，以 10 米、20 米、30 米等不同距离，目标点位放置在不同方向，根据距离给每个点位设置不同分数，最后以抛同样数量的网球，得分多者为胜利。	1. 准确感觉抛掷物的重量。 2. 控制好抛掷物的出手速度和身体姿势。 3. 抛掷物品时身体协调用力。 4. 出手与身体重心移动衔接好。

续表

体能要素	序号	练习内容	练习方法	练习要求
灵敏性	37	定距离抛物比赛	用单手在固定位置运用各种姿势抛掷，将网球、篮球、乒乓球等不同重量的物品抛掷到不同方位、固定距离的目标点位，最后以抛网球数量多者为胜利。	1. 准确感觉抛掷距离与用力大小。 2. 准确感觉抛掷物的重量。 3. 控制好抛掷物的出手速度和身体姿势。 4. 抛掷物品时身体协调用力。 5. 出手与身体重心移动衔接好。
	38	冰壶场地横向投壶	两人一组，以蹲撑姿势开始，在冰壶场地横向距离进行原地投壶，分别采用顺时针和逆时针两种不同形式将冰壶投向对方指定的区域。	1. 认真观察自己投壶动作和冰壶的走向。 2. 根据距离控制投壶力度。 3. 根据指定落点位置，快速调整投壶力度。
	39	定点滚球比赛	以标准冰壶场地距离进行滚动篮球，用单手在固定位置将篮球抛掷到指定线，篮球出手后立刻与地面接触，采用滚动的形式向前，以最接近指定点位为胜利。	1. 准确感觉抛掷物的重量。 2. 控制好抛掷物的出手速度。 3. 抛掷物品时身体协调用力。 4. 充分考虑篮球运动速度与地面摩擦力的因素。
	40	立卧撑	直立开始，依次完成蹲撑—俯卧撑—蹲撑—蹲跳起最后还原成直立的顺序，连续循环完成 10—20 次。	控制好身体重心变换时的平衡，准确做好每个动作的发力位置，动作衔接自然放松。
	41	一抛一接游戏接力	两人或多人采用网球进行相互抛接，接球人可随时变换位置，抛球人要根据接球人的位置迅速判断抛的方向和抛的力度，将球准确地抛给接球人。	随时通过视觉判断方向，根据距离决定抛球的力度。
	42	五人组合垫排球	五人为一组，手持一张弹力毯的不同位置，将排球放在弹力毯上，开始后，五人同时用力将排球向上抛起，根据排球弹起的位置，五人统一移动到弹力毯中心对准排球落地位置，然后五人用力拉紧弹力毯，让排球继续弹起，如此循环。	节奏保持一致，移动保持一致，注意力集中，与团队配合好。

续表

体能要素	序号	练习内容	练习方法	练习要求
柔韧性	43	单足支撑传球	2—5 人采用单足支撑的形式进行篮球传接，传接方式不限，传接过程中保持单足支撑，可以单足跳跃移动，可定时间也可定次数传接。	保持传接过程中身体的稳定性，传球时身体协调发力，接球时在保持身体平衡的同时做好缓冲。
	44	单足蹲起	单足支撑做蹲下起立的动作，下蹲时可以将抬起腿放在身前，也可以放在身后，体验不同动作的强度，下蹲达到全蹲的标准。	上下肢协调用力，支撑腿充分发力、蹬伸，下蹲中核心力量控制身体平衡。
	45	仰卧举腿	2 人一组，一人仰卧在体操垫上，另一个人直立站在仰卧者头前，仰卧者双手抱住站立者脚踝，利用腰腹的力量将双腿抬起至竖直状态，然后慢慢放下，循环往复，15—20 次轮换一次。	练习者举腿快起慢落，双腿并拢伸直，每次抬起至垂直高度，站立者保持直立站好，可以将手放在腹前做自我保护，并监督练习者动作。
	46	弓箭步行走	以弓步动作开始，通过大腿用力蹬伸让身体向前上方抬起，落地呈反向弓步，然后通过双腿蹬伸将身体重心转移至另一只腿，再做相同的动作，循环交替向前行进。	保持标准的弓步动作，两腿充分用力蹬伸，腰腹控制身体平衡，弓步向前时展体送髋充分。
	47	仰卧车轮跑	身体仰卧在体操垫上，上体抬起约 30 度，两腿以大腿带动小腿的形式做蹬自行车动作，可采用计时或计数的形式进行练习。	两腿充分蹬伸，腰腹控制双腿蹬伸的平衡，练习中保持上体姿势不变。
	48	滚球撞击标志桶	采用蹲撑的姿势，单手抛球使球滚动，撞击定点位置的标志桶，可以采用不同材质和大小的球体，也可逐步缩小标志桶的体积来增加难度。	能快速了解场地情况，拿到不同球时，通过 2—3 次的抛击掌握球性，进而确定出手的力度、滚动的能力。
	49	陆地冰壶打点	在陆地冰壶场地，对面大本营设置不同点位，通过正确的陆地冰壶投壶动作击打对面大本营的点位。	1. 投壶动作准确稳定。 2. 冰壶出手与身体衔接自然流畅。 3. 充分了解场地特点，掌握准确的击打方向。

续表

体能要素	序号	练习内容	练习方法	练习要求
柔韧性	50	游戏：陆地冰壶投壶比准	在陆地冰壶场地进行投壶，利用对面大本营的圆环进行准度游戏，从最外圈圆环开始，每投一轮向内侧进一环，直至投到圆心为止。	1. 强化投壶的蹲撑动作，提高投壶的稳定性。 2. 保持投壶方向的准确性，根据场地特点，调整投壶方向。 3. 强化手臂投壶力度的控制。
	51	游戏：陆地冰壶投壶过障碍	在陆地冰壶场地设置栏架、标志杆等障碍，投壶者要通过准确的投掷通过每一个障碍，让冰壶到达指定位置，陆地冰壶障碍的设置主要以直线为主。	加强投壶方向的准确性，提高投壶动作的爆发力和人与壶连贯的能力。
	52	陆地冰壶战术比赛	两方队员在陆地冰壶场地以摆放冰壶的形式强化冰壶战术，摆放的顺序按照正常的投壶顺序，各队布置严谨的战术，随着摆放的进行，根据场上形式进行战术调整。	摆放冰壶位置应保证投掷路线的合理性，战术运用应保证实战的合理性。
平衡	53	单足跳站立	在10—20米的距离进行单足跳，每跳一次停顿10秒，停顿中要保持单足站立姿势，保持身体平衡，一脚完成一个方向的练习后，反方向换脚进行。	单足跳动作充分，身体协调用力，保持身体平衡和重心稳定。
	54	平衡球单足支撑	练习者单足站在平衡球上，可以通过晃动身体、摆动手臂来控制平衡，听到开始后抬起一只脚保持单足站立。可以单人计时练习，也可多人淘汰练习。	练习中禁止手扶任何支撑物体，支撑腿充分蹬伸，核心力量控制上下肢协调和平衡球的不稳定状态。一人练习旁边要有1—2人进行保护，防止摔伤。
	55	单足闭眼站立	练习者单脚支撑站立，身体稳定后双眼紧闭，通过空间感知和平衡感觉来保持站立姿势，全程不扶握任何辅助器械，可以单人计时也可多人淘汰进行。	充分调动大脑的空间感觉，加强身体核心力量的运用。
	56	游戏：单足支撑模仿动物	两人一组，练习者单脚支撑站立，通过身体动作把看到的动物表现出来，另一名练习者猜该练习者表现的是什么动物，猜对后两人交换位置。	模仿者全程保持单足站立，可在原地进行移动，不能用任何辅助器械。

续表

体能要素	序号	练习内容	练习方法	练习要求
平衡	57	单足跳捡物	在10米的跑道上摆放多个物品，练习者在规定的时间内尽可能多地捡到物品。	1. 捡物品和放物品的全程都要采用单足支撑。 2. 每捡到一个物品必须放回起点，然后再捡第二个物品。
	58	单足绳梯跳	运用单足跳的形式进行跳越练习：直线障碍跳、左右障碍跳、直线+左右障碍跳、侧向障碍跳、变向障碍跳等。	1. 跳越速度、手臂与腿协调配合。 2. 保证每个跳越动作的准确和标准。
	59	持助滑器蹲起	练习者站在冰壶场地里，单手持助滑器进行蹲起动作，第一阶段先进行双脚支撑的形式，两脚自然开立，进行练习连续10—20次；第二阶段单脚支撑蹲起，持助滑器方式不变，连续完成5—10次。	1. 在蹲起过程中保持身体重心平稳不能移动。 2. 上体保持直立，稳定握住助滑器。
	60	单足闭眼转圈跳	在开阔平坦的场地上单足支撑，开始后双眼紧闭，然后进行单足跳转圈，根据要求进行顺时针和逆时针跳，跳跃过程中可以调整重心和平衡，在转圈过程中可多次调整。	控制好身体重心和平衡，练习过程中需要旁边有队友保护。
	61	游戏：双人单足推臂	两人一组相距1米左右单足相对站立，两人双臂伸直，手掌相对，开始后双方通过重心的移动相互推掌，一方双脚着地为失败。	保证双方动作条件相同，可小范围移动身体，不允许用身体的惯性压迫对方，做好个人保护。
	62	双脚跳上台阶单脚站立	用向上跳的动作跳上一定高度的台阶，落地后保持单足支撑停留10秒，然后跳下，再次跳上台阶后，反向腿单足支撑，循环往复进行。	跳起时身体协调用力，跳起高度要超过台阶，落地缓冲，身体肌肉收紧，保持身体平衡。
	63	仰卧两头起	身体仰卧在体操垫上，上体抬起的同时两腿以大腿带动小腿向上伸起，手臂前伸至脚尖的方向，可采用计时或计数的形式进行练习。	上体充分抬起，两腿充分蹬伸，腰腹控制双腿蹬伸的平衡。

续表

体能要素	序号	练习内容	练习方法	练习要求
平衡	64	陆地冰壶投固定距离	在陆地冰壶场地，运用标准的投壶姿势进行设定距离投壶，练习者根据设定的距离来调整投壶的力度，提高投壶的准确率。	投壶动作准确，投壶形式符合规则要求。认真感受距离与投壶力量的配合。
	65	投壶动作	蹲—抬—撤—蹬，这是冰壶投壶的标准四个环节，练习者可逐个动作进行练习，可以单人定时，也可多人对抗等，提高投壶每个动作环节的稳定性。	每个动作环节准确，能稳定控制每个环节，整体动作的连贯性。
协调	66	单足跳障碍	采用单足跳的形式跳过不同高度的障碍物，根据自身能力，设置不同障碍高度和障碍数量，跳越过程中手臂随身体自然摆动，抬起脚坚持不能落地，保持身体平衡。	支撑腿充分用力蹬伸，腰腹控制好上下肢平衡，跳起时大小腿充分折叠，越过障碍，身体协调用力。
	67	单足跳起变向	采用单足跳的形式做原地改变方向跳或进行前、后、左、右的方位跳，手臂随身体自然摆动，跳跃过程中抬起脚坚持不能落地，保持身体平衡。	支撑腿充分用力蹬伸，腰腹控制好上下肢平衡，身体协调用力。
	68	弓步支撑	蹲撑开始，重心抬起至马步高度，左脚以大腿带动小腿向前伸出，落地呈弓步动作，双手自然放松或保持投壶和握杆动作，保持 20—30 秒。	1. 双腿蹬地有力充分。 2. 核心力量控制好身体重心。 3. 蹬伸完成后保持动作准确和身体平衡。
	69	冰壶步跳	以冰壶步动作开始，通过大腿用力蹬伸让身体向上跳起，在空中两腿交换动作，落地呈反向冰壶步动作，手臂可扶立杆保持平衡，也可通过摆臂提高跳跃高度。	全身协调发力，大腿充分蹬伸，双脚用力蹬地，手臂随身体重心上下摆动。
	70	“之”字跑	1. 按所画图形的“之”字跑练习。 2.“之”字形运球跑。 3.“之”字形接力跑。	身体协调用力，注意安全。
	71	倒退走（跑）	1. 不同姿态下听口令或看手势迅速做倒退走或跑的练习。 2. 相同姿态下听口令或看手势迅速做倒退走或跑的练习。 3. 倒退走或跑的练习时，听口令或看手势做不同动作的练习。	注意安全。

参考文献

［1］李丹阳，赵焕彬，杨世勇，李春雷等．青少年早期专项化训练学者共识［J］．成都体育学院学报，2020（3）：112—121.

［2］韩宜笑．新时期关于运动员体能与专项体能特征探讨［J］．体育风尚，2021（6）：155—156.

［3］何华兴．高中体育运动技能系列模块教学中体能练习问题思考［J］．青少年体育，2021（12）：104—105.

［4］谢洪胜．短道速滑运动员专项体能训练方法探究［J］．冰雪体育创新研究，2021（10）：9—10.

后 记

为了深入落实中共中央办公厅国务院办公厅印发《关于全面加强和改进新时代学校体育工作的意见》，落实《普通高中体育与健康课程标准（2017 年版 2020 年修订）》，只有更好地解决高中体育与健康教学“立德树人”根本任务、“健康第一”指导思想、“学科育人”价值体现、“学科核心素养”目标导向、“运动专长形成”达成路径等本源问题，才能真正实现高中体育与健康教学高质量的发展、飞跃性的突破、创新性的成果，我们编写了《高中体育与健康“技能 + 专项体能”教学模式的构建与应用》。本书得以付梓，要感谢很多领导、专家的大力支持。感谢北京教育学院体育与艺术教育学院专家团队给予的指导和帮助；感谢朝阳区教育科学研究院的专家们提供的汇总展示平台，为教学经验的梳理总结，提供了培育发展机会；感谢上海市、山东省、黑龙江省、北京市各级教研员和特级专家们给予的指导和提出的诸多宝贵建议，为本书的形成和应用增添强劲的助力；感谢学校领导对本书的形成和推广给予的全面支持。

全书由何辉波提出构建思路、统稿及审校定稿，各模块内容均体现了编著者的教学思想及对高中体育与健康“技能 + 专项体能”教学模式的深度思考。第一部分绪论由何辉波完成。第二部分所形成的“技能 + 专项体能”教学方案和“专项体能处方资源库”由编著者与多位一线体育教师深入探讨，借鉴引用经验，得以落实。本书因篇幅所限，在前期子成果的基础上，进一步将《普通高中体育与健康课程标准（2017年版2020年修订）》中规定的六大运动技能系列的15个运动项目进行精准化指向，由“项目体能”向着“专项体能”细化落实，深度落实10分钟左右的补偿性体能，为运动技能的掌握奠定坚实的专项体能基础。

本书作为教学经验的总结成果，所有书稿经过了专家的指导、把关，在此表示衷心的感谢。全书在写作和出版过程中还得到了很多人的支持和帮助，在此一并表示感谢。

何辉波

2022年9月于北京